Buffett investment series

巴菲特投资系列

巴菲特教你读年报

严行方／著

南方出版社

图书在版编目（CIP）数据

巴菲特教你读年报 / 严行方著. — 海口 ：南方出版社，2018.5 (2020.7重印)
(巴菲特投资系列)
ISBN 978-7-5501-4494-1

Ⅰ. ①巴… Ⅱ. ①严… Ⅲ. ①巴菲特(Buffett，Warren 1930- ）-投资-经验 Ⅳ. ①F837.124.8

中国版本图书馆CIP数据核字(2018)第079515号

巴菲特教你读年报

严行方 著

责任编辑： 王田芳　高会力
出版发行： 南方出版社
地　　址： 海南省海口市和平大道70号
电　　话： (0898)66160822
传　　真： (0898)66160830
经　　销： 全国新华书店
印　　刷： 三河市北燕印装有限公司
开　　本： 710mm×1000mm　1/16
字　　数： 290千字
印　　张： 19
版　　次： 2020年7月第1版第2次印刷
印　　数： 4001—6000册
书　　号： ISBN 978-7-5501-4494-1
定　　价： 48.00元

新浪官方微博：http://weibo.com/digitaltimes

修订说明

巴菲特是全球金融投资界最富传奇性人物，也是全球唯一依靠股票投资登上首富宝座的投资家和实战家。

巴菲特的投资思想正式介绍到我国内地，是以1996年1月24日《上海证券报》刊登《证券投资巨擘——华伦·布费[1]》一文为标志。现在，22年过去了，巴菲特的投资理念在中国是不是行得通虽然还有争议，但事实上已经生根、开花、结果，并且涌现出数以万计的追随者。其中最典型的是，以段永平、杨宝忠等为代表的一大批巴菲特迷，已经通过践行价值投资和长期投资理念，收获了一茬茬金灿灿的投资成果。

在这样的宏观背景下，本丛书的修订再版就显得非常有意义。

本书价值

一、本丛书初版受到市场高度评价

本丛书第一版作为我国最早一批介绍巴菲特投资精髓的大众读物，从2008年至2010年陆续推出后，在国内介绍巴菲特的众多图书中脱颖而出，受到市场特别关注。

---

1 当时对沃伦·巴菲特的译名。

在这其中，有多本图书不但一再重印，并且还“荣幸”地被胡乱剪辑后出现在盗版书摊上。如《巴菲特投资10堂课》《巴菲特忠告中国股民》《滚雪球：巴菲特投资传奇》等，都曾经被肢解后夹杂在其他盗版书中出现，既不完整，又因印刷差错而误导读者。一些读者强烈呼吁能修订再版，限于条件，一直拖到现在。

二、价值投资理念有特殊价值

巴菲特的价值投资理念，尤其是它在中国是否行得通，直到现在人们依然争论不休。但正如巴菲特2007年访问韩国，有人问他“韩国股市结构不适合进行巴菲特式价值投资，对此您有何看法？”时，他反问道，“如果不是价值投资，难道要进行无价值投资吗？”他强调，“没有其他的替代方案”。

巴菲特的反击十分有力。因为在众多眼花缭乱的所谓股票理论中，唯有价值投资和长期投资能够站得住脚。

之所以要价值投资，理由在于巴菲特所说的——“价格是你付出的，价值是你所得到的”。任何投资都讲求物有所值。去菜场上买菜，你或许还会为几毛钱零头讨价还价呢；可是面对几万、十几万、几十上百万元的股票投资，却闭着眼睛下注，其风险有多大可想而知。仅仅一厢情愿地断定市场会“有跌必有涨”“久跌必涨”，只不过是一种毫无依据的自欺欺人罢了。

之所以要长期投资，理由在于巴菲特所说的——“历史必定会站在长期投资者这一边”。在他看来，季节可以预测，而天气就谁也测不准。就好比说，夏天的气温要比春天高，这是可以确定的；可是如果要讲明天的气温一定比今天高或低，就如同掷硬币猜正反面了。同样地，股市预测就像天气预报，究竟有几分准确性不好说，不如季节预测确定性大。

三、“中国巴菲特”段永平盛赞本书“值得一看”

曾经创办“小霸王”和“步步高”两大品牌的段永平，是第一位与巴菲特共进午餐的华人企业家兼投资家，被誉为“中国巴菲特”，人称“段菲特”。他深得巴菲特投资精髓，并且与巴菲特同样低调。他在美国践行巴菲特投资理念，5年间炒股所赚比在国内办企业10多年还要多。

他认为，巴菲特的投资理念一贯明确，投资者读巴菲特的书数量不一定要多，“看懂一本就已经很好”。他一共向追随者推荐过两本书，其中之一就在这里。他说：“我倒是可以给价值投资初学者推荐一本书《巴菲特忠告中国股民》，作者严行方……我认为这本书的作者对巴菲特的理解非常好，解释得也很通俗易懂，确实花了功夫，值得一看。”

段永平零距离聆听过巴菲特的教诲，并且亲身践行价值投资理念这么多年，他的眼光必定有独到之处。既然他会这么说，或许就真能证明严行方的这几本书确实值得一读。

修订缘起

四、巴菲特的投资理论和实践有新发展

本套丛书第一版推出，距今已差不多10年，全面修订已具备必要性。

一方面，巴菲特的投资理论在更新，投资实践在发展，许多新的投资案例亟待补充；另一方面，这些年来中国及全球股市也出现了许多新情况，面临着许多新问题，关于巴菲特的价值投资理论在中国是否行得通的争论还在继续……所有这些，都需要有更新、更多的篇幅予以解答和证实。

五、巴菲特的价值投资理论值得反复咀嚼

有人曾经拿国内几位追随巴菲特的价值投资者的投资失利来说事，企图以此否定价值投资；而其实，这只能说明他们学巴菲特还没学到家。就像不能因为学生题目没做对，就说老师教错了一样。

从制度建设看，美国股市中每年上市和退市的公司数量相等，这实际上会逼着股民必须进行价值投资；否则，万一买到绩差股，将来被退市，投资就会打水漂，而这种退市概率高达50%！可是在我国，由于没有退市制度，所以无论买到什么样的股票，都“只会被套牢”，不用担心血本无归，这就一定会增强投机气氛。

不但如此，还会出现“臭豆腐效应”，ST绩差股会因祸得福成为“壳资源”，亏损时借壳炒作，重组后一飞冲天。

从个人因素看，中国的实际通货膨胀率每年高达13%～16%，所以人人都想寻求回报率高的投资方式来抵御通胀，而这种求财若渴的心理必定会助长投机气氛。体现在操作手法上便是追涨杀跌，股票被套牢要骂娘，涨幅不理想也要骂娘，因为他心里那个急呀！谁都希望今天买入的股票明天就能涨停，最好是连拉几个涨停，让他有机会落袋为安；然后呢，再希望一连来几个跌停，让他有机会去抄底，没谁稀罕去当“股东”的。

这些人虽然也标榜自己在学巴菲特，但其实他们并不是真的信奉并践行价值投资，只是眼馋巴菲特耀眼的巨额财富。就好比有渔夫从村口捕鱼回家，几乎没有人会去关心他今天是怎么捕鱼的，只会关注他今天有没有捕到大鱼一样。

六、价值投资理论在中国大有可为

巴菲特的价值投资理论在中国不是不适用，而是大有可为。

先看巴菲特。2018年3月末，伯克希尔公司的股价是每股299100美元，比1965年年末的19.46美元上涨15369倍，53年间的复合增长率为19.9%。也就是说，如果当时你有1万美元的伯克希尔股票，现在值1.54亿美元。

再来看中国股市。上证综合指数从1990年12月19日的100点至2018年3月末的3168.9点，28年间的复合增长率为13.0%。这一复合增长率虽然仅逊于巴菲特，可遗憾的是居然几乎没人“看得上”“这么点收获”。

研究表明，最优秀的上市企业，其长期回报率也只有15%左右，巴菲特20%左右的长期回报已达到极致；现在你要想超出他许多，这就叫“欲速则不达”。就像开车，10次事故9次快，不出问题才奇怪。

所以，要想学巴菲特，甚至超越巴菲特，首先要把重点放在少犯错误上，不亏即赢。在过去的53年里，巴菲特只有两年是亏损的，分别是2001年的6.2%和2008年的9.6%。2008年正是爆发金融危机之时，当年上证综合指数从前收盘的5261.6点跌至年末的1820.8点，跌幅高达65.4%；当年标准普尔500指数从前收盘的1468.4点跌至年末的903.3点，跌幅也有38.5%，巴菲特却只亏损了9.6%，绝对是跑赢大市了。

最新例子是，中国股民在2015年的股市暴涨暴跌中，亏损额大多超过1/3，甚至1/2；还有不少人因为融资融券被强行平仓，亦即亏损100%。这些时候，巴菲特所说的“别人贪婪时你要恐惧，别人恐惧时你要贪婪”，早已被人抛到九霄云外。

改动之处

七、在系统化、系列化上进行了规范

这一套5本图书过去都是以单行本陆续出版的，现在以丛书形式同时推出，在系统化、系列化、统一体例和篇幅上有了进一步的提高。

总体来看，5本图书都有较大幅度的修订和完善，新增案例和数据已更新到2017年年末。其中，修改篇幅最大的是《巴菲特给股民上的投资10堂课》，超过全书内容的1/3。

八、在可读性、表述准确性上下功夫

本丛书作者严行方是我国著名财会专家，《会计大典》《会计辞海》《中国第三产业财务会计百科全书》等权威著作主要撰稿人之一，在大中华区已出版著作130多部。他熟悉企业经营管理，担任过企业领导，对书中各项财务数据及概念的表述更专业，也更到位。

5本图书虽然都讲巴菲特，但内容各有侧重，并无重复，值得细细研读。并且，作者拥有巴菲特研究的翔实资料，所以书中看不到那种“传主事迹不够，就用别人来凑”的东拉西扯，具有较高的性价比和纯洁性，不会有读了这一本不想再读其他4本的感觉，每本都很精彩。

九、继续高举价值投资和长期投资大旗

价值投资是一条布满荆棘的人迹罕见之路，国外如此，国内尤甚。

君不见，几乎所有媒体上都簇拥着所谓股评家、投资顾问、分析师、咨询师、策略师、金融师等，满嘴尽是巴菲特漠不关心的各种技术分析，几乎从来不会去采访真正的价值投资者。

因为这些媒体很清楚，投资和投机水火不容，一旦两路人马相遇，必定会争论不休。而观念的认同又岂是能通过辩论得到解决或统一的呢？如果是这样，那也就小看了洗脑的力量。所以，为了确保自身利益（收视率和广告费），这些媒体只好迎合投机土壤，遍播所谓股评和预测。

关于这一点，巴菲特1984年在美国哥伦比亚大学为庆祝他的恩师、“华尔街教父”本杰明·格雷厄姆所著《证券分析》一书发行50周年而召开的大会上演讲时，就预料到了。他说，价值投资精髓没有多少人愿意听，“在我奉行这项投资理论的35年中，我不曾目睹价值投资方式蔚然成风。人的天性中似乎存在着偏执的特色，喜欢把简单的事情弄得更复杂。最近30年来，学术界如果有任何作为的话，都完全背离了价值投资的教训，而且很可能继续如此。船只环绕地球而行，但地平之说仍会畅行无阻。在股票市场上，价格与价值之间还会存在着宽阔的距离，而奉行格雷厄姆与多德理论的人也会繁荣不绝”。

确实如此，几乎所有投机者，包括专业机构和广大散户，长期来看都不可能跑赢市场。如果你是中国股民，可以简单地算一算——上证综合指数从1990年年末至2018年3月末的28年间复合增长率为13%，按照巴菲特对投资业绩回报要比指数高出10个点（即每年增长23%）的基本要求，这28年间你的总回报率应该达到329倍——你有吗！

为什么会这样？巴菲特早在2008年伯克希尔公司股东大会上就揭晓了谜底：“读一切可读之物。”巴菲特之所以会成为“股神”，其基础就是每天五六个小时的阅读。如果一个人从来不看书报、不学习，而是四处打听小道消息，然后据此下注，你觉得他会赢吗！

2017年5月6日，巴菲特在伯克希尔公司股东大会上回答“如何唤醒1亿中国股民，让他们从投机变成投资”时委婉地说：“中国的股市像赌场，市场博弈机会多，如果你是聪明的人，你才能够抓住机会。”而其实，巴菲特真正想说的是：“赌性强的股市，更容易暴露和放大非理性行为，从而导致投资者遭受巨大损失。”

现在，正值2018年伯克希尔公司股东大会隆重举行之际，“巴菲特投资系列”丛书的全面修订和推出，意在继续高举价值投资大旗，让更多投资者学到巴菲特的投资和成功精髓。道理很简单：唯有价值投资能够解释得通，也才符合逻辑。正如巴菲特所说，“如果不是价值投资，难道要进行无价值投资吗？”“没有其他的替代方案”！

2018年5月

学巴菲特从读年报开始
——新版序

巴菲特的成功，很重要的一个原因是，他知道自己买的是什么。而他之所以能做到这一点，又归功于他酷爱阅读上市公司年报，除此之外他每天还要读四五本书。他认为，投资股票应当从阅读开始。

每年都有几万名投资者从全球各地赶到位于美国奥马哈市的伯克希尔公司总部，参加它的年度股东大会，亲耳聆听巴菲特的投资智慧。在2007年的那次股东大会上，一位已经连续10年参会的17岁男孩第一个发问："怎样才能成为一名伟大的投资者？"巴菲特的回答简单而直接，他掷地有声地说："读一切可读之物。"

巴菲特介绍说，他在10岁时就读完了奥马哈市公共图书馆里所有书名中有"金融"字样的书，有的书他甚至还读过两遍。从此以后，他每年都要阅读成千上万份上市公司的年报。他说："我读年报就像其他人读报纸一样，每年都读成千上万份，我不知道我读了多少。"读年报时，巴菲特对人员、工厂、产品介绍等内容一带而过，也不关心公司管理层对未来收益所做的预测。他认为，这些"挤眉弄眼"的东西不可信，一旦业绩预测无法完成，这些公司就会做假账，这对投资者的误导更大。所以，投资者只需考察一家公司过去的业绩就行了。这样做不但简单明了，而且据此得出的结论更可靠。

巴菲特的全球代言人罗伯特先生2004年访华时，特地介绍巴菲特认为投资者应当具备的3项技能：

一是会计技能。会计是一种通用商务语言，有助于塑造出聪明，而不是冲动的投资者。这两种投资者的区别是，聪明的投资者能够通过阅读财务年报发现企业内在价值；而冲动的投资者看重的只是股票交易的价格。

二是阅读技能。巴菲特说，如果他对某家公司的财务年报怎么看都看不明白，他就一定会想这家公司的诚信度是不是不够，或者该公司在刻意隐瞒什么，这样的公司他绝不会投一分钱。

三是耐心技能。巴菲特认为，投资者一生中真正值得投资的股票不会超过6只，所以一定要有耐心。这样的股票一旦出现，就要大量买入并长期持有。而判断这种机会出现的途径，主要就是阅读上市公司年报。

巴菲特认为，好的财务年报应像家信一样简单、明白、平实，不能有过多无关紧要的修饰，对投资者想了解的所有内容，年报中都要有明确的交代。

关于这一点，他每年亲自起草的伯克希尔公司年报就堪称是典范。伯克希尔公司年报中除了数据，就是对事实的描述，不但没有自吹自擂，而且还总是显得过于保守，一再提醒股东们“明年的运气可不会像今年这样好”。

巴菲特认为，每家公司的年报想要表达的内容都不同，就像姑娘找对象时每一位男士展示自己的角度都不同一样，有的标榜自己有体育才能，有的自称长得帅，有的则说自己很聪明，有的还吹嘘自己如何如何有钱……他认为，这些都不要紧，关键是你要坚持自己的标准。

就读公司年报而言，关键是投资者能够从根本上考察相应公司内在价值，寻找到价值被严重低估的公司，然后以合理的价格买入该公司或其股票。无论外部因素如何影响你，无论股市中弥漫着什么消息，你都要始终坚持这么做。

这方面比较经典的案例是，巴菲特在阅读了中石油公司2002年年报后认为，该公司的内在价值应该有1000亿美元。而当时它的市值却只有350亿美元，所以巴菲特认定该股票是值得投资的。当他读了中石油公司2003年的年报后，更加坚定了这一判断。于是，在没有拜访该公司管理层、没有阅读其他参考材料的情况下，巴菲特毅然投资5亿美元在香港股市买入中石油 H 股。

众所周知，上市公司财务年报的内容非常丰富，包括会计数据摘要、股本及股东变动、公司治理、董事会报告、财务报告等。限于专业能力和时间，一般投资者很难做到面面俱到地阅读，但这又是必需的。现在，本书就从巴菲特怎样阅读并利用财务年报出发，结合中国股市实际，尽可能多地引用巴菲特的原话来阐述他的核心理念和具体做法，希望能对中国投资者利用财务年报研判企业投资价值有一定帮助。

请记住：向巴菲特学习的途径有很多，但一切必须从读年报开始。

尹行方

目录

CONTENTS

关注点 2　通过年报看公司口味

关注点 3　公司业务经营有何特点

关注点 6　相关成本全部纳入了吗

关注点 7　公司是否在回购股票

关注点 8　未来获利能力究竟如何

关注点 9　未来经营风险有多大

关注点 10　内在价值胜过账面价值

关注点 1

注重上市公司长期绩效

长期绩效与投资业绩关联度高

如先前所提的，我们以营业利益除以股东权益（股权投资以原始成本计）来评估企业单一年度的绩效。至于长期评量的标准，则须加计所有已实现或未实现的资本利得或损失。而一直以来，后者历年来的平均数都比前者要好。最主要的原因是先前所提的那些无控制权的公司盈余会持续累积，反映在其市值增加之上。

——沃伦·巴菲特

【巴菲特读年报的关注点】

巴菲特认为，阅读财务年报时，投资者有必要关注所买股票的长期绩效，因为这会直接关系到自己的投资业绩。上市公司的长期绩效和投资者的投资业绩之间有着密切的关系，所以，价值投资者关注自己手中拥有的股票的长期业绩如何非常重要。

巴菲特在伯克希尔公司1980年年报致股东的一封信中说，就如他前面提到的那样，伯克希尔公司是用经营利润除以股东权益（这时候的股权投资用原始成本来计算）来评估企业单一年度经营绩效的。至于长期评估的标准，则必须在此基础上增加已经实现或没有实现的资本利得或损失。也就是说，企业的长期绩效应当包括经营业绩和投资业绩两部分。可是一直以来，伯克希尔公司的投资业绩都比经营业绩更好。究其原因在于，伯克希尔公司那些没有控制权的公司的盈余持续累积，已经逐渐反映在股票价格上了。

巴菲特的意思是说，一家上市公司的长期绩效应当包括两部分：一部分是它通过经营得到的盈利；另一部分是它在股市中的市场价值增值部分。从长远看，包括这两部分在内的企业长期绩效与投资者的获利水平之间的关系会非常密切。

众所周知，股票价格的变化很难预测。对于散户投资者来说，有时候高价买进股票就意味着他已经把该上市公司今后几年甚至十几年的盈余累积提前收获了。但巴菲特认为，这种股票价格过高或过低的情形并不常见，在多数情况下，或者说在将来某个时期，股票价格必定会反映上市公司的内在价值。只要一家公司的长期绩效在不断增长，那么其投资者即使以过高的价格买入该股票，假以时日，将来仍然会获取投资收益。只不过，在这种情况下，这部分投资收益会因为当初买入价格过高而抵扣掉相当一部分，从而使投资者获利很小。巴菲特形容说，这就像“在蛋糕上多得到一点糖霜”。

巴菲特以伯克希尔公司为例说，他掌管伯克希尔公司16年来，公司的股票每股账面净值（其中伯克希尔公司所属保险业务的股权投资，是以市场价值来计算的）已经从原来的19.46美元增长到了400.80美元，相当于年平均增长率20.5%。

巴菲特认为，这些数据表明，伯克希尔公司的长期绩效还是相当不错的。更不用说，伯克希尔公司下属的保险业务能够持续地把保险浮存金投资在一些虽然伯克希尔公司对其不具备控股权，但其本身经营良好、每年都有许多盈利的公司上面了。按照这样的趋势，伯克希尔公司的长期投资回报率将会大大超过账面投资回报率。

比如说，只要巴菲特愿意，他随时可以卖出手上的股权，然后买进免税的长期国债，这样公司账面上的盈利马上就能增加3000万美元。不过，巴菲特从来没有想过要这么做。为什么？归根到底，还是在于这些企业的长期绩效良好，伯克希尔公司能够从它们身上获取比长期国债利率更高的投资回报率。

有鉴于此，巴菲特把目光更多地放在考察企业的长期绩效上，是非常有道理的。这就像骑自行车一样，你把目光放在远处，看起来好像并不关心脚下的路面状况，但实际上是一种最安全的方式；相反，如果你把目光紧盯着地面，那可就麻烦了。这正应了一句老话，“人无远虑，必有近忧”。如果投资者没有长远目光，而只看短期内的业绩如何，一旦所投企业实质发生了重大变化，再想挽回局面就已经来不及了。

所以巴菲特提醒股东们，大家在阅读伯克希尔公司财务年报时不能单看财务报表上记载的盈利，因为这并不是股东们实际赚到的钱。只有当股东们的市场购买力增加时，才表明他们真正获得了盈利。

巴菲特的意思是说，如果股东们看到财务年报上有盈利，就急功近利地想把它分掉，实际上这时候股东们能够分到的盈利只能买“2只”汉堡包。正确的观念应当是用长远眼光来看问题。就好比说，如果从长远来看，股东们不把这时候的盈利分掉，而是继续将其放在伯克希尔公司周转，按照这样的长期绩效，股东们最后将会得到“10只”汉堡包。

或者，从短期来看你已经从公司拿到了分红，可实际上你得到这种分红是因小失大。虽然你觉得短期内自己更有钱了，但实际上这并不能表明你可以吃得更饱。因为高通货膨胀在那里明摆着，投资者每年取得的投资回报率只有高于通货膨胀率，才表明他真正拥有实际收入。

巴菲特打比方说，每一位纳税人都像是在一个向下滑行的电动扶梯上往上奔跑一样，只有当你的奔跑速度超过电梯下滑速度时，你才能不断地往上走。否则，你就只能是越跑越往后退。

例如，如果某位长期投资者年平均回报率高达20%（这是一般人很难达到的），而不幸的是，他的这种投资回报要缴纳50%的个人所得税，并且当年的通货膨胀率高达12%。这实际上就表明，他当年的实际投资回报率依然是负的。这时候如果他所投资的公司不分红，他就不需要缴纳个人所得税，从而能够借助该上市公司良好的长期绩效，变得真正有盈余。

巴菲特在伯克希尔公司2014年年报致股东的一封信中透露，他在2014年5月伯克希尔公司股东大会上收到一份提案。该提案认为，公司所拥有的现金已经超过了实际需要，而公司股东又不可能都像巴菲特那样是亿万富翁，所以董事会应该考虑给公司股东派发红利。由于这一提案没有在股东大会上提交，所以没有被列入讨论议题；但即使这样，董事会还是决定针对这一问题给予投票表决。

表决结果是：A股股东中反对分红与赞成分红的比例为89：1，即反对分红的占98.89%，赞成的只有1.11%；B股股东中反对分红与赞成分红的比例约为47：1，即反对分红的占97.94%，赞成的只有2.06%。总体来看，伯克希尔公司大约有98%的人反对分红，他们希望将所有利润都留在伯克希尔公司进行再投资。

巴菲特说："我们的大小股东能够如此认同我们的管理哲学，真是令人又感叹又欣慰。如果我不向他们致以敬意，那就是我的失职。"

【巴菲特读年报心得】

投资者应当特别关注投资对象的长期绩效。如果能投资一家长期赢利的企业，即使投资者今后不再额外追加资金，公司盈利也会不断增加。这就像工薪阶层储蓄一样，即使没有加薪，其每年实际收入也会慢慢增加。

影响长期绩效的关键因素

> 就像是在过去年报中一再跟各位解释的，对于我们的保险事业来说，真正重要的，第一是我们因此取得的保险浮存金，第二就是取得它的成本，这两点相当重要。大家必须了解，浮存金虽然不会反映在公司净值之上，但它是伯克希尔实质价值构成的关键因素之一。
>
> ——沃伦·巴菲特

【巴菲特读年报的关注点】

巴菲特认为，投资者在阅读财务年报时应当关注上市公司的长期绩效，并且必须特别关注影响长期绩效的关键因素有哪些。投资者只有对这些因素加以重视，才能更好地把握上市公司长期绩效的变动方向和变动幅度，以此衡量投资风险的大小。对于伯克希尔公司来说，影响长期绩效最关键的因素是保险浮存金的规模和成本。

巴菲特在伯克希尔公司1996年年报致股东的一封信中说，伯克希尔公司1996年的保险业务大放异彩，无论是政府雇员保险公司这样的初级保险，还是霹雳猫再保险业务这样的巨额灾害保险，表现都很杰出。不过就像他在过去年报中一再解释的那样，在看待伯克希尔公司的保险业务时，最重要的是看通过保险业务公司能够取得多少保险浮存金，同时也要看取得这些保险浮存金的成本大小。大家必须了解，保险浮存金虽然不会反映在伯克希尔公司的净值上，却是影响伯克希尔公司内在价值的关键因素之一。

巴菲特的意思是说，投资者在阅读上市公司的财务报表时，要特别关心影响这些数据大小的关键因素。对于伯克希尔公司来说，通过保险业务取得的保险浮存金多少及其成本高低，会在相当程度上影响伯克希尔公司的长期绩效。虽然这些数据不一定会反映在伯克希尔公司年报上，却是投资者必须要追根溯源了解清楚的。

巴菲特进一步解释说，保险浮存金是保险公司在业务运营中产生的一笔资金，它不属于保险公司，却可以暂时被保险公司使用。

保险业务的运作规律是：客户在进行投保时需要交纳保险费用，这构成了保险公司的浮存金收入；而保险公司只有在客户发生事故，需要理赔时，才需要支出这笔费用，这构成了保险公司的浮存金成本。

这样，两者之间的时间差就可以被保险公司派上用场。在保险期满结束时，如果浮存金收入大于成本，保险公司在这笔保险业务上就是赚钱的；相反，保险公司在这笔保险业务上就是亏损的。

那么从总体上来看，伯克希尔公司开展保险业务是赚钱还是亏损呢？该公司1996年的财务年报表明，当年该公司的保险浮存金，再加上所有的损失准备、损失费用调整准备、未赚取保费收入后，扣除应付佣金、预付并购成本、相关再保险递延费用，4年来的成本都是负的。换句话说，仅仅拥有这笔巨大的保险浮存金，伯克希尔公司就已经赚了。

进一步说，保险浮存金对提高伯克希尔公司长期绩效的作用究竟有多大？要知道，在巨无霸型企业伯克希尔公司中，保险业务大约要占到其总业务的一半左右。自从1967年伯克希尔公司从事保险业务至1996年，其保险浮存金的年平均增长率高达22.3%。其中，大多数年度该公司取得这些浮存金的成本是负的。换句话说，伯克希尔公司取得这些浮存金不但没有付出成本，而且对方还要“贴钱”给它，“央求”它使用。

所以，阅读伯克希尔公司财务年报时必须充分考虑这一因素。伯克希尔公司正因为每年都有这几十上百亿美元的浮存金可以“免费”使用，所以才取得了这样高的投资业绩。尤其是伯克希尔公司1995年收购了政府雇员保险公司的另一半股份，使政府雇员保险公司成为自己的全资子公司后，伯克希尔公司每年可以利用的“免费”或接近于“免费”的浮存金数额更是大大增加了。完全可以说，保险浮存金是“免费”提供给巴菲特，供他创造投资业绩的杠杆。

从这一点看，在其他内外部环境相同的背景下，完全有理由相信，伯克希尔公司以后的长期绩效会更好。投资者如果能够得到相关数据和这样的结论，也就表明他读伯克希尔公司年报的功夫已经“到家”了。

与此同时，在谈到保险业务时，巴菲特还特别提到霹雳猫再保险业务对伯克希尔公司长期绩效的影响。他在伯克希尔公司1996年年报致股东的一封信中说，在过去的4年中，伯克希尔公司经营业绩如此之好，很重要的原因就是得益于霹雳猫业务。

所谓“霹雳猫业务”，是指伯克希尔公司为其他保险公司提供的一种巨灾保险，目的是为其他保险公司和再保险公司分担遇到超大型意外灾害时可能要承担的风险。不难看出，这样的超大型意外灾害并不是每年都会发生，当然谁也不知道它们会在什么时候发生。所以，伯克希尔公司承接霹雳猫业务的特点是，公司有可能连续几年赚大钱，而突然有一年就会遭受重大损失。也就是说，必须经过一段时间，甚至相当长的一段时间，才能看出开展这项业务是否能赚到钱。

巴菲特总结说，“幸运”的是，伯克希尔公司这几年来开展霹雳猫再保险业务都赚到了钱。可是从长期看，谁也不知道什么时候会发生超大型意外灾害，从而使伯克希尔公司把前些年所赚到的钱全部赔光，甚至还会不够。

巴菲特的意思是说，股东们在阅读伯克希尔公司年报时，非常有必要了解伯克希尔公司开展的霹雳猫业务的性质和特点，以便将来发生重大意外灾害时有个心理准备。不至于突然听到伯克希尔公司因为某大型意外灾害需要赔偿一大笔钱时，他们就恐慌地抛售原来拥有的股票。

巴菲特不客气地说：“如果届时你真的会有这种反应，那么你根本就不应该拥有本公司的股份。”为什么？因为你对本公司的业务不了解！

【巴菲特读年报心得】

巴菲特认为，投资者在阅读财务年报时，非常有必要了解该公司的业务特点和规律，找出影响该公司长期绩效的关键因素。毫无疑问，这些因素不一定全都反映在财务年报上。所以如果有必要，投资者还需要做进一步的延伸阅读。

长期绩效离不开明星经理人

> Susan 在 25 年前，作为时薪 4 美元的女售货员进入波仙珠宝。尽管她缺乏管理背景，但我还是在 1994 年毫不犹豫地让她担任了 CEO。她聪明，热爱这项事业，也热爱她的员工。这些在任何时候都足以超过拥有一个工商管理硕士（MBA）学位（查理和我都不是严重的“履历迷”。相反，我们聚焦在智力、激情、诚实和正直上）。
>
> ——沃伦·巴菲特

【巴菲特读年报的关注点】

巴菲特认为，投资者在阅读财务年报时，关注上市公司的长期绩效，就应该关注该公司是否拥有明星经理人。这就是中国人常说的“火车跑得快，全靠车头带”。有时候，明星经理人对一个企业的作用是决定性的。

巴菲特在伯克希尔公司2007年年报致股东的一封信中说，伯克希尔公司旗下的波仙珠宝公司，它的首席执行官苏珊·雅克（Susan Jacques）女士25年前刚刚到这个公司上班时，还是一位每小时工资只有4美元的女售货员。尽管她缺乏管理背景，但巴菲特依然在1994年毫不犹豫地让她担任了波仙珠宝公司的首席执行官。究其原因在于，她聪明并热爱这项事业，也热爱她的员工。而这些素质在任何时候都足以超过任何一个工商管理硕士学位。他特别指出，伯克希尔公司副总裁查理·芒格也和他一样，他们都不迷信履历表，而更重视经理人的智力、激情、诚实和正直等品质。

巴菲特举例说，伯克希尔公司的另一位明星经理人凯西·拜伦·塔马兹（Cathy Baron Tamraz），让伯克希尔公司2006年年初收购的电线业务取得了令人瞩目的增长。

巴菲特毫不吝啬溢美之词，称赞她是每个企业老板梦寐以求的那种职业经理人。她会不顾一切地冲向目标，因此如果有谁想和她竞争，是非常危险的。说到这里，巴菲特幽默地提醒大家说，众所周知，她一开始的职业是出租车司机。他的意思是说，出租车司机的驾驶技术是很高超的，所以千万要与她“抢道而行”。

熟悉巴菲特的人都知道，他在每年的年报中都要对伯克希尔公司旗下的那些明星经理人大赞一番，有些话甚至说得让人感到有些肉麻。他为什么这样说？就是因为他对这些明星经理人佩服有加。

他曾经说过，他个人并没有什么天大的本事，所有业绩都要归功于那些明星经理人。要知道，伯克希尔公司当时已经拥有70多家上市公司和非上市公司。而这些子公司的规模同样非常大，如果没有一个强有力的明星经理人，要搞好这些子公司是难以设想的。

许多时候，巴菲特在收购企业时都会特别关注该企业的现有管理层是否足够优秀。如果现有管理层不是足够优秀，或者他们虽然足够优秀，却不愿意在巴菲特并购该企业后留下来继续工作，巴菲特宁可放弃这桩并购案。

所以巴菲特在年报中说这些话，既表现出了他的谦逊，又不失时机地强调了企业领导人的作用。巴菲特对伯克希尔公司绝对控股，所以无论他如何谦虚，都没有人会把他从现在的位置拉下来。而巴菲特大张旗鼓地表扬明星经理人，实际上也会给这些经理人造成巨大的精神压力，使他们丝毫不敢懈怠，而是只会勇往直前。这就是巴菲特独特的语言和管理才能。

正如凯西 · 拜伦 · 塔马兹所说，她怀疑巴菲特拥有心理学学位。意思是说，巴菲特虽然没有受过专门训练，却丝毫不逊于那些心理学家。

她说，巴菲特具有这样一项本领，他会让他手下的那些明星经理人“觉得自己应该是完美的”，“这对我们来说很恐怖，因为我们每天晚上都睡不着觉，都在想着要如何把每一天的事情做好，这很神奇”。

那么，巴菲特又是怎样具备凯西 · 拜伦 · 塔马兹所说的这种本领的呢？2006年，凯西 · 拜伦 · 塔马兹只是通过电话与巴菲特协商，就把她拥有的美国商业通讯社卖给了巴菲特，双方皆大欢喜。巴菲特说，如果当时他和她见过一面，他会出更高的收购价格。

巴菲特每隔几年就会给旗下的所有经理人送一份备忘录。这份备忘录上的用词虽然不完全一样，但内容基本相同。巴菲特会提醒经理人，我们亏得起钱，甚至可以亏很多钱，但是我们丢不起名誉，哪怕是一点点名誉。我们必须保证我们的任何商业行为即使第二天出现在全国报纸的头版头条，并且这个记者是用很不友善的措辞来报道的，同时这个报道还会被我们的家人和邻居看到，这时候我们仍然可以毫不脸红。

巴菲特特别提醒说，伯克希尔公司曾经被美国《财富》杂志评为全球第二大最受尊敬的企业。伯克希尔公司花了43年才取得如此成就；可是要毁掉这一成就，却可能只要43分钟！

应该说，伯克希尔公司要求明星经理人用这样的标准时时刻刻衡量自己，确实很不容易。

例如，苏珊·雅克就认为，巴菲特所写的这些备忘录，是她个人和在职业生涯中每天都使用的标准。她用带有某种神秘色彩的语气说，她还从巴菲特身上学到了另外3条智慧：一是要让自己像老板一样思考；二是如果有什么坏消息，要立刻告诉大家；三是如果你不了解珠宝的话，那么你就去了解你的珠宝商。

巴菲特用他一贯明确的指导思想统领着伯克希尔公司这个庞大的机构，而伯克希尔公司的这些明星经理人也将巴菲特这样的指导思想贯彻到了所有的经营和投资活动中去，两者可谓是相辅相成、相得益彰、上下贯通、一气呵成。

【巴菲特读年报心得】

巴菲特认为，投资者在阅读上市公司财务年报时，必须非常关注它的最高经营管理层如何。当然，投资者不只要看他们的经历和文凭，更重要的是要遵循“做事先做人”原则，考察他们的智力、激情、诚实、正直等品质，这些都与企业的长期绩效有关。

长期绩效与经济护城河有关

> 每一天，通过无数种方式，我们下属每家企业的竞争地位要么变得更强，要么变得更弱。如果我们让客户更加愉悦，消除不必要的成本支出，改善我们的产品和服务，我们的竞争力就会更强；如果我们对客户冷淡，或者容忍不必要的费用成本不断上升，我们的竞争力就会萎缩。就每一天而言，我们行为的影响或许难以察觉，但天长日久所累计的影响后果之巨大却难以估计。
>
> ——沃伦·巴菲特

【巴菲特读年报的关注点】

巴菲特认为，投资者在阅读上市公司财务年报时，有必要关注该公司的经济护城河，因为它与长期绩效有关。

具体地说，如果一家公司拥有一条经济护城河，恰好这条经济护城河还在不断拓宽，那么该公司的长期绩效就是有保证的；相反，如果该公司根本没有这样一条经济护城河，或者这条经济护城河在不断变窄，这时候投资者对其长期绩效就应当保持一份警惕了。

巴菲特在伯克希尔公司2005年年报致股东的一封信中说，伯克希尔公司下属的每家企业的竞争地位，基本上每一天都会通过无数种方式发生改变，要么变得更强，要么变得更弱。单从某一天来看，这样的变化产生的影响难以察觉；可是天长日久所累积的影响产生的后果，会非常巨大。

“经济护城河”是巴菲特经常引用的一个概念。

他举例说，如果一家企业让客户越来越感到愉悦，并且不断消除不必要的成本支出，不断改进产品和服务，那么这家企业的竞争力就会不断增强；相反，如果一家企业对客户冷淡，或者无法控制不必要的费用成本不断上升，产品质量和服务水平也在不断下降，那么这家企业的竞争力就会不断萎缩。这样下去，用不了多长时间，前一家公司的经济护城河就会变得无比宽阔，而后一家公司的经济护城河就会变得无比狭窄。经济护城河的宽窄，会从根本上影响一家公司的长期绩效。

巴菲特特别提醒说，如果一家公司的管理层做出的决策非常糟糕，那么即使该公司在短期内盈利丰厚，以后也无法弥补由此造成的严重后果。大家只要看一看汽车业和航空业的公司管理层为什么经常要费力地处理前任的遗留问题，并且有时候对这些遗留问题还一筹莫展，就知道问题的严重性了。

所以，巴菲特非常赞赏美国历史上第一位享有国际声誉的科学家和发明家本杰明·富兰克林（1706—1790）的名言——“预防为主，治疗为辅”。对于企业来说，有时候事后的治疗无论如何也无法治愈过去的错误。

巴菲特说，伯克希尔公司同样想在短期内赚到更多的钱。但如果这种经营投资行为与长期目标发生冲突，这时候伯克希尔公司会优先考虑有助于加宽经济护城河的种种举措。不要说伯克希尔公司想打造一家百年老店了，就是对于10年、20年以后的企业来说，这也非常重要。可喜的是，伯克希尔公司旗下的那些明星经理人，在如何专注于拓宽经济护城河方面都才华横溢。要知道，在伯克希尔公司收购他们的公司之前，他们就已经管理其公司很长时间了。伯克希尔公司收购这些企业后，唯一要做的就是坚持既定方针，其中包括放手让这些明星经理人继续拓宽其公司的经济护城河。

所以，当投资者从财务年报中能够隐约感觉到一家公司的经济护城河在不断拓宽时，就应该马上联想到该公司的长期绩效是可以让人放心的。虽然这些公司有时也会出现暂时性困难，但前途是光明的。

巴菲特在伯克希尔公司1996年年报致股东的一封信中说，1996年伯克希尔公司开展了好几笔霹雳猫再保险业务，虽然同样有风险，但基于强大的财务实力，这些在别人看来属于灭顶之灾的风险，对伯克希尔公司来说并不算什么，伯克希尔公司从中获取大笔盈利几乎是肯定的。这同样可以看作是伯克希尔公司的经济护城河在不断拓宽。

例如，当年伯克希尔公司与全美保险公司签约承接佛罗里达州的飓风保险，虽然没有确切资料表明这是单独一家公司单独承受单一风险的最高纪录，但实际上很可能就是如此。紧接着到当年年底，伯克希尔公司又与加利福尼亚州地震局签约承接比佛罗里达州的飓风保险承保额高出一倍的保单，伯克希尔公司同样独立承担所有风险。不用说，这样的保单，承保金额都相当庞大，但即使出现最坏的情况，这两件大型灾害中的每一件给伯克希尔公司所造成的税后损失，也都不会超过6亿美元。

如果说这6亿美元的损失，对其他保险公司或再保险公司来说会严重影响其当年经营业绩，那么对伯克希尔公司来说实在算不了什么。因为从伯克希尔公司当时的股票市值看，6亿美元大约只相当于1.5% 的比例；而如果从伯克希尔公司的股票净值看，6亿美元则大约相当于3% 的比例。这样的波动率，实际上比股票二级市场上的波动率更小。

巴菲特的意思是说，投资者不要以为这6亿美元是一个多么庞大的数字。实际上，对伯克希尔公司来说，它并不会从根本上影响其长期绩效，也不会影响到伯克希尔公司的经济护城河。中国投资者都知道，中国股市上每天的跌停板规定是10%。而现在3% 或1.5% 的波动幅度，与10% 相比实在是微不足道。

【巴菲特读年报心得】

巴菲特认为，上市公司的长期绩效，从长期来看，与其竞争力是在不断增强还是在不断下降有密切关系。换句话说，投资者在读财务年报时，非常有必要关心一下该公司的经济护城河是在不断拓宽还是在不断变窄。

长期绩效与利润上交有关

一般人可能无法体会到，我们众多旗下事业的表现到底有多杰出。虽然相较于其他已上市的同业，《布法罗新闻报》公司或是斯科特·费策公司的获利表现看起来并不突出；不过大家要了解，大部分上市公司通常会将2/3以上的盈余保留不分配以支应内部成长，但是伯克希尔大部分的子公司却将所赚取的盈余分毫不差地缴回母公司。是它们贡献的资金，促成母公司伯克希尔进一步地成长。

——沃伦·巴菲特

【巴菲特读年报的关注点】

巴菲特认为，投资者在阅读财务年报时，有必要关注它的利润上交情况。道理很简单，一家公司上交给上级的利润越多，它留下来的利润就越少。这样，单纯从本公司看，并不能发现它有多么伟大；而实际上，它的主要贡献已经体现在上级单位，在它身上反映出的是一种舍己为人的精神。

巴菲特在伯克希尔公司1997年年报致股东的一封信中说，一般人可能无法体会到伯克希尔公司旗下的那些子公司的表现有多么杰出。虽然与其他上市公司相比，伯克希尔公司旗下的《布法罗新闻报》公司或斯科特·费策公司的获利表现并不是十分突出。可是要知道，其他上市公司通常有2/3以上的利润被保留下来，用于本公司的资金周转和业务发展；可是伯克希尔公司旗下的大多数子公司，却会把赚到的所有利润全部上交给伯克希尔公司。

这样一比较，两者之间的差别就立刻显示出来了。由于这种利润上交，这些子公司为伯克希尔公司的成长提供了强有力的保证，而这显然从这些子公司的财务年报上看不出来。

从具体数额上看，这些年来《布法罗新闻报》公司、喜斯糖果公司、斯科特·费策公司3家公司上交给伯克希尔公司的利润高达18亿美元，这可是一笔不小的数额。这笔利润被上交到伯克希尔公司后，与伯克希尔公司开展保险业务所得到的浮存金合并在一起，由巴菲特用于其他方面的投资，从而获得更高的投资回报率。

正因为伯克希尔公司与子公司之间有这种利润上交关系，所以巴菲特每年在公布伯克希尔公司财务年报时，会分别列出几种不同的表达方式。其中既包括按照一般公认会计准则编制的财务数据，又包括详细的分部门财务信息，另外还有伯克希尔公司划分为四大部门后重新编制的财务数据。巴菲特解释说，之所以要如此做，就是为了方便投资者从不同角度来了解伯克希尔公司的财务状况。不用说，所有编制方式最终得出的财务结果应该是一致的。

在这里，巴菲特提出了一个“完整透视盈余”的概念。

他认为，根据伯克希尔公司的实际运营状况，反映在伯克希尔公司财务年报上的股利收入，只占本公司投资收益的一小部分。按照巴菲特的习惯，他并不要求把被投资公司的经营利润都分配掉。事实上，如果这笔钱放在被投资公司能获得比将其分配掉更高的投资回报，巴菲特宁愿选择不分配这部分利润。这样一来，巴菲特理所当然地更重视未分配利润这部分，就很好理解了。因为对于伯克希尔公司来说，未分配利润比利润分配数额要多得多，他又怎么能“就轻避重”呢？

正是在这种情况下，巴菲特提出了“完整透视盈余”的概念。就好比说，一位建筑工全年从老板那里领到手的劳动报酬是3.6万元，而实际上他的应得劳动报酬是9.8万元，还有6.2万元的劳动报酬老板还没有发给他（欠薪）。这时候，在这位建筑工的账本（财务年报）上，反映的工资收入很可能就只是3.6万元，而根据巴菲特的“完整透视盈余”概念，该建筑工的工资收入应该以9.8万元来计算。不用说，年收入9.8万元的概念很容易理解，也更符合事实。从会计角度看，这有点像收付实现制和权责发生制的区别。

由此可见，投资者在阅读上市公司财务年报时，既要看该公司有没有上交利润给上级，又要看该公司有没有收到下级公司上交的利润，还要看该公司有多少“未分配利润”在相关企业的财务年报中。只有这样，投资者才能更清晰地考察出该公司的经营业绩和长期绩效。

巴菲特是这样解释“完整透视盈余”概念的。他说，完整透视盈余应当包括：①＋②－③。其中①是指财务报表上出现的经营利润，并且该利润已经扣除了资本利得、特别会计调整和其他非经常性损失；②是指按照一般公认会计准则没有反映在公司账面上，却反映在被投资公司账面上的保留利润；③是指第②部分将来分配时估计要缴纳的所得税。

巴菲特认为，经过如此这般调整，无论是对公司管理层还是对投资者来说，都能够更公正地评价该上市公司的实际经营业绩，不会因为该公司给上级单位上交利润过多或获取下级单位上交的利润，而掩盖其本身的实际经营业绩。

当然，伯克希尔公司这样的企业有一个特殊性，那就是因为其保险业务比重过大，保险浮存金数额巨大，浮存金对其长期绩效的影响同样不可小觑。

为什么要特别指出这一点呢？因为根据浮存金的性质，它既具有利润上交以后可供伯克希尔公司免费使用的特点，又不像上交来的利润那样需要列入账目中去，而是属于一种“其他应付款”。只不过，由于保险浮存金的主要作用是保证保险公司的正常运转，所以伯克希尔公司的浮存金比重不能过高。但即使这样，伯克希尔公司2015年可供利用的浮存金数额依然高达877.22亿美元，这绝对算是够高的了。

类似于伯克希尔公司保险浮存金这样的特例，在其他不同行业同样有可能存在。所以，在考察上市公司长期绩效与利润上交之间的关系时，有必要多留心一下该行业的具体情况，这样才能做出正确的决定。

【巴菲特读年报心得】

巴菲特认为，投资者在考察上市公司的长期绩效时，非常有必要厘清它的实际盈利是多少，即账面盈利加该公司必须上交给其上级单位的利润数额，再扣除其下级单位上交上来的利润数额。如此正本清源，同行间才有可比性。

长期绩效与税务负担有关

> 必须负担税务的投资人从每年固定以一个比率成长的单一投资上可以获得的比每年更换投资对象所得的多得多，即便两者成长的幅度一样也是如此。不过我怀疑许多伯克希尔的股东老早就已经知道这个道理了。
>
> ——沃伦·巴菲特

【巴菲特读年报的关注点】

巴菲特认为，投资者在阅读上市公司财务年报时，有必要关注该公司长期绩效与其所承受的税负之间的关系。这包括两层含义：一是在税前利润一定的情况下，税收负担越高的企业利润越少，反之亦然；二是企业可以通过某种方式合理节税和避税，以达到不费吹灰之力就增加盈利的目的。

巴菲特在伯克希尔公司1993年年报致股东的一封信中说，投资者如果每年的纳税比率相同，那么这时候单一的投资项目所得会比每年更换投资对象得到的实际好处要多得多。即使两种投资方式的盈利增长幅度一样也是如此。不过在他看来，许多伯克希尔公司的股东早就明白了这个道理。

巴菲特的意思是说，正因为许多伯克希尔公司的股东懂得这个道理，所以他们才坚持长期投资策略。当然，巴菲特本人的投资理念更是如此。是长期投资理念，把巴菲特和这些股东紧密联系在了一起。要知道，作为一家上市公司，伯克希尔公司股票的年交易量非常小，每年的股东人数变动不到2%。换句话说，绝大多数股东都是抱着“执子之手，与子偕老”的态度来投资和拥有伯克希尔公司股票的。

巴菲特用他最喜欢的一个漫画片打比方，来阐述长期投资理念的奥秘。

他说，卡通作家阿尔·卡普（Al Capp）笔下有个著名的卡通形象叫阿呆，阿呆一直是个快乐的单身汉。他迷上了纽约的一位漂亮演员阿美，可是阿美根本看不起他这个穷光蛋，她只对百万富翁感兴趣。走投无路之际，阿呆只好跑到一位圣贤那里去讨教。圣贤告诉他说：“这不很简单嘛，你再怎么穷身上1元钱总是有的吧？你只要掏出这1元钱来复制20次，贪财的阿美自然会投入你的怀抱。”

读者可千万别以为这个办法真的很简单。要知道，1元钱复制1次就是2元，复制2次就是4元，复制3次就是8元。照这样下去，复制20次就是1048576元，这已经达到百万富翁的标准了。

巴菲特引用这个故事是想说，哪怕再小的投资、再低的投资回报率，假以时日，就会形成一笔巨大的财富。在这个过程中，千万不要因为一些不必要的税务负担而被一层层地“扒皮”，否则就无法形成丰厚的利润回报了。

遗憾的是，这个漫画短片中的阿呆并没有认真听从圣贤老人的话，而是把他身上仅有的1元钱投入了赌博机。不过否极泰来，他居然中了个大奖，一时间地上堆满了金币。更没想到的是，阿呆只是从中拿了2元钱去寻找圣贤老人所说的那种复制方法，真是个“阿呆”呀。

巴菲特看到这里，气得实在不愿意继续看下去了，所以他重新捡起了他的老师、“华尔街教父”本杰明·格雷厄姆的著作。因为一方面，对阿呆，他怒其不争；另一方面，他又认为漫画短片中的圣贤老人水平有限，误导了阿呆，因为这位圣贤老人根本就没有考虑到税务负担。

要知道，如果阿呆也像伯克希尔公司那样每年要缴35%的所得税，那么他即使每年都能成功地复制一次1元钱，20年后也只有22370元；他要想赚到100万，至少需要27年半。可是如果阿呆每年都不交割，而是等到27年半后一次性交割，这时候阿呆居然会获利2亿元。即使扣除7000万元所得税，他还有1.3亿元收益——这时候他就不是百万富翁，而是亿万富翁了。

巴菲特特别指出，对于伯克希尔公司应该上缴给美国政府的税收，他和查理·芒格一点怨言也没有，因为这是一个公民和一个企业应尽的义务。以1993年为例，当年伯克希尔公司一共向美国政府缴纳了3.9亿美元所得税，其中2亿美元是基于经营获利缴纳的所得税，1.9亿美元是基于投资获利缴纳的所得税。

除了伯克希尔公司本身缴纳的所得税，伯克希尔公司的那些被投资公司当年缴纳的所得税也超过了4亿美元。当然，这在伯克希尔公司的财务年报上是看不到的。这些被投资公司既有本国（美国）公司也有外国公司，所以这部分所得税是分别缴给美国政府和被投资公司所在国政府的。

综合以上两部分的直接税收和间接税收，当年伯克希尔公司缴给美国政府的所得税占美国联邦政府全年所得税总额的1.5%。

巴菲特进一步说，美国商业活动的企业组织形式主要有两种，一种是合伙制，另一种是S型。伯克希尔公司如果采用这两种形式，虽然会大大降低公司的税务负担，可是这样一来却会给伯克希尔公司的正常运作带来不便。所以，伯克希尔公司最终选择了税务负担较重的另一种组织形式。为了抵消这种不利因素，伯克希尔公司采取了长期投资策略，希望能通过长期投资策略来减轻税务负担。事实上，伯克希尔公司这一点做得非常好。

这里需要补充说明的是，在美国，股票投资是要缴所得税的，其纳税前提是股票交割有盈利。交割次数越多，纳税额越高；交割次数越少，纳税额越低。具体地说，如果某笔股票投资没有盈利，就不需要纳税；如果有盈利，毫无疑问就要纳税，纳税额为盈利额的20%。

这也意味着，只要你的股票不交割，即使你有再多的账面浮盈，你也不用缴纳任何所得税。要知道每一次交割，就相当于被“扒了一层皮”。巴菲特之所以实行长期投资策略，理由之一便在于此。

【巴菲特读年报心得】

巴菲特认为，上市公司的税务负担与其长期绩效之间有着此起彼伏的重大关系。守法企业和守法公民当然不该偷税漏税，但可以通过单一投资和长期投资策略来减少并推迟纳税，从而变相提高公司和个人的业绩回报。

长期绩效主要着眼于企业自身

> 我们不愿因为自身本就不精通的一些预估而错过做好生意的机会。我们根本就不听或不读那些涉及宏观经济因素的预估。在通常的投资咨询会上，经济学家们会对宏观经济做出描述，然后以此为基础展开咨询活动。在我们看来，那样做是毫无道理的。
>
> ——沃伦·巴菲特

【巴菲特读年报的关注点】

巴菲特认为，投资者在阅读上市公司财务年报时应该目光向内，着眼于该公司的长期绩效，因为这才是该公司本身努力的结果。这就是为什么在同一宏观背景下，有的企业经营得非常好，而有的企业经营得非常差，关键就在于它们的“内功”练得好不好。

套用一句中国的老话，就叫“三百六十行，行行出状元”。这样看来，巴菲特的观点还是非常符合“内因是变化的根据，外因是变化的条件”这一唯物辩证法的。

巴菲特在美国佛罗里达大学演讲时说，他根本就不听或不读那些涉及宏观经济因素的评估报告。在通常的投资咨询会上，经济学家们都会首先对宏观经济形势做出描述，然后以此为基础开展咨询活动。可是，这种做法在巴菲特看来毫无道理。无论这些经济学家们对宏观经济的评估是否符合客观事实，伯克希尔公司都不愿意因为这些自己本来就不精通的评估，而错过很好的投资机会。

巴菲特强调说，即使当时的美国联邦储备委员会主席格林斯潘和美国财政部长鲁宾悄悄地告诉他未来12个月美国政府将采取哪些经济措施，他也会无动于衷，而不至于影响他并购企业主管飞行公司或通用再保险公司以及其他该做的任何并购方案。

巴菲特的意思是说，投资者在阅读财务年报，考察上市公司的长期绩效时，应该着眼于这个公司本身。只要这家公司经营良好，经营管理层十分优秀，经济护城河在不断拓宽，那么无论宏观经济形势如何发生变化，投资者都可以长期看好该公司。宏观经济形势或许能在短期内改变一家公司的业绩预期，但是从长期来看，考察其长期绩效的主要依据还是应该看其本身。

巴菲特根据个人经验说，在投资领域，最重要的是投资者要搞清楚那些十分重要的东西。对于那些既不是很重要，又难以搞清的东西，投资者忘记它们才是对的。宏观经济学家所讲的那些东西也可能是重要的，可是对于普通投资者来说难以搞清楚，所以干脆不去管它才是。

巴菲特说，从这个角度看，箭牌口香糖和柯达胶卷公司的生意就很容易搞清楚，它们的股票价格高低、经营状况等都可以从财务年报上看出来，这就够了。所以伯克希尔公司从来不会根据对宏观经济形势的判断来决定买入或者不买入任何一家企业。在伯克希尔公司，根本没有人去关心那些预估利率、预估企业利润的文章，因为这些不重要。

举个例子，伯克希尔公司1972年并购了喜斯糖果公司，不久政府就出台了价格管制，可是结果又怎么样呢？如果当初伯克希尔公司因为政府出台了价格管制，就不以2500万美元的价格并购这家企业，那么现在伯克希尔公司就少了一家每年税前利润高达6000万美元的企业。

巴菲特在伯克希尔公司2005年年报致股东的一封信中再次举例说，自从伯克希尔公司2003年收购克莱顿预制房屋公司以来，虽然美国整个的预制房屋业务领域一直都不景气，可是伯克希尔公司金融业务的明星经理人凯文 · 克莱顿却将克莱顿预制房屋公司经营得非常好。虽然短时间内由于卡特里娜飓风的破坏，美国预制房屋业务的市场需求有所上升，但这种偶然因素并不会改变许多企业依然亏损的现实。在这种情况下，克莱顿预制房屋公司的盈利十分丰厚，就可以说与宏观环境没有关系。

看到这里读者也许会问，克莱顿预制房屋公司凭什么一枝独秀呢？巴菲特介绍说，原因在于它有明星经理人，在这样的前提下，公司才得以在非常残酷的经营环境下，从几家大型银行手里买入大量有关预制房屋的贷款。而这些贷款在这些银行眼里，不但无利可图，而且很难再提供服务。可就是这样的“鸡肋”业务，依靠克莱顿预制房屋公司的专业能力和伯克希尔公司强大的财务实力，马上就变得非常有利可图了。

举例说，克莱顿预制房屋公司买入这些贷款时，银行只提供了54亿美元的预制房屋贷款服务，而现在的预制房屋业务量已经高达170亿美元，其中有96亿美元的贷款服务资产组合是在伯克希尔公司手里增加的。2005年，克莱顿预制房屋公司为这项借款所支付的成本只有0.83亿美元，这些数据都可以从其财务年报中得到。

巴菲特在伯克希尔公司2005年年报致股东的一封信中说，如果从整个美国股市的发展来看，从1899年12月31日到1999年12月31日的100年间，虽然美国发生过两次世界大战和无数次经济危机、金融危机，可是结果怎么样呢？美国道琼斯工业指数仍然从66点上涨到了11497点。不用说，股市是由所有上市公司的经营构成的。

在巴菲特看来，股票指数有如此巨大的升幅，原因非常简单，那就是“20世纪美国企业经营得非常出色”，从而使投资者“借企业繁荣的东风赚得盆满钵满”。对照现在，美国企业的经营状况依然良好，可是许多投资者的获利却不高，原因就在于他们受到了“一系列的伤害”（频繁买卖），这在相当程度上侵蚀了他们本能够从中获得的收益。

【巴菲特读年报心得】

巴菲特认为，无论什么样的宏观背景和微观环境，都比不上公司本身为长期经营业绩所做的努力。投资者只有着眼于企业本身而不是外部，才能正确判断该公司的长期绩效。

销售利润率越高越赚钱

几年前，在全美拥有200家分店的赫尔兹伯格钻石公司，为了恢复原有高毛利，而在营运上做了许多调整。在Jeff Comment的领导下，该公司目标顺利达成，利润率快速回升。同样，在鞋业我们拥有Harold、Peter、Frank以及Jim担纲，我相信在未来几年内也能有相同的成果。

——沃伦·巴菲特

【巴菲特读年报的关注点】

巴菲特认为，投资者在阅读上市公司财务年报时，有必要关注它的长期赢利能力，其主要标志之一是销售利润率。道理很简单，一个公司销售利润率越高，就表明该公司越赚钱，长期绩效越有保障，并且其成长速度越快。

巴菲特在伯克希尔公司1999年年报致股东的一封信中说，几年前在美国拥有200家分店的赫尔兹伯格钻石公司，为了恢复原来的高毛利率，在营运上做了许多调整。在杰夫·考曼特（Jeff Comment）的领导下，该公司很快就达成了目标，利润率得到了快速回升。同样的情形还发生在伯克希尔公司的鞋类业务上，这些公司分别由哈罗德（Harold）、彼德（Peter）、弗兰克（Frank）和吉姆（Jim）等领导。巴菲特相信，在未来几年内，这些鞋业公司同样有可能取得优秀的业绩。

接下来，巴菲特特别提到了喜斯糖果公司的高盈利率。他认为，上市公司管理层不断降低产品成本或提高产品品质，给客户带来更多价值，就能创造成本优势和差异化优势，从而使产品保持较高的销售利润率。所以，伯克希尔公司在并购企业时，就特别注重拟并购企业盈利率水平的高低。

巴菲特的这一观点，最早是从投资大师菲利普 · 费雪那里学来的。他非常赞同菲利普 · 费雪在其著作《怎样选择成长股》中对销售利润率的分析。

菲利普 · 费雪认为，从投资者角度看，通过增加营业收入使利润增长是有价值的。如果企业营业收入一年比一年高，利润却总是徘徊不前，就表明该企业的销售利润率不但没有增长，而且可能还在减少。这样的企业对投资者来说是绝对没有吸引力的。

投资者可以掌握这样一个简单方法：把公司利润除以销售额，得到销售利润率，在不同公司之间就销售利润率进行比较，这样很快就能鉴别出公司的好坏来。不过应当注意的是，这样的对比分析不能只看一年，而应该着眼于好多年。如果整个行业处于繁荣或萧条时期，单看某一年的销售利润率，很容易得出错误结论，只有从一个较长时期看，才不容易看花眼。

菲利普 · 费雪认为，真正能够让投资者赚大钱的公司，都是那些历史比较悠久，规模也较大，大部分年份拥有偏高销售利润率的企业，甚至可以说，它们在同行业内拥有最高的利润率。那些希望赚大钱的投资者，最好远离销售利润率过低的公司或边际公司。

菲利普 · 费雪在这里所提到的“边际公司”，是指当经济发展呈上升趋势时，原来那些销售利润率较低的公司，销售利润率的增长幅度反而会较大；而当经济发展呈下降趋势时，原来那些销售利润率较低的公司，销售利润率的下跌幅度反而会更大。菲利普 · 费雪认为，投资者如果投资这样的公司，从长远角度来看风险太大，至少投资者无法获得最高的长期投资利润。

菲利普 · 费雪说，投资者除了应该关注所投公司销售利润率的高低，还应关注该公司的利润增长是由什么因素引起的；并且，不但要看所投资公司过去的销售利润率高低，更要看该公司将来的销售利润率能否保持或能否得到进一步增长。

因为从整体上看，劳动力成本每年都在上升，即使一家公司过去有较高的销售利润率，将来是否能保持这样的趋势还说不定；即使该公司可以通过提高价格来维持较高的销售利润率，这种做法也通常好景不长。

巴菲特对菲利普·费雪上述观点完全同意。从他所投资的那些上市公司中容易看到，它们的销售利润率不一定是所在行业最高的，却往往能达到让竞争对手可望而不可即的程度。在每年伯克希尔公司年报致股东的一封信中，巴菲特几乎都会对几家主要投资公司销售利润率的增长情况做一番分析，引导股东正确关注这一点。

总体来看，巴菲特注重长期投资。他投资的那些公司的业务发展长期稳定，其销售利润率的高低主要取决于这些公司成本控制水平如何。

他举例说，富国银行总裁卡尔·理查德、保罗·哈恩，资本城/美国广播公司总裁托马斯·墨菲、丹·伯克等都是这方面的高手，他们始终都对公司不必要的费用进行无情的削减。巴菲特说，这两个公司的管理层“不论利润创造了新纪录，还是正面临压力，始终积极地削减成本”。

成本空间让出来了，产品销售利润率就有了一定的保障。所以说，投资这样的公司才会让投资者感到十分放心。

回过头看伯克希尔公司的投资对象，巴菲特选择的投资项目，其赢利能力在所有上市公司中并不一定是最高的，却能达到让同行可望而不可即的超级水平。

特别值得一提的是，巴菲特对他的精神领袖菲利普·费雪的精神吃得很透，并且理解得非常到位，他认为这种精神中充满了艺术。

例如，菲利普·费雪认为，高利润率并不代表一定要比同行平均水平高出好几倍；相反，如果真的高出好几倍，那倒不一定是好事，因为可能会因为利润率和投资回报率太高而引来竞争对手。所以，最理想的情形是，利润率比次佳竞争对手高出2%~3%。

由于巴菲特所投资的这些项目业务长期稳定，这2%~3%的利润率之差，日积月累就是非常可观的经营业绩，它足以确保巴菲特取得长期、稳定、超额的投资回报率，并且相对来说这种投资还非常安全。

【巴菲特读年报心得】

菲利普·费雪认为，较高的销售利润率并非一定要（事实上也不应该）比同行平均水平高出多少倍。如果某公司的销售利润率特别高，反而不是一件好事，因为这会很快引来竞争对手。巴菲特对这一观点深表赞同。

伯克希尔的长期绩效实例

> 伯克希尔过去的业绩增长纪录，未来不要说复制，即使是接近这个水平都是不可能的。我们的资产和收益基数，现在对我们来说，已经大得在未来不可能获得超常增长了。
>
> ——沃伦·巴菲特

【巴菲特读年报的关注点】

巴菲特认为，投资者在阅读上市公司财务年报时有必要关注该公司的具体数据，要以数字说话。为此，投资者有必要懂得一些基本的会计知识，这无论对他们阅读财务年报还是对他们投资股票来说，都会有极大的好处。

巴菲特早在伯克希尔公司2007年年报致股东的一封信中就说，伯克希尔公司过去的业绩增长纪录，未来不要说复制，即使是接近这个水平都是不可能的。伯克希尔公司的资产和收益基数，现在已经大到在未来不可能获得超常增长了。

巴菲特的这段话表达了两层含义：一方面，伯克希尔公司过去的业绩增长非常好，以后很难再达到这样的水平，无论是伯克希尔公司，还是其他公司。虽然巴菲特没这样明说，但明眼人一眼就能看出巴菲特的这层意思。另一方面，巴菲特每年都要在财务年报中"唱衰"未来，这是他的语言风格。他的本意是要投资者不要对未来寄予过高的希望，希望越大，失望越大——伯克希尔公司过去的投资回报率如此之高，未来未必还能如此，这实际上是他对股东的一种风险提示。

那么，伯克希尔公司的长期绩效究竟如何呢？巴菲特每年都要在伯克希尔公司的财务年报封面上首先列出如下这张表格，把伯克希尔公司每年的投资回报率和当年标准普尔500指数的变动幅度相比较，并计算出累计数，向股东和盘托出。

下面这张表整理了自从巴菲特掌管伯克希尔公司以来的51年间，该公司每年的业绩表现与当年标准普尔500指数对比的结果。

伯克希尔公司业绩表现和标准普尔500指数对比

年份	(1)伯克希尔每股账面价值百分比变动(%)	(2)标准普尔500指数(含股利)百分比变动(%)	比较结果 (1)-(2) (%)
1965	23.8	10.0	13.8
1966	20.3	−11.7	32.0
1967	11.0	30.9	−19.9
1968	19.0	11.0	8.0
1969	16.2	−8.4	24.6
1970	12.0	3.9	8.1
1971	16.4	14.6	1.8
1972	21.7	18.9	2.8
1973	4.7	−14.8	19.5
1974	5.5	−26.4	31.9
1975	21.9	37.2	−15.3
1976	59.3	23.6	35.7
1977	31.9	−7.4	39.3
1978	24.0	6.4	17.6
1979	35.7	18.2	17.5
1980	19.3	32.3	−13.0
1981	31.4	−5.0	36.4
1982	40.0	21.4	18.6
1983	32.3	22.4	9.9
1984	13.6	6.1	7.5
1985	48.2	31.6	16.6
1986	26.1	18.6	7.5
1987	19.5	5.1	14.4
1988	20.1	16.6	3.5
1989	44.4	31.7	12.7
1990	7.4	−3.1	10.5

续表

年份	（1）伯克希尔每股账面价值百分比变动（%）	（2）标准普尔 500 指数（含股利）百分比变动（%）	比较结果（1）-（2）（%）
1991	39.6	30.5	9.1
1992	20.3	7.6	12.7
1993	14.3	10.1	4.2
1994	13.9	1.3	12.6
1995	43.1	37.6	5.5
1996	31.8	23.0	8.8
1997	34.1	33.4	0.7
1998	48.3	28.6	19.7
1999	0.5	21.0	−20.5
2000	6.5	−9.1	15.6
2001	−6.2	−11.9	5.7
2002	10.0	−22.1	32.1
2003	21.0	28.7	−7.7
2004	10.5	10.9	−0.4
2005	6.4	4.9	1.5
2006	18.4	15.8	2.6
2007	11.0	5.5	5.5
2008	−9.6	−37.0	27.4
2009	19.8	26.5	−6.7
2010	13.0	15.1	−2.1
2011	4.6	2.1	2.5
2012	14.4	16.0	−1.6
2013	18.2	32.4	−14.2
2014	8.3	11.4	−3.1
2015	6.4	−0.7	7.1
年均	19.2	6.4	12.8
总计	7990.8 倍	24.1 倍	7966.7 倍

关于以上表格，有这样几点说明：

一是1965年和1966年的财政年度截至当年9月30日，1967年截至当年12月31日（所以当年共有15个月的数据），其他年份的财政年度与日历年日期相同。

二是从1979年开始，根据会计准则的要求，保险公司要以市值来计算所持权益类证券的账面价值，而在此之前是以市价和历史成本价孰低原则来计量的。表中1978年之前的数据已经进行追溯调整，所以具有可比性。

三是伯克希尔公司的数据是税后收益，而标准普尔500指数的变动是税前收益。这样，在扣除税收因素后，如果当年标准普尔500指数的回报为正，其实际收益就会稍微落后于该指数；如果当年标准普尔500指数的回报为负，其实际收益会稍微超越于该指数。

四是1964年年末伯克希尔公司的每股账面价值是19.46美元，2015年年末已经增长到155501美元，后者相当于前者的155501÷19.46＝7990.8倍，年复合增长率为7990.8开51次方，即19.2%；1964年年末标准普尔500指数的收盘点位是84.75点，2015年年末其收盘点位在2043.94点，年复合增长率为6.4%。

从上表中容易看出，伯克希尔公司自2009年受金融危机冲击以来，一直到2015年，投资业绩都不甚理想。在这7年中，伯克希尔公司的业绩表现不但全部没有达到巴菲特原先设定的超越标准普尔500指数10个百分点的要求，而且多达5年还跑输标准普尔500指数。其主要原因之一在于，伯克希尔公司的大规模并购比重已达约70%，证券投资业务却只占30%左右。该公司的业绩表现如果再像过去那样用纯粹的标准普尔500指数做对比，难免失真太大。

所以，巴菲特在伯克希尔公司2015年年报致股东的一封信中解释说，伯克希尔公司前几十年的账面价值和内在价值大致相等，原因在于将大多数资产部署在了有价证券上面。可是从20世纪90年代早期开始，公司将重点转向了对企业拥有完全所有权，这样就降低了资产负债表中数据的相关性，“因为适用于评估控制公司的会计准则不同于评估公司有价证券的准则，造成损失的账面价值通常会被记下来，但带来盈利的未曾重估……这种不对称的会计处理方式必然会扩大公司内在价值与账面价值之间的差距。今天，我们不断增长却未被记录的盈利，清楚地表明伯克希尔公司的内在价值要远远超过其账面价值，这就是我们将股票回购的价格上限提高到其票面价值的120%的原因”。

不容否认，伯克希尔公司能取得如此之高的投资回报率，与巴菲特特别热衷于阅读财务年报，能从中挑选出特别具有投资价值的投资对象，有着密切的关系。

正如巴菲特的最佳搭档、伯克希尔公司副总裁查理 · 芒格在韦斯科金融公司 2007 年股东大会上回答股东关于阅读的重要性的问题时所说，如果你是一位观察员的话，你就会看到，巴菲特做得最多的事情就是坐在那里阅读。所以，如果你想有所成就，那么就用生命的大部分时间去阅读吧。他预测，现在年轻的一代成就会小于巴菲特，因为他们不像巴菲特那样“专注于阅读”。他认为，如果有谁想要变得更有智慧，阅读是唯一的途径。

【巴菲特读年报心得】

巴菲特认为，上市公司为了帮助读者了解自己的长期绩效，很有必要在每年的财务年报中列出与股市大盘对比的数据，伯克希尔公司每年就是这样做的。如果其他上市公司也有这种服务意识和“胆量”，不妨学学。

关注点 2

通过年报看公司口味

从财务年报看公司特点

每年结束，约有 98% 股份的股东会保留他们在伯克希尔的持股。因此，每年年报的撰写皆延续前一年度，但我尽量避免一再重复叙述相同的东西，从而可以使大家获得一些有用的讯息，我也不会觉得厌烦。此外，约占 90% 股份的股东，其最大的股票投资对象就是伯克希尔，所以有许多股东愿意花相当的时间在研读每年年报之上。而我们也努力设身处地地给全体股东提供所有我们认为有用的信息。

——沃伦 · 巴菲特

【巴菲特读年报的关注点】

巴菲特认为，投资者在阅读上市公司的财务年报时，有必要通过年报看该公司都具有哪些特点。这是普通投资者不大会想到的，也是泛泛阅读所投公司财务年报的投资者容易忽略的，但这一点十分重要。

巴菲特在伯克希尔公司 1979 年年报致股东的一封信中说，每年结束时，约占

98% 的伯克希尔公司股份比例的股东都没有变动，这使得他每年撰写伯克希尔公司财务年报时，都不得不承接上一年度的叙述，但会避免一再重复叙述相同的东西。除此以外，大约占伯克希尔公司股份比例的90% 的股东，其投资的所有股票项目中，最大的投资对象就是伯克希尔股票。这就决定了这些股东愿意花相当多的时间来阅读和研究伯克希尔公司每年的财务年报。而撰写伯克希尔公司财务年报的巴菲特，则会设身处地地换位思考，在财务年报中给股东提供尽可能多的有用信息。与此同时，由于伯克希尔公司的股东相对稳定，所以其季度报告就不必过于详细。这是因为，一方面，该公司的股东和经营者都是以长远眼光来看待这份事业的；另一方面，并不是每个季度都有新的或值得向股东报告的重大事项。

值得一提的是，巴菲特在1979年提到的这两个比例（即98% 和90%），直到今天依然如此。这表明，伯克希尔公司的股东秉持长期投资理念；同时也表明，伯克希尔公司的业绩回报不错（否则投资者早就用脚投票了）。

巴菲特特别强调，无论他是作为公司经营者还是作为股东，都认为一年一度的公司财务年报应该让经营者和股东彻底了解他们想知道的任何事情。当然，由于这两种身份角度不一样，他们想要了解的侧重点和详细程度也是不一样的。

巴菲特的意思是说，对于投资者（股东）来说，非常有必要从所投公司的财务年报中了解该公司都具有哪些特点，从而帮助自己做出正确、合理的投资决策。

众所周知，伯克希尔公司是美国的一家上市公司，最早是1979年在美国纳斯达克股票市场上市的。在此以前，由于伯克希尔公司并不是上市公司，所以无论是以金融报道为主的美国《华尔街日报》还是美国道琼斯工业指数，都不会报道伯克希尔公司的经营情况，虽然这时候伯克希尔公司的获利水平已经比美国一些著名的上市公司要高出好几百倍了。

而自从伯克希尔公司1979年上市后，情况就不一样了。根据上市公司的透明度要求，伯克希尔公司每个季度都要公布季报，这样《华尔街日报》马上就会报道它的相关信息。这固然是关于上市公司的规定，不过对于伯克希尔公司来说，从此也解决了长期的消息发布难题。

那么，在伯克希尔公司上市之前，它在发布消息方面有着怎样的困惑呢？实际上，这就是巴菲特所说的，与当时美国股市上风起云涌的短期炒作相比，伯克希尔公司的长期经营和长期投资策略显得非常“另类”。(实际上现在也是如此，中国股市就更是如此了。)

这种“另类”，用巴菲特的精神导师菲利普 · 费雪的比喻来说就是，上市公司吸引投资者的方式就像餐厅招揽顾客一样——餐厅招揽顾客可以标榜其特色，如这是一家便利的快餐店、优雅的西餐厅，或是有特色的中餐厅等，目的都是为了吸引同一性质的客户群。但有一点显而易见，这种所标榜的特色不能经常换，如果一会儿是法国美食，一会儿又是外带比萨大饼，反而会弄得顾客无所适从，从而丢失顾客、丢失市场。

与此相似的是，一家上市公司也不能因为要迎合投资者口味，就一会儿追求高股利回报，一会儿追求稳定的长期获利回报，一会儿又要求股价在短期内有爆炸性增长。

巴菲特的意思是说，投资者在阅读上市公司财务年报时必须要了解该公司的投资者的获利回报方式，究竟是长期稳定的投资回报，还是短期炒作的投机回报，或者具有其他什么样的特点。这些特点本身并无优劣之分，但必须符合你的投资愿望和要求。

而对于伯克希尔公司来说，巴菲特希望公司股东能一直喜欢公司的“菜单”——长期投资，稳定回报；并且能“经常光顾”——时时关心伯克希尔公司的成长和业绩，阅读公司年报，参加股东大会。

从这个角度看，巴菲特非常不理解有些上市公司为什么会希望自家股票有很高的交易量。他认为伯克希尔公司的股票交易量越小越好。因为股票交易量越小，就表明该公司股东群体越稳定，公司股东对公司经营方向和未来越肯定。这对伯克希尔公司的长期经营和稳定发展，都是很有帮助的。

【巴菲特读年报心得】

巴菲特认为，投资者在阅读上市公司财务年报时要特别关注该公司有哪些与众不同的地方，从而与自己的投资意愿和口味相对照，看双方是否合适。这就好像找对象一样，重要的不在于对方是否有钱、有地位，而是双方要相配。

考察管理层是否又红又专

> 在GEICO，Tony Nicely 18岁加入这个公司，在之后的第48个年头，他不断蚕食着市场份额。1993年，Tony成为CEO时，GEICO拥有2%的汽车保险市场份额。长久以来，这个公司一直保持这个水平未曾突破，现在这个数字达到了7.7%，而在2007年则为7.2%。
>
> ——沃伦·巴菲特

【巴菲特读年报的关注点】

巴菲特认为，投资者在阅读上市公司财务年报时有必要关注该公司管理层的素质和水平如何。因为你把这么多资产甚至全部资产都投在该股票上，如果对该公司管理层完全不了解或完全不去了解，是很不可思议的。

巴菲特在伯克希尔公司2008年年报致股东的一封信中说，在政府雇员保险公司（GEICO），东尼·奈斯利（Tony Nicely）18岁时就加入了该公司。在之后的48年里，他把政府雇员保险公司搞得有声有色，不断扩大着该公司的市场份额。1993年，东尼·奈斯利担任政府雇员保险公司首席执行官时，该公司只占美国汽车保险市场2%的份额。在之后的很长一段时间里，该公司一直保持着这样的市场份额，而到2007年时这个数字已经达到7.2%，2008年达到了7.7%。[1]

从这里看得出，巴菲特对东尼·奈斯利非常欣赏，这同他十分欣赏政府雇员

1　修订补记：伯克希尔公司1995年收购该公司时，它的市场份额为2.5%，2015年年末其份额达到11.4%，这一增长主要得益于其业务开拓的低成本。

保险公司是一致的。事实上，公司及其管理层对巴菲特来说相辅相成。

巴菲特在收购一家公司前，必定会对该公司的管理层进行认真考察，并且在十分欣赏其管理层的情况下才可能收购该企业。不仅如此，他收购该企业的另一个重要前提是，其原有管理层必须愿意留下来继续管理公司，否则他宁可放弃收购该企业。这样，巴菲特在收购该公司之后，问题就变得简单了。因为他可以利用大股东地位，随时撤换公司管理层。当然，他一般不会这样做，因为原有公司的管理层是他十分看好并邀请留下来的，他看花眼的时候并不多。

所以读者容易看到，巴菲特每年在伯克希尔公司年报致股东的一封信中，都会大张旗鼓地表扬旗下公司的管理层。这一方面显示出他内心对他们的赞赏和鼓励；另一方面这也是一种管理艺术，制造舆论以促使这些公司管理层不敢有丝毫懈怠。因为巴菲特撰写的财务年报全球都在看，这就相当于全球有无数双眼睛在监视着这些公司管理层，所以他们必须竭尽全力，才能保持较高的获利回报率。

从这一点上看，巴菲特衡量人才的标准可以称之为“又红又专”：

“红”，是指公司管理层应该是德才兼备的明星经理人，能够时时处处站在投资者的角度来考虑和处理问题。巴菲特认为，公司管理层只有具备卓越超群的人格品质，屁股坐在投资者一边，投资者才能放心地把企业交给他们打理。就他本人来说，公司管理层如果不具备这样的条件，他就不会用巨额资金收购他们的企业。

“专”，是指公司管理层应该具备高超的资本配置能力。巴菲特认为，公司管理层应当具备这样的能力，一切从股东利益出发，全心全意为股东提供价值最大化服务。尤其是从长远角度来看，公司管理层的资本配置能力能够在一定程度上决定公司的发展前景，这一点不可忽视。

巴菲特在伯克希尔公司2008年年报致股东的一封信中说，伯克希尔公司自从1967年介入保险业务以来，保险业务一直在推动着它成长，结果“非常令人惊喜”。然而要知道，这并不是因为整个保险行业发展得有多么迅速，而是与伯克希尔公司旗下的那些明星经理人有密切关系。

具体数据是，在2007年之前的25年间，美国保险业的平均投资回报率是

8.5%，而全球《财富》500强企业的平均回报率是14%。这说明，仅仅从保险行业看，保险业的投资回报率并不高。正是因为有像政府雇员保险公司这样的发展速度、其首席执行官东尼·奈斯利这样的明星经理人，伯克希尔公司才取得了令人惊喜的业绩回报，而这是他和查理·芒格原来做梦都没想到的。

巴菲特分析说，正是因为政府雇员保险公司在东尼·奈斯利的领导下，一方面巩固旧业务，另一方面开拓新业务，才使该公司在汽车保险领域的市场份额跃居行业第三位，仅次于美国州立农业保险公司（State Farm）和好事达保险公司（Allstate）。而当初（1995年）伯克希尔公司完全控股政府雇员保险公司时，它的排名只在第七位。

那么，东尼·奈斯利又是采取什么措施办到的呢？他的主要秘诀是为驾驶员节省保险费用。按道理说，没有人喜欢购买汽车保险（没有人希望汽车出事故），但每个人又都喜欢开汽车。这样一来，驾驶员就必然希望能够以较低的费用买到较好的保险。如果保险业务能够满足客户的这种需求，就必定具有市场竞争力。

对于保险公司来说，怎样才能为客户提供价廉物美的服务呢？关键是要降低成本，而降低成本的关键就是提高工作效率。所以能看到，东尼·奈斯利的主要精力就放在这里。具体数据是，2008年，政府雇员保险公司每个员工所承接的保单是439份，而5年前这个数字还只是299份。这表明，仅仅从这个角度看，政府雇员保险公司的工作效率就提高了47%。

有了这样的竞争利器，随着美国人的汽车拥有量越来越大，汽车保险机会可以说层出不穷。尤其是在2008年爆发全球金融危机后，既然购买汽车保险不可避免，那么选择较低的保险费用、享受较好的保险服务就是所有人的共识了。

人品好、业务精明的公司管理层，能够从这些方面为企业着想，实际上也就是为股东着想，这是投资者在阅读财务年报时应该关注的。

【巴菲特读年报心得】

巴菲特认为，投资者阅读上市公司财务年报的目的之一是对企业进行管理分析。因为股票投资，归根到底投的是“人”。公司仅仅具有竞争优势还不够，还得具有一支优秀的管理队伍，这样才能长久地保持竞争优势，为股东创造更大的价值。

公司在整个行业中的地位

> 无论是好年景还是坏年头，查理和我只关注 4 个目标：①始终保持伯克希尔公司“直布罗陀式”的财政境况，特征是拥有巨大的超额流动性现金，短期保持适度的负债，拥有大量的收益和现金来源。②拓宽那些给予我们的事业以持久竞争优势的经济护城河。③在新的领域发展并获取不同的收益来源。④扩充并且培养优秀的经理人。
>
> ——沃伦·巴菲特

【巴菲特读年报的关注点】

巴菲特认为，投资者在阅读上市公司财务年报时有必要关注该公司在整个行业中的地位。如果该公司处于该行业的龙头地位或重要地位，毫无疑问，这是一件好事情。

巴菲特在伯克希尔公司2008年年报致股东的一封信中说，无论年景好坏，他和查理·芒格只关注以下4个目标：一是始终确保伯克希尔公司手中握有大量的现金，控制企业的负债经营；二是要不断拓宽那些有助于维持企业长期竞争优势的经济护城河；三是不断开拓新领域，用中国话来说就是不断挖掘新的经济增长点；四是扩充并培养明星经理人队伍。

能够看出，巴菲特在这里所说的他的工作重点，主要体现在如何从长远角度提高企业竞争力，提高企业在整个行业中的地位。当然，这与伯克希尔公司旗下那些子公司多数处于行业龙头地位的背景是一致的。

在许多人眼里，巴菲特是这样一种“优等生”——他不会犯错误，即使犯了错误也会很快纠正过来，甚至永远都能拿第一名。遗憾的是，这只是许多人的假想而已。实际上，人无完人，无论是谁，包括巴菲特，都是有缺点的。对于任何人来说，重要的不是一时得失，而是朝哪个方向走。

换句话说，如果你朝正确的方向走，那么你就会离目标越来越近；相反，如果你的方向是错的，你就会离目标越来越远。在这里，方向的重要性大于速度。一个简单的事实是，巴菲特至今仍然完整地保留着他年轻时和父母的通信，并把他父亲信中的一句话看作是至理名言——“如何”永远比“多少”更重要！

运用到股票投资上就是，巴菲特把上市公司在整个行业中的地位看得比它们暂时能得到多少盈利更重要。从某种角度看，这是另一种“留得青山在，不怕没柴烧”。而许多散户，尤其是中国投资者，对此想法非常不认同。

例如，面对全球金融危机的冲击，巴菲特2009年2月在伯克希尔公司年报致股东的一封信中承认自己犯下了“重大错误”，这时候就有许多投资者围绕着伯克希尔公司股票价格的大幅度下跌开始评头品足了。他们纷纷希望在5月初召开的伯克希尔公司股东大会，能够听到巴菲特的最新看法。可是，当他们来到这次股东大会现场，亲耳听到巴菲特说，他在2008年石油价格高企时大量买入了康可·菲力普石油股份和爱尔兰银行股份，并称前者是“蠢事”、后者是“没有压力之下所犯之错”时，他们纷纷感叹巴菲特这位“股神”终于走下神坛了。

需要指出的是，巴菲特从来就没有称自己为“股神”过，这些原本就是别人强加给他的，所以他也就谈不上走上或走下“神坛”了。

读者容易看到，无论宏观经济形势如何变化，巴菲特都在做他认为该做的事。以2008年这样一个特殊年份来说，伯克希尔公司依然如期进行了3项大额的企业并购案。这3项并购案。当年不但为伯克希尔公司创造了15亿美元的税前收益；而且从长远来看，也大大提高了伯克希尔公司的获利能力，巩固了它在整个行业中的竞争地位。

至于一般人认为绝对是“坏事”的伯克希尔公司股价的下跌，巴菲特认为，这不但没有使查理·芒格和他"感到不安";相反,他还很"乐于见到价格下跌",如果他手中有足够的现金,他一定会增加持股。

巴菲特说,这就是他的导师本杰明·格雷厄姆所说的"价格是你所付出的,价值是你所得到的"。也就是说,只有在股票下跌的情况下,你才能用较低的价格得到同样多的价值,这不是一件很好的事情吗?

他举例说,无论是股票还是一双袜子,他都乐于在跌价时买入。最好的证明是,2008年,伯克希尔公司仅仅投入145亿美元,就买入了箭牌、高盛和通用电气等具备较高收益的企业,这是非常令人满意的投资。

不用说,究其原因在于,当时的背景是全球股票和债券市场在大幅度缩水。回想起来,仅仅几年的时间,伯克希尔公司当时投资的那些信用良好的市政和公司债券,现在收益都很不错。而这么高的收益水平,几年前他刚投资时想都不敢想。

巴菲特这番话的意思是说,投资者在阅读财务年报时,不能只关心一时一地的经营业绩,更要从长远来看。在经济低迷时进行投资,不能只关心眼下的收益,而要从长远来看所投公司能够给你带来多少利润,或者能够在多大程度上巩固并提高该企业在整个行业中的竞争地位。只有用这种眼光来看问题,才算是真正的长期投资。

巴菲特在这里实际上透露了一个秘诀,那就是投资者在经济低迷时不要以拥有现金而沾沾自喜。要知道,这时候把现金握在手里,收益接近于零,其购买力最终会受到侵蚀。所以,正确的做法是,当商品和股票价格低时便要考虑适当地买入,等到将来经济回升时就能获得可观的盈利。

例如,伯克希尔公司2008年第三季度一共投资4只股票,增持2只股票,减持5只股票,清仓2只股票。总体来看,其持股比重并没有多大变化,可是季末565亿美元的总市值却比季初增长了15.51%。换句话说,伯克希尔公司相当于在整个行业中排名进一步靠前了。

【巴菲特读年报心得】

巴菲特认为，投资者在阅读上市公司财务年报时有必要关注该企业在整个行业中的地位和竞争优势，这比关心眼下的业绩更重要。如果该企业在本行业中的地位越来越靠前，那么从某种意义上来说，这种投资价值是显而易见的。

公司的所有权和经营权形态

首先我相信，最近许多公司的董事们已开始试着把他们的腰杆挺直了，而现在的投资人比起以前的来说，也开始慢慢地把公司真正当作自己的来对待了。但是评论专家并没有仔细地去区别目前公开上市公司的3种截然不同的经营权与所有权形态。虽然在法律上，董事们对企业是责无旁贷的，但他们能发挥影响力进行改变的程度却有很大不同。

——沃伦·巴菲特

【巴菲特读年报的关注点】

巴菲特认为，投资者在阅读上市公司财务年报时有必要关注该公司的所有权和经营权形态。虽然很少有投资者这样做，但实际上这方面与公司的经营方向和经营业绩有着密切的关系。

巴菲特在伯克希尔公司1993年年报致股东的一封信中说，在每年的伯克希尔公司股东大会上都会有人问，如果哪一天他不幸被汽车撞倒了，伯克希尔公司该怎么办？巴菲特说，这个问题促使他有机会专门谈一谈这几年来相当热门的一个话题，那就是公司治理。

巴菲特说，首先他相信，许多上市公司的董事们开始试着把自己的腰杆挺直了（意思是说，这些董事敢于发表自己的观点，为公司股东讲话了）。而现在的公司股东与过去的相比，也开始慢慢地把公司当作自己真正拥有的来对待了（意思是说，这些公司股东也越来越把买股票当作投资而不是投机行为了）。但评论家们却没有仔细去区别目前上市公司中3种截然不同的经营权和所有权形态，以至于公司股东们对这个问题还无法足够地重视。

总体来看，上市公司有这样3种经营权和所有权形态：

一是在公司股权结构中没有一个具有掌控能力的大股东，这是目前上市公司中最普遍的一类。

巴菲特认为，在这种情况下，公司董事会无论做什么事，都像背后有一个具有掌控能力的大股东在监督一样，无论什么样的情况都要确保这位虚拟的大股东的长期利益不受损害。如果能做到这一点，这种公司治理结构就是合理而有效的。这实际上就是中国人常说的“慎独”——公司董事会虽然有权做主，但必须时时考虑股东权益。

可遗憾的是，只要一谈到长期利益，董事会就拥有了很大的调节空间。也就是说，董事会会以“长期利益”为借口进行变通。正常情况下，如果公司管理层比较平庸或者过于贪心，董事会应该及时撤换管理层；如果董事会中的个别董事发现了这一点，要求撤换管理层，却得不到董事会中其他人的赞同，就应当发动其他股东“造反”。当然，实际上很少有董事愿意或者说敢这样做。

对此，巴菲特建议，公司董事会成员不能太多，最好在10个以内，并且大部分董事都应该从外部选聘；另外就是董事们要定期聚会，以便能及时地对公司首席执行官进行背对背的业绩评价。

当然，这些从外部选聘的独立董事必须具备商业经验，并且对这个“独立董事”角色感兴趣，还能以股东利益为导向。绝不能因为这些人的社会地位或纯粹是为了增加董事会成员的多样性就聘请他们。否则，这种独立董事充其量只是一种点缀，甚至有时候还会误大事。

二是在公司股权结构中具有掌控能力的大股东，并且这个大股东本身就是经营管理层。很显然，伯克希尔公司就属于这种类型。

巴菲特说，在这种情况下，公司董事会并不是经营权和所有权之间的中介，前者和后者是合二为一的。只要公司管理层不是太差劲，公司董事会中的董事除了反对就别无他法，因为大多数董事说话是不算数的。

这时候的正确做法是，独立董事应该通过辞职的方式来表示对现有管理层的不满，以引起全体股东的警惕和注意。

三是在公司股权结构中具有掌控能力的大股东，可是这个大股东却不参与公司经营管理。这样的例子虽然不是很普遍，但也不少。

在这种情况下，公司大股东虽然不参与公司的经营管理，可是却照样可以利用其大股东身份，委托董事会中的独立董事（或者其本身就是董事），通过某些渠道来了解情况，然后直接行使否决权。

巴菲特认为，这3种公司股权结构的存在，使得董事会成员在发挥影响力方面有很大不同。

总体来看，投资者一般都会把注意力放在第一种类型上，因为这种情形最多。然而伯克希尔公司却属于第二种类型，并且巴菲特保证，在他有生之年，伯克希尔公司都将以这种股权结构形式存在。

巴菲特半真半假地说，无论他的健康状况是好是坏，“大家都必须继续接受我担任大股东兼经营者”。但他坦言，与此同时也不能避免伯克希尔公司有可能在他过世后变成第三种类型。因为一旦巴菲特去世，他所持有的股份就会转给比尔·盖茨基金会从事慈善事业，这样，事实上基金会就变成了伯克希尔公司的大股东。基金会当然要关心公司，却又不参与经营，以此来确保伯克希尔公司的正常运转。

将这3种经营权和所有权形态对比来看，理论上说第三种类型最能确保公司有一个一流的经营管理层，否则董事会随时可以将其撤换；而第一种类型的上市公司在这方面就很难办；第二种类型的上市公司则会出现老板很难拿自己开刀的情形，“革命”革到自己头上，总是不忍心下手的。

【巴菲特读年报心得】

巴菲特认为，投资者在阅读财务年报时关注公司的治理结构是必需的。在所有权和经营权的3种形态中，以具有掌控能力的大股东从外部掌控公司，却又不参与经营管理的方式为好。这时候董事会独立性最强，最容易起用明星经理人。

公司重大事项的决策过程

尽管如此，我们还是拥有几项优势，其中最有利的大概就是我们并没有一套有着固定模式的策略计划。所以，我们就没有必要依照固定的模式（一种几乎注定会以离谱的价钱成交的模式），而是完全以股东本身的利益为优先。在这样的心态下，我们随时可以客观地将并购案与其他潜在的几十种投资机会做比较，其中也包含经由股票市场买进部分股权。

——沃伦·巴菲特

【巴菲特读年报的关注点】

巴菲特认为，投资者在阅读上市公司财务年报时有必要关注该公司是如何做重大决策的。企业决策，尤其是重大决策，往往决定着企业的发展方向，甚至生死存亡。作为投资者的股东，如果对此漠不关心，好像怎么也说不过去。

巴菲特在伯克希尔公司1995年年报致股东的一封信中说，伯克希尔公司在收购企业时面临着一个无法回避的问题，那就是“卖方永远比买方精”。在这种情况下，投资者怎样避免上当受骗呢？关于应对这个问题，伯克希尔公司拥有几项优势，其中最有利的优势是伯克希尔公司没有一套有着固定模式的策略计划。

要知道，如果用一种固定的模式去收购企业，就很可能会产生弊端。因为你在明处，别人在暗处，卖方总会选择一个有利于其卖出的最佳时机。换句话说，你几乎注定要以离谱的价格成交。

而巴菲特在这里所说的主要优势，是“完全以股东本身的利益为优先”。意思是说，只要坚持维护股东利益，那么无论遇到什么样的收购，都可以客观地对各种各样的投资机会进行比较，其中也包括通过股票市场买入部分股权。伯克希尔公司已经习惯了这种对并购与被动投资的比较和选择，这是一味想要扩大经营规模的公司管理层做不出来的。

巴菲特的意思是说，伯克希尔公司并不盲目追求扩大公司经营规模。如果某种收购方案不能保证股东权益，那么他便会考虑放弃该收购方案。无论遇到什么样的并购方案，只要抓住这一条根本，他就知道该怎么做了。

可以说，伯克希尔公司对于重大事项的决策过程实在高明。伯克希尔公司中最重要的决策就是收购哪家企业。要知道其收购对象各种各样，收购方案千差万别，收购规模又非常庞大，因此其做收购决策相当谨慎。如果要用常规策略去衡量，就会由于工作量巨大、耗费时间过长，不但丧失收购机会，还会导致许多收购方案根本无法进行下去，甚至许多被收购对象会利用这一点钻空子，做假账，抬高收购价格。

而现在，巴菲特常用的收购决策就从根本上打破了常规，使得他“无招胜有招”。读者在伯克希尔公司年报中往往能看到，巴菲特收购一家企业的决策过程不超过15分钟，并且不会聘用会计师事务所和律师事务所，有时候他一个点头微笑就拍板了。

那么，巴菲特在这15分钟内究竟能做什么呢？实际上，上面他已经提到过，那就是看伯克希尔公司在这样的时机、以这样的价格收购该企业，是否还能维护并增强伯克希尔公司原有股东的权益。如果能，这桩并购案就是值得的、有价值的。

从中容易看出，面对千头万绪的事情，巴菲特非常擅长抓主要矛盾和主要矛盾的主要方面，堪称是哲学家。

旁观其他许多上市公司，它们在进行重大决策时走的则是一条常规道路，沿袭的是一种常规模式。毫无疑问，它们有着科学的理论根据，但任何事情有利就有弊。巴菲特与之相比，“快刀斩乱麻”“不走寻常路”，在省却许多烦琐过程的同时，更有可能以更低的价格买到潜力股。

巴菲特在伯克希尔公司1995年年报致股东的一封信中说，当年伯克希尔公司“发神经似的”进行了3桩并购案，虽然许多人感到奇怪，可是他和查理 · 芒格却很坦然，因为他们并没有放松原有的谨慎态度。相反，他们对通过常规模式进行企业并购的方案却抱着怀疑态度。因为在他们看来，大部分企业并购活动中，卖方报出的预估数字“娱乐性”太强。奇怪的是，居然会有那么多买主相信这样的数字，而他和查理 · 芒格从来都懒得理会卖方提出的预估价格。

巴菲特的言外之意是，伯克希尔公司在并购企业时根本不会考虑对方提出的卖出价格，而是会从伯克希尔公司的角度出发，看该企业究竟值多少钱。因为巴菲特在考察了卖方的财务年报和公司管理层之后，他的心里就已经有了一杆秤，已经对该并购对象值多少钱有了大致评估。

这样一来就会出现两种戏剧性局面：有时候对方报出的并购价格巴菲特认为较低，他居然还会主动加价；有时候对方报出的价格巴菲特认为过高，他也会主动砍价。而且巴菲特所说的价格基本上是一口价，如果对方不能接受，后面基本上就没戏了。

例如，伯克希尔公司2000年9月收购白山保险公司的可转换股票时，对方原来的报价是2亿美元，后来增加到了3亿美元，巴菲特欣然同意了。有人问巴菲特，这个决定是不是过于草率了？巴菲特笑了笑说，其实伯克希尔公司即使用3亿美元买入这家公司也非常值得，他有这个自信。

巴菲特曾经说过这样一则小故事：有一位主人拥有一匹跛脚马，于是，他就牵着这匹马去看兽医，向兽医请教，为什么这匹马走路时的表现时好时坏。兽医告诉他，这没什么大不了的，你只要趁它走路表现还正常时赶快把它卖掉就行了。

巴菲特的意思是说，拟出售企业中类似这样的跛脚马，经过一番包装就可以以一个好价钱卖出去。而要防止买到这种“跛脚马”的唯一办法，就是不看对方的报价，而是从你的角度看它究竟值多少钱。

【巴菲特读年报心得】

巴菲特认为，投资者在阅读上市公司财务年报时有必要关注一下该公司的重大决策是如何做出的。既然你拥有该公司的股票，就表明你拥有该公司的一部分所有权。如果你对该公司的重大决策过程及其结果漠不关心，这简直不可思议。

投资收益如何实现最大化

很久以前，牛顿发现了三大运动定律，这的确是天才的伟大发现。但牛顿的天才并没有延伸到投资领域中。牛顿在南海泡沫事件中损失惨重，后来他对此解释说："我能够计算星球的运动，却无法计算人类的疯狂。"如果不是这次投资损失造成了巨大创伤，也许牛顿就会发现第四大运动定律——对于投资者整体而言，运动的增加会导致投资收益的减少。

——沃伦·巴菲特

【巴菲特读年报的关注点】

巴菲特认为，投资者在阅读上市公司财务年报时有必要关注这个企业是靠什么赢利的，并且如何才能使盈利额变得最大。如果投资者了解到了这一点，然后再与所投企业的实际操作相对照，就会看出它走的路线是否正确。

巴菲特在伯克希尔公司2005年年报致股东的一封信中说，很久以前，英国伟大的数学家、物理学家、天文学家、自然科学家艾萨克·牛顿（Sir Isaac Newton，1643—1727）发现了三大运动定律，这的确是天才的发现。遗憾的是，牛顿的天才并没有延伸到投资领域中去。究其原因，很可能是因为牛顿在南海泡沫事件中损失惨重，才没有在这方面深入研究下去。否则，牛顿很可能会发现第四大运动定律——对于投资者整体来说，运动的增加会导致投资收益的减少。

巴菲特在这里所说的"牛顿三大运动定律"，就是每个中学生在教科书中都会学到的牛顿第一运动定律（惯性定律）、牛顿第二运动定律（加速度定律）、牛顿第三运动定律（作用与反作用定律）。这三大经典力学基本运动定律，总称“牛顿运动定律”。

后来，牛顿在南海泡沫事件中损失惨重，从此他对股市心灰意冷。他说：“我能够计算星球的运动，却无法计算人类的疯狂。”如果不是这次投资损失给牛顿造成了巨大创伤，他很可能会从中发现投资领域的第四大运动定律，那就是巴菲特给他总结出来的上述内容。巴菲特的这一说法虽然是一种玩笑，但也不无可能。

所谓“南海泡沫事件”，是指全球证券市场中第一例由于过度投机而引发的经济事件。今天大家所熟知的“泡沫”一词，就产生于此。

成立于1711年的英国南海公司，为了支持政府恢复债券信用，认购了总额将近1000万英镑的政府债券。作为回报，英国政府对该公司所经营的酒、醋、烟草等商品实行永久性退税政策，并且把对南美国家的贸易垄断权也给了该公司。当时，人人都知道秘鲁和墨西哥的地下埋藏着巨大的金银矿藏，所以人们认为，只要南海公司对这些金银矿藏进行开发，财富就会源源不断地运回英国。一时间，南海公司的股票十分抢手。

1719年，英国政府允许中奖债券与南海公司股票进行转换，大大促进了债券向股票的转换，并且带动了南海公司股价上升。该公司股票每股价格从1720年1月的128英镑上升到了该年7月的1000英镑以上，半年内涨幅高达7倍，从而也带动其他股票的平均价格上涨了5倍。

不用说，股市泡沫总有破灭的那一天。为了制止各类泡沫，1720年6月英国国会通过了《反泡沫公司法》，直接导致许多公司解散，并且引发南海公司股价暴跌。1720年9月，南海公司股价跌到每股175英镑，12月跌到每股124英镑。许多人因此倾家荡产，这一事件最终引发了政治危机。

据考证，牛顿从一开始就买入了南海公司的股票。他经过计算，觉得该股票的价格怎么也不会超过340英镑，于是见好就收，及时抛出，赚了7000英镑。可是他后来看到所有英国人，包括英国国王，都在继续购买南海公司股票，所以几经犹豫，他又在南海公司股价涨到每股800英镑时，重新加大投入杀了回去。很快，南海公司股价在上升到1000英镑时掉头向下，开始做自由落体运动。最终，牛顿一共损失了约2万英镑，相当于他过去担任英格兰皇家造币厂厂长时年薪的10倍。如果按照2.25%的年通货膨胀率计算，这2万英镑相当于2016年的1450万英镑，约合人民币1.35亿元。

巴菲特由此总结，在过去的100年间，即从1899年12月31日到1999年12月31日，无论是伯克希尔公司还是其他美国投资者，想要大把大把赚钱，简直是轻而易举的事。因为在此期间，道琼斯工业指数从65.73点上涨到了11497.12点，平均年收益率高达5.3%（包括每年的红利分配在内）。但有一点必须注意，那就是伯克希尔公司和其他投资者都要尽量减少股票买卖行为，这就是上面所说的牛顿第四运动定律的要求。

对于伯克希尔公司来说，读者容易看到，巴菲特每年最重要的工作就是并购企业，但并购件数很少，有时候甚至全年没有一件购买案。看起来巴菲特工作似乎很“不积极”，但实际上，这正是牛顿第四运动定律所要求的——多看少动，减少摩擦成本。

一个很简单的道理是，在美国，股票交易是要缴所得税的，比例是盈利额的20%。换句话说，如果把所有股市投资者当作是同一个家庭的成员来看，那么股市每年创造的收入就是这个家庭的全年总收入。这时候，如果股市全年没有发生交易，家庭成员的全年总收入就是100%；而股市每发生一次股票交易，相关家庭成员就要缴纳20%的盈利所得税，交易次数越多，缴纳这20%的机会就越多。当交易次数达到一定程度时，家庭成员的全年总收入就可能从盈利变成亏损，这道理是显而易见的。就像中国大妈在麻将馆里打麻将一样，天天在那儿打，天天缴台钱，一年下来个个都是输的，只有桌子包赢不输。

巴菲特认为，股市投资是这样，上市公司的获利也是如此。只有当投资者了解所投公司是通过什么途径获利的、通过怎样的方式获利更多，才会更放心地投资这家公司。

【巴菲特读年报心得】

巴菲特认为，投资者在阅读上市公司财务年报时不但要关心该公司获利水平的高低，更要关心它的获利方式以及怎样才能实现投资收益最大化。这实际上是把投资者当作企业决策者的一分子来考虑问题了。俗话说得好，“不入虎穴，焉得虎子”？

看公司具有怎样的商业关系

> 2005 年 6 月 30 日，我们收购了医疗保护保险公司，这是一家位于 Fort Wayne、有着 106 年经营历史的医疗事故保险公司。医疗事故保险是一种十分难以承保的险种，它一度成为许多保险公司的梦魇之地。然而，Med Pro 却由于以下原因将其经营良好。
>
> ——沃伦·巴菲特

【巴菲特读年报的关注点】

巴菲特认为，投资者在阅读上市公司财务年报时有必要关注该公司具有怎样的商业关系。虽然这似乎对投资者提出了比较高的要求，但这一点非常重要。

巴菲特在伯克希尔公司2005年年报致股东的一封信中说，2005年6月30日，伯克希尔公司收购了医疗保护保险公司。这家公司位于韦恩堡（Fort Wayne），有着106年的经营历史。要知道，医疗事故保险是一种十分难以承保的险种，它一度成为许多保险公司的梦魇。然而，伯克希尔公司收购的这家医疗保护保险公司却由于以下原因而经营良好。

接下来巴菲特分析说，首先，医疗保护保险公司将会和伯克希尔公司旗下的其他保险公司一样具有先进的管理制度，那就是承保纪律高于其他一切经营目标。其次，医疗保护保险公司作为伯克希尔公司的一个组成部分，“背靠大树好乘凉”——它在财务实力上将远远超过其他竞争对手。实际上这足以向医生们保证，那些时间拖延得很长的诉讼案件，绝不会由于他们所投保的保险公司的破产而无法结案。最后，医疗保护保险公司有一个聪明能干的首席执行官蒂姆·金纳西（Tim Kenesey），他和伯克希尔公司其他经理人一样善于思考。

容易看出，巴菲特之所以看好医疗保护保险公司的前景，是因为它被纳入伯克希尔公司后，其商业关系发生了根本变化，从而产生了脱胎换骨的改变。关于这一点，从伯克希尔公司收购可口可乐公司上可以看得更清楚。

巴菲特是从1988年开始大规模买入可口可乐公司股票的。不用说，他一定仔细研究过该公司历年来的财务年报。在这里，就让我们来看一看他买入该股票前一年（即1987年）从该公司的财务年报上究竟读到了哪些信息。

1987年，可口可乐公司的资产负债表上有这样几个主要指标：年销售额76.58亿美元，净利润9.16亿美元，公司股本32亿美元，债务7亿美元，有形资产（主要是固定资产）16亿美元。

通过研究，内行的投资者会产生疑问，该公司的年销售额高达76.58亿美元，可是怎么会只有7亿美元的负债呢？因为谁都知道，大规模的销售是必须由巨额流动资金来支撑的。

原来，可口可乐公司拥有巨大的无形资产，包括品牌、分销渠道、低成本的生产系统、生产销售链上良好的商业关系等。

以生产销售链上的商业关系为例，可口可乐公司在产品生产中，资本最密集的部分是装瓶，这是一个关键环节，固定资产投入大，竞争激烈，并且不需要什么品牌效应。所以，可口可乐公司从本身的经营特点、竞争优势出发，觉得完全没有必要把装瓶环节揽在手里。用中国人熟悉的话来说就是，完全可以把它放到外面进行“外加工”，这样就可以降低自身的资金压力和竞争风险。

事实上，可口可乐公司正是这样做的。该公司自己不投入装瓶生产线，而是把这部分投资收益率较低、无法为股东创造更多价值的业务让给协作企业，自己则把精力和资金集中投入收益率较高、能够为股东创造更大价值的品牌建设中。可口可乐公司只要与那些装瓶商签订合作协议就成了。

正因如此，你在可口可乐公司的财务年报上根本就看不到巨额的固定资产投资、巨额债务、巨额流动资金。一方面，这些主体部分是由其他企业投资；另一方面，即使可口可乐公司在这些主体部分上投资，它们在可口可乐公司的年报上也反映不出来，因为它们都反映在其他公司的年报上去了。投资者在阅读可口可乐公司年报时，应该想到这一点。

1990年11月12日，美国《商业周刊》报道，可口可乐公司在运用财务杠杆方面，就像演员演奏乐器一样娴熟。该报道说，从来不愿意大量举债的可口可乐公司，居然在1986年借款25亿美元买下与其合作的瓶装厂，然后把瓶装厂其中一个新的瓶装部门51% 的股份面向社会大众进行出售。

可口可乐公司这样做的结果是什么呢？很简单，它轻轻松松地就拥有了一家资产为39亿美元的公司49% 的股份，并且同时通过合并一些独立的瓶装企业，进一步加强了市场营销力量。

而从财务年报的角度看，这样一来，可口可乐公司就把这25亿美元的债务转移到这个新瓶装部门的资产负债表上去了。它通过这个新部门的销售收入来偿还债务，就像这笔债务与它无关一样。当然，读者在可口可乐公司的财务年报上也就看不到这一切了。

正因如此，可口可乐公司才敢在1989年的年报中说，该公司从20世纪20年代起开始转型，逐步变成一家全球性企业，60多年来已经建立起很多牢固的商业关系，并且在其中投入了大量资金，从重置成本来看应该超过1000亿美元。该公司在1995年的年报中更是直截了当地指出，如果有一天自己彻底倒闭，只要依靠自己产品商标的力量就可以毫不犹豫地借钱得以重建。

巴菲特说，如果你想出1000亿美元让他买下可口可乐公司在全球的领导权，他会把钱还给你，并且告诉你，很抱歉，他做不到这一点。巴菲特在这里引用的数字“1000亿美元”，实际上指的就是可口可乐公司商业关系的价值！

【巴菲特读年报心得】

巴菲特认为，投资者在阅读上市公司财务年报时如果能了解该公司的商业关系，应该就能很好地把握它的盈利前景。如果真正做到这一点，就表明你比其他投资者在利用财务年报上高明许多，也表明这份年报对你有用得多。

公司如何与同行展开竞争

在霹雳猫保险业务上，我们主要有3项竞争优势。最重要的一项就是，向我们投保再保险业务的客户都知道即使在最糟糕的情况下，我们也有能力，并且一定会履约付款。因为万一真的发生什么样的大灾难，很难保证金融恐慌不会接踵而至。届时在其客户最需要援助时，可能连一些原本享有盛誉的再保险公司都拿不出钱来。而事实上，我们之所以从来不将风险再转嫁出去，也是因为我们对于灾难发生时其他保险公司能否顺利支付赔款持保留态度。反之只要是伯克希尔做出的保证，所有的保户都可以100%确定可以立即得到理赔。

——沃伦·巴菲特

【巴菲特读年报的关注点】

巴菲特认为，投资者在阅读上市公司财务年报时有必要关注该公司是如何与同行展开竞争的。投资者明白了这一点，有助于判断该公司的竞争实力，以及它与同行竞争的有利因素和不利因素分别在哪里。

巴菲特在伯克希尔公司1996年年报致股东的一封信中说，谈到霹雳猫保险业务，伯克希尔公司的客户主要是这样一些保险公司——它们希望通过参加再保险来降低自身赢利水平剧烈变化带来的风险。而伯克希尔公司能提供的产品，是以合理的价格，把这些盈余变动的风险转移到自己身上来。虽然这会导致伯克希尔公司的盈利发生变化，但巴菲特和查理·芒格一点都不会在乎。巴菲特补充说，他宁可接受波动幅度比较大，但平均盈利率在15%的赢利水平，也不愿接受波动幅度比较小，但平均盈利率只有12%的赢利水平。他的言外之意是，如果一种业务的赢利水平虽然剧烈波动，却能在整体上提高伯克希尔公司的赢利水平，那么开展这种业务就是值得的。

那为什么是伯克希尔公司而不是其他再保险公司能够通过开展霹雳猫业务从整体上提高赢利水平呢？其实，这就是伯克希尔公司特有的竞争优势了。

巴菲特说，伯克希尔公司在开展霹雳猫业务方面主要有3项竞争优势。首先，前来投保的客户都知道伯克希尔公司即使遇到最糟糕的情况也有能力履约付款，这是一些即使原来享有盛誉的再保险公司都很难做到的。正因如此，伯克希尔公司才从来不把风险转嫁给其他保险公司。而只要是伯克希尔公司做出的保证，所有客户在遇到灾难时都可以100%地立即得到理赔。

伯克希尔公司开展霹雳猫业务的第二项竞争优势是，一旦发生大灾害，保险公司要想重新寻找再保险公司往往很困难，而这时候伯克希尔公司却绝对保证可以继续为它们办理投保业务、提供任何服务。毫无疑问，在这个过程中，伯克希尔公司会优先办理老客户的业务。这样一来，全世界的保险公司和再保险公司都意识到，平时与伯克希尔公司保持密切的联系非常有必要。因为这意味着，它们将来遇到紧急情况时，可以确保在伯克希尔公司优先投保霹雳猫业务。

伯克希尔公司开展霹雳猫业务的第三项竞争优势是，对于单笔投保额来说，它能达到的上限是其他保险公司无法提供的，这有助于满足一些保险公司想提高保险额度的要求。而且办理手续很简单，这些保险公司只要打个电话到伯克希尔公司，马上就能得到满意的答复。

巴菲特举例说，1994年发生的美国北岭大地震使房屋保险损失超出所有人预料，但即使这样，这次大地震的力度也并不是最大的。可以想象，如果遇到特大地震，会给一些保险公司造成怎样的惊吓了。这次灾难发生后，一些保险公司就纷纷开始考虑在房屋住宅保险条款中删除“地震险”这一条款了。

可是对于伯克希尔公司来说，因为有着强大的财务实力，所以地震险成了它保险业务中最大的项目。尤其是北岭大地震后，为了能给中小型保险公司减轻负担，美国加利福尼亚州保险委员会委员夸肯·布什立刻修订了新的住宅地震保单。根据这份保单，所有保险公司的这项保险业务都必须投保再保险公司，这样伯克希尔公司就“英雄有用武之地”了。伯克希尔公司由此一共接到10亿美元的再保险业务。

也许有人会问，当其他保险公司纷纷寻求如何分散风险时，伯克希尔公司为什么要“顶风作案”呢？换句话说，伯克希尔公司承接这种霹雳猫业务，究竟有多大的理赔概率呢？巴菲特坦率地说，其实他也不知道答案，又不能通过计算机程序来预测。不过有一点他可以确定，那就是他心里早有准备，他准备把保费收入的90%用在损失理赔和相关费用上。这样，经过一段时间，他就会发现某项霹雳猫业务的价格是否合理，然后再对这项业务进行修正。无论如何，这都不会使伯克希尔公司发生财政困难。

巴菲特形容说，从事保险业务，有时候确实无法准确评估其风险到底有多大，但这并不影响开展保险业务。就像你并不一定真的知道一个人的实际年龄，却可以通过各种判断了解其大概年龄一样。或者说，就像你不必知道一个人的体重究竟是多少，却可以大致判断他是不是应该减肥一样。

巴菲特底气十足地说，更不用说，伯克希尔公司还拥有全球最优秀的霹雳猫业务保险专家阿杰特·杰恩了。退一万步说，假设美国在发生大地震的同时又遭遇金融风暴，伯克希尔公司旗下的喜斯糖果公司、富国银行等也受到了严重打击，也不至于影响到伯克希尔公司的理赔承诺。

【巴菲特读年报心得】

巴菲特认为，投资者在阅读上市公司财务年报时了解一下该公司如何与同行展开竞争、具有哪些竞争优势，有助于投资者了解该公司的经营特点和运行规律。对于伯克希尔公司的霹雳猫业务，正因公司拥有强大的财务实力，所以该业务才会立于不败之地。

独立董事是否真正起作用

在伯克希尔公司，董事们与所有股东站在同一条船上。查理跟我已看过很多符合《圣经》所说观点的行为。根据多年的董事会经验，我发现最不独立的董事当属那些依赖董事酬劳过生活的人（还有那些期待被邀请加入董事会，好让他们增加更多外快的人士）。更可笑的是，正是这些人被归类为独立董事。这类董事举止大多彬彬有礼，且有一流工作，但人的天性使得他们不得不反对可能危及其生计的任何方案，他们会基于诱惑而继续沉沦下去。

——沃伦·巴菲特

【巴菲特读年报的关注点】

巴菲特认为，投资者在阅读上市公司财务年报时有必要关注该公司的独立董事是否能真正起作用。对于广大散户来说，既然自己无法参与公司经营管理，那么，这时候独立董事能否真正成为自己的代言人，就非常重要且必不可少。

巴菲特在伯克希尔公司2004年年报致股东的一封信中说，在伯克希尔公司，董事们与所有股东是站在同一条船上的。根据多年来的董事会经验，他发现最可笑的是那些最不独立的董事被称为“独立董事”。他们的特征是依靠董事酬金生活，或者期待被邀请加入董事会，然后以此增加更多的外快收入。这些独立董事看起来大多彬彬有礼，并且有一流的工作，但人的天性使他们不得不反对可能危及他们个人利益的任何方案，他们会在经济利益的诱惑下一直沉沦下去。

在这里，巴菲特一针见血地揭露了独立董事不独立的普遍现象。可想而知，广大散户寄希望于通过这样的独立董事来维护自身利益，是根本不可能的。

巴菲特举例说，他当时手上掌握的第一手材料中，有这样一项与伯克希尔公司无关的并购案。被收购公司的管理层相当青睐这项收购案，对收购价格非常满意，并且投资银行也觉得相当不错，董事会中有许多董事已经同意了，并且已经准备将这项收购案提上股东大会议程进行表决了；可就在这时候，董事会中有几位独立董事跳出来表示强烈反对。

说穿了就是他们不愿意该公司被出售，因为那样自己就要被迫离开独立董事岗位，从而减少每年至少10万美元的酬劳了。结果显而易见，这桩金额高达几十亿美元的并购案最后并没有成功。

巴菲特怎么也不理解，这几位独立董事仅仅拥有该公司的极少数股份，并且这些股份基本上是该公司赠予他们的，实际上他们并没有付出任何代价。而且当时该股票的价格还大大低于其收购价格，却从未看到他们自己投入资金从市场上买入该股票。

如此一番分析，巴菲特认定，实际上这些独立董事根本就不希望看到该公司有这么高的出售价格，也不愿意从市场上以较低价格增持该公司股份。说到底，他们的目的只有一个，那就是千方百计地阻挠该收购案的成功，从而确保他们依然每年可以从中领取10多万美元的独立董事酬劳，如此而已。

试想，如果某个上市公司拥有私欲这样严重的独立董事，广大散户的利益又怎么能得到保障呢！

特别需要指出的是，在同一场拒绝这项收购案的董事会上，独立董事们却通过了一项大幅度提高董事酬劳的提案。真是“项庄舞剑，意在沛公”“司马昭之心，路人皆知”。

巴菲特在伯克希尔公司2002年年报致股东的一封信中说，从理论上看，上市公司绝对需要拥有思想和言论独立的独立董事。但正如他在1993年就提到的那样，独立董事必须绝对具有3项特质，那就是，丰富的商业经验，积极的工作态度，以股东利益为导向。

巴菲特的言外之意是说，如果一家公司的独立董事不能做到以股东利益为导向，那么他们就是不合格的。如果一家公司董事会中有这样的独立董事存在，投资者就要特别警惕了。

巴菲特现身说法，在过去的40多年里，除了伯克希尔公司，他曾经担任过19家上市公司的董事，至少与250位董事有过工作来往，其中多数董事都符合“独立董事”的标准。然而遗憾的是，这些董事大多缺乏他所提出的独立董事必须具备的3项特质之一。

巴菲特的意思是说，在这些上市公司中，独立董事对于广大散户来说，所起的作用微乎其微。这些独立董事看上去彬彬有礼，并且学识渊博，可是对于其所任职的上市公司所在的产业并不是十分了解，又不会站在股东立场上去考虑问题，比如否决某些提案以及不合理的薪资报酬。他们名为“独立董事”，实际上怎么也“独立”不起来。

巴菲特谦虚地说，至于他个人，做得也不是很好。通常的情形是，在其所任职公司管理层做出违背股东利益的提案时，他往往会选择沉默以对，他追求“和谐”气氛要超过追求董事的“独立性”。

那么，为什么会出现这种普遍现象呢？巴菲特分析说，从过去62年来几千家上市公司案例中可以看出，自从1940年美国联邦法律规定投资公司必须按照一定比例设立独立董事后，这个比例从原来的40%提高到了后来的50%。这些独立董事和整个董事会的职责虽然很多，但基本上只有两条：一是选拔、任命首席执行官；二是协调争取达到最低的管理费用。但遗憾的是，这些基本上都只是走过场，形式主义而已。

【巴菲特读年报心得】

巴菲特认为，既然普通投资者无法参与公司经营管理，那么他们通过独立董事来表达自己的意愿就非常重要。为此，投资者要关注和考察拟投资公司独立董事是否能时时处处维护股东利益，而不是只维护自己的蝇头小利，损公肥私。

关注点 3

公司业务经营有何特点

公司业务经营有哪些特点

当各位在检视我们每季的数据时，大家一定要知道我们霹雳猫保险业务的会计原则与一般保险业务的会计原则有些许不同，我们没有将霹雳猫的保费收入按保单发行期间平均分摊认列。我们必须等到整个保单发行期间结束或是损失发生后才全部一次性认列。我们之所以采取这样保守的做法，原因在于霹雳猫保单在年度截止之前特别容易发生意外，尤其是天气状况更是如此。在历史上前 10 大意外灾害中，有 9 件是发生在下半年。此外，由于许多保单在第一次重大灾害发生时并不理赔，所以若真的发生损失的话，通常会是在下半年。

——沃伦 · 巴菲特

【巴菲特读年报的关注点】

巴菲特认为，投资者在阅读上市公司财务年报时有必要关注该上市公司的业务经营都有哪些特点。财务年报虽然是静态的，可是投资者却可以从字里行间和数据之间发现某些规律，以帮助自己了解该公司的经营状况和运作特点。

巴菲特在伯克希尔公司1992年年报致股东的一封信中说，读者在阅读伯克希尔公司每个季度的数据时，一定要知道伯克希尔公司霹雳猫业务的特点，以及它在会计核算上与一般保险业务有何不同。

例如，伯克希尔公司没有把霹雳猫业务收入按照保单发行期限进行平均分摊，而是等到整个保单发行期限结束或损失发生后，才会做一次性列支。伯克希尔公司之所以采取如此保守的做法，原因主要在于霹雳猫业务通常在年度截止前特别容易发生意外，尤其是有关天气状况的保单更是如此。从历史上的前10大意外灾害保险中可以发现，其中有9件发生在下半年。除此以外，还有许多保单在第一次发生重大灾害时并不需要做出理赔。所以，对于霹雳猫保险业务给伯克希尔公司所造成的实际损失，主要发生在下半年。

有鉴于此，伯克希尔公司在确立霹雳猫业务的会计核算原则时，底线就放在，这项业务发生巨额损失的时间当然可能是任何一个季度，但这项业务即使得到巨额利润，通常也只出现在伯克希尔公司每年第四季度的账面上。

一谈到保险业务，尤其是能够产生巨额保险浮存金的霹雳猫业务，就不得不提到伯克希尔公司用于收购企业的主要资金来源，即保险浮存金。如果没有保险业务及其产生的保险浮存金的贡献，那么无论是巴菲特还是伯克希尔公司，其历史恐怕都要改写了。显而易见，保险业务及其浮存金是伯克希尔公司业务经营的最大特点和亮点。

巴菲特在伯克希尔公司1992年年报致股东的一封信中说，当年伯克希尔公司开展保险业务所产生的资金成本，依然低于美国政府当年发行的国债利率。在伯克希尔公司从事保险业务经营的26年中，这是第21年保险业务所产生的资金成本远低于美国政府发行的国债利率了。不但如此，两者之间的差距还非常大。

正因如此，巴菲特才得以将相当数量的低成本资金用于再投资，从而获取高效益。巴菲特的原话是："如果哪一天伯克希尔公司取得的平均资金成本高于政府国债的利率，那么伯克希尔公司就再也没有理由继续留在保险行业了。"

那么1992年伯克希尔公司在保险业务，尤其是霹雳猫业务方面的经营业绩如何呢？巴菲特说，和过去一样，国家产险公司在唐·沃斯特领导下开展的汽车保险和一般责任保险业务，以及罗德·埃尔德莱德领导的企业公司运营，都为伯克希尔公司贡献低廉的资金做出了重要努力。更不用说，当年这两家公司本身在保险业务方面也都有获利。这表明，它们产生的保险浮存金的成本低于0。

当然，对于伯克希尔公司来说，除此以外，还有一大笔浮存金是来自詹·阿杰所开发出来的大型业务项目。

巴菲特高兴地说，展望未来，他们在这方面所做的贡献还将继续增加。所以他由衷地感慨说，他和查理·芒格还是相当喜欢开展保险业务的，此业务也是伯克希尔公司在未来10年里的主要利润来源。

巴菲特之所以这样乐观，是因为无论从哪个方面看，保险业务的产业规模都非常大，而伯克希尔公司所开展的一些保险业务在全球范围内都非常具有竞争力。换句话说，伯克希尔公司可以把业务触角伸向全球，在全球范围内与同行展开竞争。

巴菲特表示，伯克希尔公司应当继续在这方面提高竞争力，无论是间接通过政府雇员保险公司，还是直接控股美国中央州立保险公司，方向和目标都是一致的。

巴菲特在伯克希尔公司1992年年报致股东的一封信中，大谈特谈公司开展保险业务所取得的成绩及其取得浮存金的成本之低（其实，自从1967年伯克希尔公司进入保险行业以来，巴菲特每年都这样做）。实际上就是为了向读者更好地介绍伯克希尔公司的业务重点、经营特点、盈利来源，帮助读者更好地分析该公司发展方向，便于他们做出投资决策。

正因如此，2015年年初，巴菲特在发布伯克希尔公司2014年年报致股东的一封信的同时，还干脆发布了伯克希尔公司50年来的经营业绩。

长期为巴菲特致股东的一封信进行润色的美国《财富》杂志记者卡罗尔在该年提醒读者，大家可能没有意识到，伯克希尔公司在这次年报中不声不响地进行了一处改动，那就是过去公司年报中只标明伯克希尔公司每股账面价值和标准普尔500指数对比的数据，而这次还新增了一项伯克希尔公司的历史股价数据。该项数据表明，在过去的50年间，伯克希尔公司股价的年复合增长率为21.6%，累计上涨了18262倍。

巴菲特为什么没在致股东的一封信初稿中提到该项数字呢？巴菲特除了担心这样做有自吹自擂之嫌，还为了避免出现他自己一直嘲笑的某种情形。

那是他在伯克希尔公司1981年年报致股东的一封信中所说的，有些商界人士在业绩不理想时就会想到更改此前设定的目标。他形容这种做法是“先将经营绩效之箭射入白布，然后小心翼翼地围绕射入的箭来画靶心”。他担心在伯克希尔公司年报中对业绩表做变动，也会给人留下这种不良印象。但最终，为了报表数字能够更具有逻辑性（否则投资者对之前的一个段落会感觉有些不知所云），他还是加进了这一指标。

究其原因在于，巴菲特在1965年掌控伯克希尔公司后，就决定用每股账面价值的涨跌与含股息分红在内的标准普尔500指数走势做对比，用来作为衡量公司业绩的标准。应该说，这一做法在当时相对合情合理，也非常接近于巴菲特所说的伯克希尔公司的内在价值。因为当时伯克希尔公司的业务主要是两项，一是保险，二是把保险资金用于投资普通股。可是从20世纪70年代初开始，伯克希尔公司渐渐开始从事全资收购企业业务。直到今天，其手笔越来越大，频率也越来越高，收购企业已经成为其业务主体。

截至2015年，从销售规模上看，伯克希尔公司已经成为美国第四大企业，年销售收入约为1950亿美元；从股票市值看，伯克希尔公司已经成为美国第三大企业，3670亿美元的股票市值仅次于苹果公司（7700亿美元）和埃克森美孚石油公司（3800亿美元）。在这其中，伯克希尔公司的绝大部分收入并非来自投资回报，所以，如果再用过去的那种业绩衡量标准衡量现在的伯克希尔公司就会显得失真。

原因在于，根据一般公认会计准则，被收购企业的成本在账面上永远不能更改，而这就意味着其账面价值不可能在被收购后得到提升。被收购企业账面价值增长缓慢，就会越来越脱离伯克希尔公司高速发展的现实。而这时候再用标准普尔500指数来进行对比，就显得毫无意义了。

明白了这一点就知道，2009年之后，伯克希尔公司有几年业绩没有跑过标准普尔500指数，实际上这并不能说明伯克希尔公司“不行了”，而是其业绩参照系已经无法反映其真实的内在价值了。否则，也就无法解释50年来标准普尔500指数上涨了112倍，可是伯克希尔公司的每股账面价值却上涨7511倍、市值上涨18262倍的巨大差异了。[1]

【巴菲特读年报心得】

巴菲特认为，每家上市公司的业务特点都不同，所以投资者在阅读财务年报时就应该关注到这一点。企业不同的业务特点会决定其经营方式、利润来源、经营风险及其表现不同，这从财务年报中多少能够看出来。

是做大生意还是小生意的

> 不要期望我们的证券投资组合会出现什么奇迹，尽管我们主要持有一些实力强大且赢利能力很高的企业的股票，但其股价根本谈不上便宜。作为一个整体，它们可能会在10年后价值翻番，另一种可能是下一个10年它们的每股收益总体上将每年增长6%~8%，其股价将或多或少与每股收益的增长相近。（当然这些公司的经理人会认为我的预期过于保守，我希望他们是对的。）
>
> ——沃伦·巴菲特

【巴菲特读年报的关注点】

巴菲特认为，投资者在阅读上市公司财务年报时有必要关注该公司的经营规模和大宗交易。换句话说，投资者要注意该公司是做大生意还是小生意的。不用说，专门从事金属材料批发的大公司和居民小区门口的烟酒零售店，这两种企业的业务经营特点就不能相提并论。

1　卡罗尔·卢米斯文，亨特译．市值飙升1.8万倍：巴菲特如何掌控伯克希尔50年．财富中文网[2015-3-4].

巴菲特在伯克希尔公司2005年年报致股东的一封信中说，尽管伯克希尔公司持股的一些企业实力强大，并且赢利能力很强，但其股票价格根本谈不上便宜。所以，大家最好不要期望伯克希尔公司的证券投资组合会出现什么奇迹。从整体上看，它们可能会在10年后价值翻番，或者每股收益年增长率达到6%~8%，以便与股票价格的上涨幅度相适应。当然，这些公司管理层也许会认为巴菲特的这种预期过于保守，而巴菲特从内心来说也真的希望他的这种预期过于保守。换句话说，他也希望每股收益的年增长率实际增长幅度能够达到比6%~8%更高的水平。

巴菲特为什么会在这里提6%~8%这个数据区间呢？实际上，这是他认为的每一笔投资至少应该达到的年回报率。他认为，如果一笔投资连这样的年回报率都达不到，那就不值得去做。伯克希尔公司手中永远握有巨额现金，原因之一就在于找不到合适的投资对象，所以只能"待字闺中"。

巴菲特上面所说的"实力强大""赢利能力很高"，实际上就概括了伯克希尔公司业务经营的大手笔特征。这是所有阅读伯克希尔公司财务年报的读者都有目共睹的。

巴菲特举例说，伯克希尔公司2005年的投资组合有两个重大变化：一是吉列公司并入了宝洁公司，二是阿默普莱斯（Ameriprise）金融公司从美国运通公司（American Express）中分离出来公开上市。归纳起来，可以说是一合一分。与此同时，伯克希尔公司大幅度增持了富国银行的股票，还在沃尔玛公司等股票上增加股份。所有这些举措，实际上都符合伯克希尔公司一贯的经营原则和大手笔做法。

不用说，经营一家大公司、开展大业务对公司首席执行官的要求非常高。巴菲特的观点是，无论如何夸大一个首席执行官对上市公司的重要性都不过分。也正因如此，伯克希尔公司在并购企业时，会特别看重公司原有经营管理层的人品和能力，以及他们是否愿意在所任职公司被伯克希尔公司并购后继续留下来出力。

巴菲特说，就以吉列公司为例，在2001年吉姆·基尔茨（Jim Kilts）进入该公司之前，该公司还处于苦苦挣扎之中，因为其资本配置大错特错，从而付出了沉重。要知道，吉列公司在金霸王电池并购案中，为股东们支付了几十亿美元。特别需要指出的是，这种高昂的代价在传统的会计账本上根本反映不出来，所以读者在阅读其财务年报时是看不到这一切的。

自从吉姆·基尔茨进入吉列公司后，情况马上发生了可喜的变化。吉姆·基尔茨通过采取逐步严格财务纪律、全面收缩业务、促进市场营销等一系列措施，大幅度提升了公司内在价值，为最终将其并入宝洁公司打下了良好的基础。而2005年吉列公司并入宝洁公司后，又进一步实现了强强联合，两家公司的发展潜力也都有了进一步的增强。

毫无疑问，吉姆·基尔茨从中获得了非常丰厚却又合情合理的报酬，这对在其中持股9.7%的伯克希尔公司来说，完全可以说是心甘情愿付出的。

不用说，做大生意的公司在业务经营、业务决策方面有着显著的特点。总的来看，越是规模大的企业，越是重大的经营决策，最终基本上都是由首席执行官“拍脑袋”拍板的。这看起来似乎有些不可思议，但实际上首席执行官在“拍脑袋”决定时，已经综合考虑了诸多复杂因素和价值判断。

关于这一点，在巴菲特身上表现得尤其明显。伯克希尔公司的许多重大收购案都是他“不经意间”就决定了的。例如，巴菲特在伯克希尔公司1995年年报致股东的一封信中就提到，当年资本城 / 美国广播公司与迪士尼公司的合并案，他就是这样做的。

1995年7月14日下午1点15分，巴菲特刚结束一场午宴，就匆匆忙忙地赶去与资本城 / 美国广播公司总裁托马斯·墨菲打高尔夫球。这天，巴菲特刚在午宴上聆听了迪士尼公司总裁迈克尔·伊思纳的精彩演讲，而这时候两人恰好在马路上相遇。于是巴菲特就上前打招呼，并与对方做了短暂的交流，顺便谈到了资本城 / 美国广播公司是否有可能与迪士尼公司合并。

因为在此以前，两人就已经交谈过这个话题了，只不过巴菲特希望用股票交换，而迈克尔·伊思纳希望用现金交易，所以这件事情一直没进展。而经过这几轮交谈，两人都觉得有必要在现金和股票问题上相互让步。就这样，几个星期后，双方就达成了协议，原来一直僵持不下的问题迎刃而解。

巴菲特高兴地说，这两家公司的合并与当天两人的巧遇脱不了关系。要不然，这桩合并案不但不会如此顺利，而且很可能会无限期地推迟下去。

从中也容易看出，巴菲特遇到重大并购案时往往在10~15分钟内就会做出最终决定，其背后实际上已经做了大量的工作，这才是真正的举重若轻。

【巴菲特读年报心得】

巴菲特认为，不同公司的经营规模、经营手法、经营特点都不同，这也决定了投资者在阅读财务年报时要采取不同的观点和方法。做大生意的公司来去较大，所以投资者更要用一种宏观、长远的眼光看问题，不要拘泥于细枝末节。

从3个方面考察竞争优势

> 让我们来看看什么样的公司能让我们眼前一亮。在关注于此时，我们同样也要探讨哪些是我们期望竭力避开的企业。查理和我要寻找的公司是：①业务我们能理解；②有持续发展的潜质；③有可信赖、有能力的管理层；④一个诱人的标价。如果遇到符合上述特征的并购对象我们倾向于买下整个公司，或者当管理层是我们的合伙伙伴时，我们至少会买下其80%的股份。如果控股收购的方式不可行，我们也很乐意在证券市场上简单地买入这些出色公司的一小部分股权。
>
> ——沃伦·巴菲特

【巴菲特读年报的关注点】

巴菲特认为，投资者在阅读上市公司财务年报时有必要考察该公司的竞争优势。具体说就是，投资者要通过财务年报对该公司进行业务分析，而业务分析的重点是该公司在产品和服务方面是否具有强大的竞争优势，是否能够为顾客提供特别的价值。如果具备这些特点，这只股票就值得买入或持有；否则，就应当敬而远之。

巴菲特在伯克希尔公司2007年年报致股东的一封信中说，在看什么样的公司能让我们眼睛一亮时，有必要探讨一下哪些是伯克希尔公司希望竭力避开的企业。具体地说，他和查理·芒格要寻找的并购对象要具有以下特点：业务简单易懂，容易理解；具有持续发展潜质；有一个可以信赖、有能力的公司管理层；买入价格非常诱人。

巴菲特继续说，如果遇到符合上述特征的并购对象，伯克希尔公司会倾向于买下整个企业；或者当该公司管理层是其合作伙伴时，伯克希尔公司至少会买下对方80%的股权（巴菲特的意思是说，另外不到20%的股权是留给这些管理层的，目的是为了更好地调动他们的经营管理积极性）。如果这种控股方式不可行，那么，通过在证券市场上买入这些出色公司的一小部分股权也可以考虑。这就好比是拥有世界名钻“希望之钻”的一小部分股权一样，无论如何总比拥有一整颗人造钻石“莱茵石”强。

那么，怎样来判断这是一颗“天然钻石”还是一颗“人造钻石”呢？巴菲特认为，这就需要投资者通过阅读上市公司财务年报来分析它的竞争优势究竟有多大，竞争优势究竟在哪里。具体来看，投资者对拟投资公司进行竞争优势分析，包括以下3方面：

一是历史分析。如果从过去看，该公司的业务简单易懂，并且具有长期稳定的经营历史，产品和服务持续多年一直保持着较强的竞争优势，就可以基本判断这是一只值得拥有的好股票。

二是现状分析。如果从现状看，该公司具有超级经济特许权——也就是说，与同行相比，该公司的产品和服务能够创造出与众不同或更多的价值来，让顾客欲罢不能，这就是一只值得拥有的好股票。

三是未来分析。如果着眼于未来，该公司在今后的长期发展过程中同样可以保持持续的竞争优势，就表明该公司将来仍然会给投资者和顾客创造不同的或更多的价值，这只股票从长远来看仍然是一只值得拥有的好股票。

容易看出，巴菲特在这里特别强调这家公司有没有竞争优势，并且最好是从过去到现在延续至将来一以贯之的竞争优势。这就引入了他经常提到的“经济护城河”的概念。

巴菲特说，一家真正伟大的上市公司必须要有这样一条经济护城河，来确保投资者获得很好的回报。因为在资本主义社会，任何能够赚取高额利润的生意，都必然会引发竞争者竞相加入。而这时候，如果一家企业拥有一条竞争对手难以逾越的屏障（经济护城河），它才能获得持续成功。例如，像政府雇员保险公司、好事多超市这种经营成本特别低的公司，以及像可口可乐公司、吉列公司、美国运通公司这样全球著名的强大企业，就都是拥有经济护城河的企业类型。

为什么要从“古”到“今”考察一家上市公司呢？巴菲特说，这是因为在商业发展历史上充满了“罗马烟火筒”（Roman Candle）式的光彩炫目的公司。他的意思是说，这些公司的辉煌只不过是昙花一现，就像人们产生的幻觉一样，很快就会被竞争对手所超越。而伯克希尔公司对并购对象竞争优势所做的持续性评判、分析，就能很好地避免这样的“短视”。

实际上，巴菲特的这一观点和做法与其长期投资原则非常吻合。假如说某家上市公司只有一年时间的辉煌，那么对于短期股票炒作者来说，炒作这家上市公司还是非常有价值的；可是对于坚持长期投资的巴菲特来说，这种只在短短一年时间内飞速发展的上市公司，其辉煌其实只是一瞬间，根本不值得被过度关注。

巴菲特不无得意地说，伯克希尔公司过去就是按照这样的标准，排除了新兴行业里许多正迅速发展而又变化不断的新型企业。

众所周知，在20世纪末的那波高科技股炒作热潮中，巴菲特就没有参与进去。虽然他由此错失了几十上百倍的投资收益，并直接导致伯克希尔公司股价的增长幅度低于整个大盘，但他很快就避开了接下来的一波高科技股票泡沫破灭的旋涡。

实际上，按照巴菲特的这个标准，某些纯粹是依靠某个明星经理人才取得成功的上市公司也被排除在外了。虽然这样的上市公司在短期内不可一世，可是一旦离开这位明星经理人，这家公司的结局就太可怕了。

巴菲特由此总结说：“一道需要不断重复挖掘的护城河，最终等于没有护城河。”他的言外之意是，经济护城河要能经得起时间的考验，而不是一两年后就

“塌方”了。巴菲特的这个观点与伯克希尔公司的长期投资原则是吻合的。

【巴菲特读年报心得】

巴菲特认为，投资者在阅读上市公司财务年报时，要从过去、现在和未来3个时期，去分析这家上市公司的竞争优势，看它的经济护城河能否一以贯之或者是否还在不断拓宽之中。千万不要被某家企业一时的辉煌所迷惑，昙花一现式的辉煌是靠不住的。

公司的主营业务是否突出

> 我们的投资策略是集中持股。我们试着尽量不要这也买一点，那也买一点，因为那样会使我们对被投资的产业漠不关心。当我们觉得价格合理时，我们就会一口气大量地买进某只股票。
>
> ——沃伦·巴菲特

【巴菲特读年报的关注点】

巴菲特认为，投资者在阅读上市公司财务年报时有必要关注该公司的主营业务是否突出。主营业务突出的一元化经营和主营业务突出的多角化经营都很常见。在巴菲特看来，主营业务突出这一点很重要。

巴菲特在伯克希尔公司1978年年报致股东的一封信中说，伯克希尔公司的投资策略是集中持股，他们尽量试着不这也买一点，那也买一点。否则，无形中，他们就会对自己所投资的产业缺少关心。只要他们觉得买入价格合理，伯克希尔公司就会一口气大量买进某只股票。

实际上，这就很好地反映了伯克希尔公司的集中投资策略。而这种集中投资策略，与巴菲特认为一家好的上市公司应该主营业务突出的观点是相吻合的。

巴菲特说，伯克希尔公司无论是直接控股还是间接控股其他公司，这种集中投资策略表现得都很明显。在某些行业的上市公司，伯克希尔公司是100%控股的，而有些行业的上市公司，如蓝筹票据公司，伯克希尔公司持有其股份的比率却只有58%。所以读者容易看到，在伯克希尔公司每年的财务年报中，巴菲特都会根据具体情况对数据进行重新归类，以便能够更好地反映各类投资公司的特质，帮助股东更好地理解它们。

巴菲特在伯克希尔公司1978年年报致股东的一封信中说，如果非常全面地把伯克希尔公司所有子公司的营业收入、费用、应收账款、存货及负债等科目合并，所得到的数字就会来自各种产业特性截然不同的行业，如纺织、保险、糖果、出版等行业。这样不但无法解释伯克希尔公司的实际状况，反而会模糊真正的焦点，所以伯克希尔公司内部从来不用这样的报表进行分析管理。

巴菲特的意思是说，普通投资者在阅读财务年报时应当条分缕析地进行观察，而不是笼统地看某家上市公司的营业收入、费用、应收账款、存货及负债等数据，以及它们与过去相比的增减幅度。

例如，对于一家既有建筑业务又有出版业务的上市公司来说，房地产开发业务中如果要比上一年增加几十上百亿元营业额很容易，只要多增加一个项目就行了；可是这在出版行业就不可思议，根本不可能达到这一点。不用说，这些产业特性不同的财务数据不能相加。这一点我们在小学就已经学过了，只不过许多人在阅读财务年报时没有很好地注意并区分它们罢了。

巴菲特在伯克希尔公司1995年年报致股东的一封信中，提到了一个非常有趣的案例。他说，1995年有一位企业经理人告诉他说，自己曾经一手扶起过一家好公司，并且这家公司在同行业中长期处于领导地位，只不过当时其发展前景看起来有些暗淡。所以，几十年前这家公司就专门聘请了一家管理顾问公司，帮助其出谋划策。

聘请了这家管理顾问公司后，总要做点什么事情吧？很自然地，管理顾问公司就建议他们搞多角化经营。补充说明一点，多角化经营在当时很时髦，而该公司还没有走这条路。所以，管理顾问公司建议该公司这样做，既是一种对策，也是一种时尚。

然而，多角化经营并不是“放之四海而皆准”的真理，是否采用这种经营模式，必须根据不同行业、不同企业的特点来做决定。不久以后，这家公司在向管理顾问公司交纳了一笔笔高昂的并购调查费用后，买进了好几家公司。就这样，该公司确实“多角化”经营了，可其结果却相当糟糕。

这位企业经理人难过地说，原来该公司的利润100%来源于主业，可是仅仅10年过去后，该公司主业所得利润却有50%要被补贴到多角化经营项目上去。

需要说明的是，对于规模非常庞大的上市公司来说，主营业务很可能不止一个，而是会有许多个，这并不奇怪。例如，如果伯克希尔公司只从事一项业务，那么依其目前的规模来看，很难有哪个行业可以消化得了。同时，不同上市公司的主营业务当然可以不同，而同样的业务在一家上市公司不是主营业务，在另一家上市公司就可能是主营业务了。

巴菲特在伯克希尔公司2003年年报致股东的一封信中提到，2004年年初美国最大的投资银行高盛集团的一位执行董事告诉他说，威名百货公司有意出售其子公司麦克莱恩（McLane）公司。而麦克莱恩公司的主营业务，是为大型超市、药品化妆店、快餐店、戏院等提供杂货配送和非食品运输等物流服务。

实事求是地说，麦克莱恩公司是一家好公司，可却不是威名百货公司未来发展的核心事业。巧合的是，伯克希尔公司却很需要这样一家公司，它就好像是为伯克希尔公司量身定做的一样。换句话说，麦克莱恩公司虽然不是威名百货公司的主营业务，却可以成为伯克希尔公司的主营业务之一。

巴菲特说，多年来他一直把《财富》杂志每年固定设立的年度最佳企业奖投给威名百货公司。在伯克希尔公司收购了麦克莱恩公司后，他更是加深了这种看法，因为麦克莱恩公司确实非常优秀。

巴菲特的意思是说，麦克莱恩公司加盟伯克希尔公司后，使伯克希尔公司的主营业务更加突出了。当然，规模庞大的伯克希尔公司的主营业务，可远远不止这一项。

【巴菲特读年报心得】

巴菲特认为，投资者在阅读上市公司财务年报时有必要关注该公司的主营业务是否突出。在他看来，只有主营业务突出的上市公司，才能握紧拳头猛烈出击，增强自己的竞争力。伯克希尔公司的集中持股，实际上也可以看作是这种经营策略的较好体现。

公司经营受哪些负面因素影响

通用再保险公司在我们于1998年将其并购之后，一直就是Berkshire的“问题小孩”。更惨的是，它还是一个重达400磅的“巨无霸小孩”，所以它的负面效应对我们整体业绩的影响极为重大。

——沃伦·巴菲特

【巴菲特读年报的关注点】

巴菲特认为，投资者在阅读上市公司财务年报时有必要关注该公司的经营会受到哪些负面因素的影响。当然，这些负面因素主要是指一些能在一定危害程度上和一定可能发生的情况下产生的关键性因素。由于这些负面因素的存在，未来的公司业绩可能会下降，或可能出现不稳定状况。

巴菲特在伯克希尔公司2003年年报致股东的一封信中说，伯克希尔公司自从1998年并购通用再保险公司以后，它就一直是伯克希尔公司的“问题小孩”。更惨的是，它还是一个重达400磅的“巨无霸小孩”。巴菲特的意思是说，通用再保险公司的负面效应对伯克希尔公司的整体性经营业绩影响极大。在这里，巴菲特之所以称通用再保险公司是“巨无霸小孩”，是因为它一旦出现问题，对伯克希尔公司的负面影响会很大。

巴菲特说，感谢明星经理人乔·布兰登（Joe Brandon）和泰德·蒙确斯（Tad Montross）的努力。2003年年初，他们已经完全改进了核保纪律和损失准备提列，这表明通用再保险公司的那些问题已经得到了根本解决。当然，这并不能排除该公司以后仍然会发生各种各样的问题。因为在再保险行业中，本来就注定了不时会有爆炸性新闻冒出来。

巴菲特说，通用再保险公司的财务实力是其他同行无法比拟的。2003年，许多同行的信用等级被降低，而通用再保险公司则因为实力强大得以更上一层楼。如此一来，伯克希尔公司旗下的通用再保险公司和国家产险公司也就脱颖而出，成为全球主要再保险公司中极少具备AAA级信用等级的企业，AAA级也是再保险行业内最高的信用等级。

对于再保险公司来说，强大的财务实力和最高的信用等级对客户的吸引力是根本性的。因为保险公司在购买再保险时，它们得到的只是一纸承诺，而这种承诺能否兑现，还要在今后几十年里才能看得出。所以保险公司一旦发生意外灾害需要理赔时，所投再保险公司有没有实力是最重要的。

而现在，在再保险行业中，全球没有一家公司比通用再保险公司及国家产险公司的实力更强，这就意味着今后这两家公司的业绩会有更好的保障。据此，巴菲特高兴地说，通用再保险公司今后将会成为伯克希尔公司重要的利润增长点。

不过巴菲特还是提醒股东们说，千万不要以为通用再保险公司今后就不会有影响其经营业绩的巨大风险了。他说，伯克希尔公司专门负责大型灾害保险的阿杰特・杰恩，虽然有着处理超大型非寻常灾难再保险的经验，可是却无法阻止这种超大型非寻常灾难的发生，例如加州大地震等。

这说明什么呢？这实际上就说明，阿杰特・杰恩和伯克希尔公司今后的经营业绩，会随着当年有没有发生大型自然灾害而上下起伏。所以巴菲特提醒股东一定要有心理准备，在未来的某些年度，阿杰特・杰恩的业绩表现会非常差，这不是因为他个人的能力有问题，而是因为有许多不确定因素左右着他。当某年发生了巨大的自然灾害，伯克希尔公司需要付出巨额赔偿时，它的业绩表现当然就会变差；而当某年没有出现这种巨大的自然灾害时，伯克希尔公司的业绩当然就会好起来。不过他请股东们相信，从长期来看，阿杰特・杰恩绝对会交出优异的成绩单来。

巴菲特举例说，在过去的18年里，阿杰特·杰恩开动脑筋，签订过很多非常特别的保单。这些保单一方面为伯克希尔公司创造了良好的业绩；另一方面它们本身存在着巨大的风险。

例如，2003年百事可乐公司举办过一次摸奖活动，参加者都有机会获得10亿美元大奖。不用说，这10亿美元是一笔巨额支出。所以百事可乐公司一定会想办法分散风险，而这时候它选择伯克希尔公司投保就是一个最佳途径。

在这种情况下，伯克希尔公司签下了这笔10亿美元的保单，并且是独立承担所有风险。按照双方协议，如果这笔奖金真的被某位参加者抽到，伯克希尔公司将会把这10亿美元分期支付给中奖者。这意味着，伯克希尔公司实际承担的风险是2.5亿美元。

最后的结果怎么样呢？这笔10亿美元的奖金并没有被抽中，原来的巨额潜在风险算是有惊无险了。但显而易见，这笔奖金一旦被抽中，伯克希尔公司就得兑现承诺，而这会对伯克希尔公司当年的业绩产生重大的影响。

巴菲特在伯克希尔公司2006年年报致股东的一封信中说，该年伯克希尔公司的盈利来得顺顺当当，主要原因在于公司“最重要的保险业务在很大程度上靠的是运气。感谢大自然的眷顾，这一年平安无事。2004年和2005年导致我们出现巨大亏损的飓风今年没有出现，我们的巨灾险从亏损变为赢利，而且赢利很多”。

不用说，巴菲特这轻飘飘的话背后，仍然隐含着对大自然一旦不再“眷顾”自己会造成巨额损失的担忧。

也正因如此，巴菲特几乎每年都要在伯克希尔公司财务年报中提醒股东，“明年的获利可能没有今年好”或者“明年的情形将会变得更糟糕”等。这一方面是要求大家降低心理预期，以免希望越大，失望越大；另一方面，也是对伯克希尔公司今后在运营过程中可能会面临一些经营风险而导致其业绩下降的担忧。

【巴菲特读年报心得】

巴菲特认为，投资者在阅读上市公司财务年报时有必要关注该公司在今后运营过程中可能会遭受哪些特别的经营风险和负面影响，以及这些经营风险和负面影响会对其经营业绩产生什么样的影响。只有这样，投资者才能更好地衡量该公司的内在价值及波动区间。

公司经营有哪些关联企业

> 透过中美能源控股公司，我们持有众多公用事业公司 80.5%(按完全稀释基础) 的权益，其中主要项目包括：①拥有 370 万用户的英国第三大电力公司约克夏电力公司以及北方电力公司；②在艾奥瓦州拥有 68.9 万用户的中美能源公司；③肯特河及北方天然气两条天然气输送管线，约占全美 7.8% 的天然气运能。
>
> ——沃伦 · 巴菲特

【巴菲特读年报的关注点】

巴菲特认为，投资者在阅读上市公司财务年报时有必要关注该公司都有哪些关联企业。这些关联企业，既可能与该公司在业务上有密切往来，也可能双方在股权结构方面相互交叉。毫无疑问，关联企业能够在一定程度上调节该公司的经营业绩。不用说，懂得财务会计的读者都知道，关联企业往往是调节一家公司利润的“后盾”和“蓄水池”。

巴菲特在伯克希尔公司2003年年报致股东的一封信中说，伯克希尔公司通过中美能源控股公司持有许多公用事业公司80.5% 的股权，其中的主要项目有：一是拥有370万用户的英国第三大电力公司约克夏电力公司以及北方电力公司；二是位于美国艾奥瓦州拥有68.9万用户的中美能源公司；三是肯特河及北方天然气两条天然气输送管线，约占整个美国7.8% 的天然气运能。

至于其余19.5%的股权，则分别由伯克希尔公司的3位合伙人持有，他们分别是中美能源控股公司明星经理人戴维·索科尔（Dave Sokol）和格雷格·阿贝尔（Greg Abel），以及巴菲特的长期好友、引荐他投资该公司的沃尔特·斯科特（Walter Scott）。

还需一提的是，由于受美国《公用事业控股公司法》（*The Public Utility Holding Company Act*，*PUHCA*）的限制，对于这样的公用事业类公司，伯克希尔公司最多只能拥有9.9%的投票权。所以伯克希尔公司对这些公司依据股份所享有的绝对控股权，最终只能由沃尔特·斯科特来行使。

这样做的结果是什么呢？由于受投票权的限制，中美能源控股公司的财务数据，如营业收入、资产、负债等，并不能全部反映在伯克希尔公司的财务年报中，而只能按照投资比率将投资金额和利润列入其财务年报中。

在这里，巴菲特不厌其烦地介绍这一切，目的就是为了能够让公司股东们对此有一个全面的了解，知道这些财务数据分别表示什么。与此同时，读者还会惊奇地发现，中美能源控股公司中80.5%、19.5%这种股权结构非常符合巴菲特一再提到的观点，那就是，当他与被收购公司管理层是合作伙伴时，伯克希尔公司要求“至少买下被收购公司80%的股权”。

话说回来，巴菲特在这里提到的中美能源控股公司还只是伯克希尔公司的一家子公司，类似这样的子公司在伯克希尔公司有几十家。这也就意味着，从整个伯克希尔公司来看，这种错综复杂的关联企业还有很多。这就要求伯克希尔公司股东们在阅读财务年报时对此能逐一了解。与此同时，股东们在关注伯克希尔公司的财务数据时，同样有必要关注这些关联企业的财务数据。理由很简单，这些数据“底下是有‘管道’相通”的。

那么，本公司和关联企业的财务数据是怎样“相通”或者说是怎样相互“调节”的呢？这个问题非常复杂，一时半会儿也说不清，但这里我们可以举一个最简单的例子，将其稍微展开一下。

例如，如果中美能源控股公司不是公用事业类公司，那么伯克希尔公司也就不用受美国《公用事业控股公司法》的限制而只能拥有9.9%的投票权。这样，中美能源控股公司的相关财务数据在伯克希尔公司账面上的反映结果就完全不同了。这些财务数据不是部分，而是应当全部列入伯克希尔公司财务年报，这也就会颠覆性地改变伯克希尔公司几乎所有的财务数据。

这样一来，伯克希尔公司呈现在投资者面前的就可能完全是另一份财务年报了。而在这两份不同的财务年报中，它们所反映的企业规模、资产规模、债权债务、经营业绩也会完全不同。

巴菲特指出，伯克希尔公司和其关联企业之间的关系非常复杂。例如截至2003年年末，在中美能源控股公司的债务中，就有15.78亿美元是对伯克希尔公司的债务。换句话说，这15.78亿美元是中美能源控股公司欠伯克希尔公司的。这笔债务的存在价值在于，能够使中美能源控股公司在并购其他公司时，不再需要让上述3位投资人追加投资。

要知道，上述3位投资人合伙持有中美能源控股公司19.5%的股权，他们已经投入了大笔资金。如果继续要他们追加投入，他们筹措资金就会遇到困难；而一旦他们无法追加投入，中美能源控股公司并购其他公司就会减少他们原来所持有的股份。

现在，这笔债务的存在就可以解决上述问题。伯克希尔公司通过这笔债务来支持这3位投资者，实际上就相当于帮助他们追加了股份。而伯克希尔公司这样做，只是向他们收取了每年11%的贷款利息。

这样做能够一举三得：一是3位投资者由此不再需要另外追加投资，事实上他们很可能也找不到资金来源；二是可以继续保持中美能源控股公司原有股权结构不变；三是伯克希尔公司可以通过这笔债务每年向3位投资者收取合理的利息收入，也不吃亏。

【巴菲特读年报心得】

巴菲特认为，投资者在阅读上市公司财务年报时有必要关注与该公司业务往来密切，尤其是相互控股的关联企业。这些关联企业之间的关系非常复杂，这能够在很大程度上影响本公司的经营业绩乃至发展方向，调节本公司利润更是司空见惯的事。

业务受宏观经济影响的程度

> 2008 年，我们的投资从每股价值 90343 美元（去除少数权益）跌到了 77793 美元，这一下降主要是由于市场价格的下降，而不是由于股票或者债券公司净收入的减少。我们第二类投资的价值从税前每股 4093 美元下跌到了 3921 美元（去除少数权益）。
>
> ——沃伦·巴菲特

【巴菲特读年报的关注点】

巴菲特认为，投资者在阅读上市公司财务年报时有必要关注该公司业务及其经营业绩受宏观经济影响的程度。虽然他投资股票时从来不考虑宏观经济形势及其走势，但毫无疑问，企业并购价格及其内在价值与宏观经济形势是密切相关的。

巴菲特在伯克希尔公司2008年年报致股东的一封信中说，该年伯克希尔公司A类股票每股价值从90343美元下跌到了77793美元，B类股票每股价值从税前4093美元下跌到了3921美元，这样的业绩无法让他感到满意。

巴菲特话锋一转说，必须指出的是，这种下降主要是由股票市场价格的下降造成的，而不是由股票或债券公司净收入的减少造成的。也就是说，这种下降是从股票价格角度来考虑的，并不表明伯克希尔公司的实际经营业绩也出现了这样的下跌。

具体数据是，伯克希尔公司股票2007年年末的收盘价是每股14.16万美元，2008年年末其收盘价是每股9.66万美元。资料表明，当年伯克希尔公司股票价格的下跌幅度为32%，是1976年以来跌幅最大的。可以聊以自慰的是，此跌幅仍然低于当年标准普尔500指数38%的跌幅，这也是伯克希尔公司股票价格在过去20年里第14年超过标准普尔500指数。

毫无疑问，由于受全球金融危机影响，2008年全球经济形势都不景气，所以在这样的宏观背景下，伯克希尔公司股价下跌是情有可原的。

正如纽约对冲基金（Aquamarine Capital Management）首席执行官盖伊·斯皮尔所说:“对于投资者来说，2008年是无处躲避的一年，伯克希尔公司也不能摆脱这样的命运。巴菲特所能做的也只是令其旗下公司免遭更多的损失。”

容易看出，投资者在阅读财务年报时，如果能考虑到宏观经济形势处于一个怎样的阶段，他们就会对财务年报中所反映的经营业绩做出更加恰当的评估。不过，这一点对于普通投资者来说要求并不低。

因为，在通常情况下，宏观经济形势高低变化总的来看不会太大，但对某些行业来说，其所受影响就比较大。当然，如果发生2008年那样的全球性金融危机，普通投资者也会比较容易识别不同行业所受到的不同程度的影响。

需要注意的是，2008年全球股价都在暴跌，而一贯倡导价值投资理念的巴菲特，这时候唯一能做的，就是买更多物有所值的股票。

从公开资料看，伯克希尔公司2007年全年的股票交易次数为8笔，2008年则增加到了12笔。这表明，当整个股市价格下跌时，巴菲特不但没有感到害怕，而且还认为这是买入股票的好时机。显然，一旦经济形势好转，股市反弹，巴菲特手中握有的股票或企业内在价值就会回升，这样坏事就变成了好事，巴菲特很可能会从中大赚一笔。

所以，读者在阅读财务年报时有必要注意，如果由于整个宏观经济形势变坏，一个公司业绩变差，这时候该公司又有类似于低价购买原材料或趁机兼并其他企业等举措，这应当看作是一件好事，投资者应该因此对该企业的发展后劲感到乐观。

从伯克希尔公司的发展历史看，这样的举措有很多，这也是伯克希尔公司业绩回报高于同行的主要原因之一。正因如此，美国Carret Zane基金公司合伙人弗兰克·贝茨认为:“巴菲特有机会以最佳的方式进行交易，所以我并不认为其在2008年的投资表现很糟糕。”投资者在阅读伯克希尔公司财务年报时，如果也能得出这样的结论，就可以说是相对理性和客观的。

具体数据如下，在2008年第四季度的3个月内，伯克希尔公司的股票投资组合规模至少下跌了15%，康菲石油公司的股票价格暴跌了29%，可口可乐公司的股票价格下跌了14%，富国银行的股票价格下跌了21%。而当年伯克希尔公司的主要竞争对手，如美国国际集团、XL公司等，它们的股票价格更是暴跌90%以上！

相比之下，伯克希尔公司在2008年前3个季度中依然是赢利的，这就能看出它与其竞争对手之间的巨大反差了。更不用说，2009年第三季度它的股票投资组合规模就比第二季度上升了9.4%，达到760亿美元。

2008年9月，在全球金融危机步入纵深之处时，巴菲特投资18亿港元，以每股8港元的价格购买了2.25亿股中国比亚迪公司的股份，占比亚迪公司总股本的10%。而仅仅不到一年，在2009年8月末，比亚迪公司股票的每股价格就达到了48.6港元。照此计算，巴菲特所持有的比亚迪公司的股票已经为其带来了超过91亿港元的账面获利，年获利率超过500%。

从历史上看，巴菲特面对宏观经济环境的恶化从来都面无惧色。他表示，2008年的股票价格下跌对他没有任何影响。因为在此之前他已经经历过3次这样的情况了：一是1974年，他的投资遭到重创；二是1987年，这样的情形再次发生；三是1998—2000年，他所投资的股票价格曾经暴跌50%。

巴菲特幽默地说，他唯一的希望就是他的寿命能够更长一些，以便他能有更多的机会看到这样的情形再次发生，然后战胜它。

【巴菲特读年报心得】

巴菲特认为，投资者在阅读上市公司财务年报时应当关注该公司业绩受宏观经济环境影响的程度。如果宏观经济环境变坏，该公司却能抓住时机，把坏事变成好事，那么投资者就应当对这家企业的发展后劲感到乐观，对其股价也可看高一线。

实际业绩决定财务数据

我是在 2002 年春天读的中石油公司财务年报。我从没问过任何人的意见。我当时认为这家（中石油）公司值 1000 亿美元，但它那时的市值只有 350 亿美元。我们不喜欢做事精确到小数点 3 位以后。如果有个人体重在 300~350 磅，我不需要精确的体重数据就知道他是个胖子。如果你根据中石油年报上的数字还做不了决定，那你就应该看另一家公司了。

——沃伦·巴菲特

【巴菲特读年报的关注点】

巴菲特认为，投资者在阅读上市公司财务年报时，虽然不能过于迷信财务数据，但也不能全盘否定财务数据的作用。虽然会计造假行为不少见，但出现在公司财务报表上的数据终究是由该公司实际业绩决定的，凭空捏造的情形不会太多。

在2008年5月举行的伯克希尔公司股东大会上，有股东问巴菲特，大多数职业投资者在阅读一家上市公司的财务年报时需要做更多的研究，这样才能决定是否投资其股票，为什么他仅仅读了中石油公司的财务年报，就能做出投资决定？他究竟从这份年报中看到了什么？

巴菲特回答说，他最早是在2002年春天读到中石油公司的财务年报的，他做投资决策时确实没有征求过任何人的意见。看了中石油公司财务年报后，他认为，中石油公司的内在价值应该为1000亿美元，可是当时它的股票市值却只有350亿美元，由此他断定该股票在当时非常具有投资价值。

他进一步解释说，他做事情不喜欢精确到小数点3位以后。意思是说，虽然他不能确定中石油公司财务年报上的数据是否完全可靠，但基本上能确定该股票的价值区间。就好比说某个人的体重在300~350磅[1]，巴菲特不需要知道这个人精

1　1磅＝453.59237克＝0.45359237千克。体重300~350磅，相当于136~159千克，确实够胖的了。

确的体重数据，就可以判定他是个胖子。如果你看了中石油公司财务年报上的数据，还不能得到这样的结论，那么你就应该去读另一家上市公司的财务年报了。

这时候坐在一旁的查理·芒格补充说，伯克希尔公司用于研究的费用投入比美国所有机构都要低。据他所知，有的机构每年用在这方面的会计费用高达2亿美元；而伯克希尔公司管理层更像工程师那样思考，他们需要的不是如何精确，而是考虑自己的投资有多大的安全系数，所以他们据此做出的投资决策，获利才会更可靠。

提到巴菲特投资中石油公司H股，这实际上是他第一次购买中国概念股，所以在操作手法上，他并没有完全采取买入后就长期持有的做法。巴菲特为什么会如此“一反常态”呢？实际上，这也是他在阅读中石油公司财务年报后做出的决策。

巴菲特在当年股东大会上介绍说，他抛售中石油公司股票的时候，全球原油价格已经上涨到每桶70多美元，这就意味着该公司的市场价值已经上升到了2750亿美元，并且该公司股票还一度成为全球股市中市值最高的股票。在巴菲特看来，这个价格已经超越同行很多，“没有投资价值”了。

从巴菲特投资中石油公司股票的经历中可以看出，财务年报上的数据具有一定的参考价值。这和国内有些投资者认为上市公司年报都是假的，所以没必要关注的观点截然相反。

确实，中国的股市目前还很不规范。一方面，过于专业的财务年报普通投资者看不懂，无法对公司基本面进行分析；另一方面，也是更重要的，财务年报数据可信度差。典型的是，2010年第一批登上创业板的公司之一——金亚科技公司，其披露的财务年报数据是，2009—2014年6年间，该公司所属母公司的净利润之和——5945万元。而该公司在管理层监督下的自查结果却是，虚增利润之和高达31433万元，该公司实际上处于严重的资不抵债的状态。

这一现象既有国情问题，也有行业问题。金亚科技公司的年报数据无论真假，巴菲特都不会看，因为他坦言，这样的高科技企业他“看不懂”。所以，投资者除了要重视阅读财务年报之外，还要注意拟投资行业不要超出自己的能力圈范围。

从道理上讲，财务数据确实存在着很大的调节空间，不少上市公司也确实会虚构数据，但如果投资者由此全盘否定财务年报的作用，这种观点就是不正确的。更不用说，财务造假是个全球性难题，很难有财务年报能够100% 地反映客观现实。

在这种背景下，投资者不妨学一学巴菲特阅读中石油公司年报时所采取的经验，那就是具体算一算拟投资公司的内在价值和市场价值之间究竟有多大的空间，然后打个折扣。

这里的折扣就叫“安全边际”，通俗地说叫“留有余地”。当然，究竟给所投资对象的财务数据打多少折扣，给投资获利回报率留下多大的安全边际，每一位投资者可能都有所不同。

有人采用巴菲特的方法，对中国A股市场上的所有股票都进行了分析，发现在2001年12月31日—2006年9月29日，中国A股市场除权后的股票价格平均下跌了14%，其中一半以上的股票，价格下跌幅度超过34%。与此同时，也有76只股票，其价格上涨幅度超过80%。而这76只股票2005年的净利润要比2001年平均增长405%。这表明，这些表现出色的股票，其经营业绩同样相当出色。在整个A股市场中，2005年净利润比2001年增长80% 以上的股票有314只。这些股票在此期间的价格平均上涨了24%，同样明显优于中国整个股市大盘的表现。

或许这就能很好地证明，巴菲特在阅读财务年报时所采取的这种分析方法是有事实依据的，在中国同样也适用。

【巴菲特读年报心得】

巴菲特认为，虽然财务数据造假在上市公司中比较普遍，但投资者不能因此就全盘否定财务年报的作用，“不能一棍子把人打死”。归根到底，财务数据的基本来源是公司业绩。对于投资者来说，更重要的是，在分析财务数据时要留有适当的余地。

浮存金在伯克希尔公司的地位

真正令我们感到兴奋的是我们对保险事业的营运。GEICO 正处于爆炸性的成长阶段，而且这种情况预期还会继续维持下去。在进一步说明之前，让我们先解释一下何谓“浮存金”，以及如何来衡量它的取得成本。因为除非你对这个课题有所了解，否则你根本就不可能有办法对伯克希尔公司的实际价值做出合理判断。

——沃伦·巴菲特

【巴菲特读年报的关注点】

巴菲特认为，投资者在阅读上市公司的财务年报时有必要关注该公司在业务经营方面有什么特别的地方。不同行业、不同企业都会有一些独特的经营优势，从这些方面入手，投资者会比较容易了解该行业、该企业。

巴菲特在伯克希尔公司1997年年报致股东的一封信中说，真正令他感到兴奋的是伯克希尔公司的保险业务。具体地说就是，当时的政府雇员保险公司正处于爆炸性的成长阶段，而且这种情况预期还会继续维持下去。而要了解政府雇员保险公司，就必须首先搞清楚什么是保险浮存金以及怎样衡量它的取得成本。因为除非你对保险浮存金有所了解，否则，你根本就不可能有办法对伯克希尔公司的内在价值做出合理的判断。

在这里，巴菲特把“保险浮存金”的概念和特点，提高到了以此正确判断政府雇员保险公司以及伯克希尔公司内在价值的高度。也就是说，如果你要阅读伯克希尔公司的财务年报，就必须首先了解该公司的主营业务——保险业务。而要了解保险业务，就必须首先了解保险浮存金的特点以及它在业务经营中所起的作用。

更不用说，伯克希尔公司开展保险业务所取得的浮存金，有相当一部分要上交给公司总部。具体地说就是，这部分浮存金要供巴菲特进行再投资。因此，巴菲特才如此强调保险浮存金的作用。

巴菲特介绍说，在保险公司的营运中，通常要先向客户收取保费，然后等到需要承担保险损失时再进行理赔。在此期间，这笔保费就可以供保险公司无偿使用，保险公司当然也可以将其用于其他投资领域。

如果收取的保费在最后理赔时不足以支付相关损失和费用，就构成了浮存金成本。从长期来看，保险浮存金的成本如果能低于从其他渠道取得资金的成本，就是有利可图的；相反，如果保险浮存金的成本长期高于从其他渠道取得资金的成本，或者简单地说，保险浮存金的成本高于银行贷款利率，保险浮存金就没有多大的意义了。

从这一点上看，保险浮存金的性质，就是保险公司暂时持有，却暂时不属于保险公司的资金。从会计核算角度讲，保险浮存金有点类似于“应付货款”“其他应付款”“应缴税金”“暂存款”等。

不过这样一来，就有一点要注意了：由于保险浮存金将来要用于实际发生损失时的理赔，而将来究竟需要将多少浮存金用于实际理赔，只能依靠估计，这样就给保险公司在评估浮存金成本时留下了相当大的伸缩空间，估多估少外人不得而知。一般来说，这种估计存在合理的误差是正常的，但上市公司有时候往往会故意夸大这种误差，从而达到调节利润的目的。

那么，投资者怎样才能识别所投公司有没有利用这种误差调节利润呢？这主要就得靠经验了。对于在这方面缺少经验的投资者来说，主要应该看所投公司财务年报中所提取的损失准备金比例是否合理。与此同时，还有一条经验是，因为上市公司的财务年报都必须通过会计师事务所的审查，所以投资者要特别留心其会计师事务所有没有出具什么特别的声明。

巴菲特的经验是，从会计师事务所针对一个公司财务年报所做的文字说明中往往能看出一些问题来。伯克希尔公司对此的做法是，宁可保守一些，在财务年报上反映的经营业绩差一些，也要将这种文字说明减少到最低程度。

例如，由于当时伯克希尔公司的保险业务已经连续6年赢利，浮存金数额相当大（2008年的浮存金是585亿美元），所以反映在伯克希尔公司2008年财务年报上的浮存金，是把所有的损失准备、损失费用调整准备、未赚取保费汇总以后，再扣除应付佣金、预付并购成本、相关再保险递延费用后，作为保费收入总额计列的。

这是什么意思呢？这就是说，伯克希尔公司对保险浮存金的核算是保守的，2008年该公司至少有585亿美元的浮存金可以供巴菲特用于并购企业和其他再投资。与此同时，由于伯克希尔公司的保险业务是赢利的，所以这些浮存金的成本低于零。换句话说，哪怕仅仅是将这些资金存在银行里，伯克希尔公司也已经在赢利了。

巴菲特在伯克希尔公司2000年年报致股东的一封信中就提到，伯克希尔公司最大的主营业务是保险，所以，你如果想要了解伯克希尔公司，就首先必须知道如何去评估一家保险公司。而评估一家保险公司最关键的因素有3个：一是这家企业能够产生多少浮存金；二是取得这些浮存金的成本是多少；三是最重要的，要从长期来看浮存金的变化趋势。

就伯克希尔公司来说，巴菲特认为，从长期来看，伯克希尔公司以后的浮存金成本都可以压得很低。但由于必须负担保险业务中可能出现的追溯再保险每年提列的费用，所以巴菲特不一定能保证每年的浮存金成本都低于零。

当然，浮存金对伯克希尔公司的作用，除了取得成本低外，更重要的还在于，伯克希尔公司使用这些浮存金进行再投资所得到的效益。如果再投资得到了利润，甚至获利很高，那么再加上浮存金的低成本优势，伯克希尔公司的整体业绩就会非常优秀；如果再投资获利不多，甚至还亏本，那么，这不但会抵消浮存金的低成本优势，甚至还会使整个伯克希尔公司发生亏损。

【巴菲特读年报心得】

巴菲特认为，由于伯克希尔公司的主要业务是保险，所以如果你不了解保险业务，尤其是保险浮存金的特点和取得成本，就很难真正了解伯克希尔公司，也就更谈不上对伯克希尔公司的内在价值做正确评估了。

关注点 4

会计准则变动造成的影响

会计报表的汇总差异

> 下表显示了伯克希尔公司账列盈余的主要来源。在这张表中，“商誉”的摊销数与购买法会计调整数会从个别被投资公司中分离出来，单独加总列示。之所以这样做，是为了让旗下各事业的盈余状况不因我们的投资而受到影响。过去我一再强调，我们认为这样的表达方式，较之一般公认会计原则要求以个别企业基础做调整，不管是对投资者还是管理者来说，都更有帮助。当然，最后损益加总的数字仍然会与经会计师查核的数字一致。
>
> ——沃伦·巴菲特

【巴菲特读年报的关注点】

巴菲特认为，投资者在阅读上市公司财务年报时要关注会计报表的汇总方式及其差异。因为一家上市公司通常会包括许多子公司，从而需要进行报表汇总。而报表汇总的方式多种多样，虽然它们都不违反会计准则，可是其背后会造成许多令人难以察觉的差异。

单独列示。这样做的目的，是为了让伯克希尔公司旗下各子公司的经营业绩不会因为总公司的投资而受到影响。

巴菲特说，过去他一直认为，这样的表达方式和一般公认会计准则要求的以个别企业为基础进行调整相比，无论对公司股东还是对公司管理层都会有帮助。当然，经过这样的部门、项目调整后，最终汇总的数据仍然应该和经过会计师事务所审核后的数据相一致。

那么，巴菲特在自作主张进行的会计报表汇总中又做了哪些变动呢？他说，为了帮助公司投资者（股东）更好地计算伯克希尔公司的内在价值，他和查理·芒格把伯克希尔公司的几十个子公司的业务划分为四大类，并且据此重新编制了资产负债表和损益表。

这四大类别分别是：一是保险业，这是根据各子公司的保险业务项目重新归类的；二是制造、出版、零售业，这是在扣除了非本业资产的基础上，根据购买法进行的会计调整；三是金融业子公司，例如联合储贷公司、斯科特·费策公司的财务公司等；四是其他业务，如前面所述三大类别中的非营业资产，如有价证券投资等，以及伯克希尔公司控股的韦斯科金融公司、伯克希尔总公司的一些资产和负债等。

正如巴菲特前面所说，经过这样的整理划分后，投资者在伯克希尔公司财务年报中看到的具体数据可能会变得“面目全非”。他承认，这种调整和表达并没有经过会计师事务所的同意，好在最终汇总结果，包括利润总额、净利润等，都与经过会计师事务所审核后的数据相一致。

巴菲特特别指出，这种公司内部的会计报表汇总差异，并不包括根据会计准则的规定，伯克希尔公司不能汇总在内的其他投资收益（这个数额相当大，关于这一点，本书以下篇章中会有详细讨论）。

巴菲特的意思是说，投资者在阅读伯克希尔公司财务年报时，应当把这部分投资收益也计算在内，虽然这部分投资收益并没有出现在伯克希尔公司的财务年报上（按照会计准则的规定不能这样做）。

这就涉及了巴菲特第一次在伯克希尔公司1990年年报致股东的一封信中提到的“透视盈余”概念。

他说，透视盈余应当由3部分组成。以伯克希尔公司的透视盈余为例，这3部分是：一、反映在伯克希尔公司财务年报上的账面利润；二、加上保留在伯克希尔公司被投资公司账面上的保留利润；三、扣除这些保留利润分配给伯克希尔公司时，伯克希尔公司应该缴纳的所得税。

巴菲特认为，投资者在阅读财务年报时关注的利润应该就是透视盈余，这是上市公司内在价值增长的基础。他对伯克希尔公司的期望是每年的透视盈余增长率为15%以上。而从1965年到1991年，伯克希尔公司的透视盈余增长率与其账面利润增长率相一致，年平均增长率达到23%，巴菲特对此感到满意。

巴菲特在伯克希尔公司1991年年报致股东的一封信中说，遗憾的是，伯克希尔公司1991年的透视盈余不但没有增加，反而还减少了14%。这是为什么呢？他解释说，原因之一就在于透视盈余的核算方法发生了改变，从而导致账面“收入”减少了。

原来，1991年4月1日，吉列公司的特别股被要求转为普通股。这样一来，1990年吉列公司特别股的税后利润达4500万美元。可是1991年，该公司第一季度的利润分配加上后3个季度的普通股透视盈余，税后利润就大大减少了。

1991年，伯克希尔公司在计算透视盈余时，同样采取了分类整理，然后汇总的方法。巴菲特相信，投资者（股东）会通过研究这种会计报表合并方法而从中受益。

因为在这一过程中，投资者（股东）会了解到其中的个别投资组合应该分配到的真正的利润合计数。再说了，所有投资者（股东）的目标，不就是要建立一项投资组合，并使其透视盈余在从现在开始的10年内达到收益最大化吗？

巴菲特相信，采用这种汇总方式会迫使投资者（股东）考虑所投公司的长期利益，而不是短期股价表现，从而提高该公司的投资业绩。不可否认，从长期来看，公司投资业绩的改善仍然要建立在股价表现的基础之上；但同样不可否认的是，股价表现最终如何，依然取决于该公司未来的获利能力。

【巴菲特读年报心得】

巴菲特认为，投资者在阅读上市公司财务年报时要关注该公司的会计报表是否进行了某种整理和汇总。如果是，就要研究它采取的是哪种汇总方法以及具有什么特点。上市公司一般来说都有许多子公司，所以进行报表汇总是必需的。

会计准则变动导致业绩悬殊

1993年，另外一个会计原则的变动影响的，则是我们账上持有的这些有价证券的价值。近几年来，我们保险公司所持有的不管是普通股还是约当普通股，都是按市价计算；至于母公司或其他非保险业子公司所持有的股票，则以成本与市价孰低法计算。现在一般公认会计原则将其改成全部按市价计算。这个规定将从1993年的第四季度开始实施，此举将使得伯克希尔的净值增加1.72亿美元。

——沃伦·巴菲特

【巴菲特读年报的关注点】

巴菲特认为，投资者在阅读上市公司财务年报时有必要关注当前年度内会计准则有没有发生变动。因为会计准则的改变，必然会导致会计核算方法发生变动；而会计核算方法的改变，又会直接导致该公司经营业绩发生改变，有时候这种变动数额还会非常大。

巴菲特在伯克希尔公司1993年年报致股东的一封信中说，1993年伯克希尔公司的净值增加了15亿美元。从会计角度看，这项业绩是受两个正面因素和两个负面因素综合影响的结果。

巴菲特在这里所说的“正面影响因素”，是指当年伯克希尔公司账面上的有价证券价值因为会计准则的变动增值了。他说，近几年来伯克希尔公司保险业务所持有的普通股和类普通股都是按市场价核算的；而伯克希尔公司本部以及伯克希尔公司旗下子公司中的非保险业务所持有的股票，则是按照成本价与市场价孰低法计算的。根据会计准则规定，从1993年第四季度开始，上面这些股票全部要按照市场价计算，这样一来，就使得伯克希尔公司的经营业绩“凭空”增加了1.72亿美元。

巴菲特在伯克希尔公司1990年年报致股东的一封信中增加了一份附录，里面刊载了一篇本杰明·格雷厄姆1936年年末所写的讽刺文章。格雷厄姆在文章中挖苦说，全球最大的制造企业美国钢铁公司进行了一项全面的更新计划，在制造、销售政策都没有变动的情况下，仅仅通过对会计账务处理进行大幅度调整，就大大提高了其获利能力。该公司业绩表现非常不好的1935年，在采用新会计制度的情况下，居然取得了每股盈余50美元的好成绩。

巴菲特在伯克希尔公司1992年年报致股东的一封信中说，1993年1月1日美国开始实行一项新的会计准则规定——所有企业都必须把应该计算的退休金负债列入账内。虽然在此之前一般公认会计准则也规定，企业必须首先列支未来必须支付的退休金，可是这一会计准则却忽略了企业未来必须承受的健康保险负担。而新会计准则规定则会使公司在资产负债表上列出一大笔负债。这一大笔负债的提列，一方面会大大减少当年公司净利润，另一方面也会使公司在以后年度同样需要列支这笔成本，而相应减少利润。

所以巴菲特说，他和查理·芒格今后在进行企业并购时，会尽量避开那些具有高额退休金负债的投资对象。不过他语调轻松地说，伯克希尔公司目前（1992年）虽然拥有2.2万名员工，可是在退休金发放方面的问题“还不严重”。其实，岂止是“不严重”？实际上当时伯克希尔公司的效益好得很。别忘了，巴菲特第一次登上全球首富宝座就是在1993年，而从此以后的每一年，他都位居全球富豪排行榜前3位。

不过，巴菲特当时特别指出这一点，实际上是有话想说的。要知道，他在1982年差点犯下一个错误。那时候他曾有意买下一家公司，而该公司就有沉重的退休金负债。所幸的是，后来由于某项不可控因素的出现，这项收购被取消了。巴菲特亲眼看到，另外一家企业买下这家公司后，没过多久就倒闭了，该公司几千名员工的大笔退休金承诺全部无法兑现。

巴菲特深有感触地说，这种由会计准则变动所引起的对业绩的影响，恐怕没有一家公司总裁会想得到。他说，甚至最近几十年来都没有一家公司总裁会想到这一点。有一天他必须向董事会提出这种没有上限的退休金计划。因为谁都知道，人的预期寿命越来越长，由此带来的退休金费用支出很可能会把一家公司给拖垮。但即使如此，许多公司总裁还是必须闭着眼睛这样做，这种做法甚至最终会导致投资者（股东）的投入血本无归。

容易看出，当时的美国企业还没有实行企业退休员工养老金社会统筹办法，每个企业的退休金支出都是由其自行负担的。当然，当时的中国企业也是如此。而现在，企业员工的退休金已经实现社会统筹。这样，每个企业虽然仍然会有一笔养老金统筹费用支出，但这笔支出都是按规定比例交纳的，也就不存在企业无法负担养老金支出的情形了。

所以巴菲特说，在他看来，没有上限的高额退休金就是没有上限的企业负债，严重的话会危及一些美国大企业在全球的竞争力。而之所以会出现这样的情形，原因之一就在于，会计准则并没有要求企业把这种潜在的退休金负债反映在会计账面上；相反，会计准则却允许企业采用现金基础制，这就大大低估了这种负债的严重性。

巴菲特的意思是说，这样的会计准则是有问题的。问题主要是它没有规定企业要把这种退休金负债按比例预提出来，而是允许企业按实际发生额现收现付（这就是巴菲特所说的“现金基础制”）。这样，就会在不同企业之间造成退休金负债方面巨大的苦乐不均——毫无疑问，一些退休员工比例较大的老企业，在这方面的负担就很重；相反，那些历史不长的新企业，它们根本就没有退休员工，在这方面的负担就很轻，甚至根本就没有。

【巴菲特读年报心得】

巴菲特认为，投资者在阅读上市公司财务年报时要关注同期会计准则有没有发生改变。因为会计准则的变化很可能会直接调节一个公司当年和今后年度的经营业绩，而且调节幅度还可能会很大。因此，投资者如果能懂一些会计知识就更好了。

会计准则变动影响税务负担

> 第一个负面因素是由一般公认会计原则变动所造成的，主要与账上依照市价计算的未实现增值利益所估列的所得税有关。原来一般公认会计原则规定税率必须按照股票涨价所发生的时点来计算。因此，在 1992 年年底，我们的未实现利益有 64 亿美元系按照 34% 计算，其余 12 亿美元则按 28% 计算；而新的规定则改成全部依照现行税率计算，故 1993 年第一季度所适用的税率则为 34%，包含 1987 年以前的未实现利得在内全部适用，此举将使得我们的净值减少 7000 万美元。
>
> ——沃伦 · 巴菲特

【巴菲特读年报的关注点】

巴菲特认为，投资者在阅读上市公司财务年报时有必要关注当年计税依据和税率是否发生了变化。毫无疑问，计税依据和税率的变化，必将导致经营业绩发生改变。了解这一变化，会帮助投资者了解该企业实际经营和长期业绩的变化轨迹。

巴菲特在伯克希尔公司1993年年报致股东的一封信中说，原来规定必须按照股价上涨的时点来计算税率，所以1992年年末伯克希尔公司76亿美元的未实现利润中，有64亿美元需要按照34% 的所得税税率计算，其余的12亿美元则按照28% 的所得税税率计算。

1993年，美国开始实行新的会计准则规定。依照新会计准则规定，企业全部未实现利润都要按照现行税率来计算。这样，1993年第一季度伯克希尔公司的适用税率就变成了34%，其中包括1987年以前的未实现利润在内。这样一来，当年伯克希尔公司的净利润就减少了7000万美元。

与此同时，从1993年开始，税率提高到了35%。这样，就账面上的未实现利润，企业就必须比原来多提1% 的税负。这一税率变动导致伯克希尔公司的净利润又减少了7500万美元。

需要指出的是，一般公认会计准则都要求把这两项（即计税依据和税率）变动列入损益表。可是要知道，这些未实现利润因为还没有交易变现，所以根本就没有被计算在利润之中，因此这些未实现利润过去都是直接增加股票净值的。

巴菲特的意思是说，这项会计准则在未实现利润因为税率发生改变而直接调节利润方面有点说不通——未实现利润原来并没有被计算在利润之内，而现在却要直接增减利润，这不是有些滑稽吗？

应该说，巴菲特的这一质疑是有道理的。同样的情形还往往发生在资产折旧、变现中，这也是需要投资者注意的。例如，有些企业当经营状况不好时，就会变卖固定资产，把变卖收入充作利润，就是如此。

巴菲特说，由于会计准则的变动，伯克希尔公司在计算递延所得税时需要在其他地方进行修正。今后只要税率发生变动，伯克希尔公司的递延所得税负债和净值就都需要立刻调整，这个数额是很大的。不过更重要的是，伯克希尔公司更关注投资对象今后在出售证券、实现增值利益时所适用的税率是多少。因为对伯克希尔公司这样的长期投资者来说，今后的税率还可能会调整，并不一定是现在这个样子。

除了股票交易情形，由于伯克希尔公司还有大量的企业并购案，所以围绕企业并购所发生的会计准则及税率变动，对伯克希尔公司税务负担和业绩所造成的影响或许更大。

巴菲特在伯克希尔公司2005年年报致股东的一封信中说，宝洁公司和吉列公司的并购案在2005年第四季度结束了，随之而来的是按会计准则规定，伯克希尔公司必须在账面上提列50亿美元的税前收益。从经济角度看，美国公认会计准则规定的这种会计分录没有任何意义。

所以他提醒投资者（股东）注意，在阅读伯克希尔公司2005年财务年报时，实际上要从当年经营业绩中扣除这50亿美元的收入。他的理由是，在这两家公司合并之前，伯克希尔公司从来就没有打算卖出吉列公司的股票；而在这两家公司合并之后，伯克希尔公司也没有打算卖出宝洁公司的股票。换句话说，这次合并不会导致伯克希尔公司缴纳任何税费，所以这种提列“多此一举”。

巴菲特回顾说，在资产配置过程中，无论怎样夸大公司首席执行官的作用都不为过。他说，在2001年吉姆 · 基尔茨进入吉列公司之前，该公司犯了一个严重的错误——它在收购金霸王电池公司时，让股东们多支付了几十亿美元的代价，要命的是，这些代价在传统的会计核算报表上根本就没有任何反映。

巴菲特的意思是说，投资者在阅读上市公司财务年报时根本就看不到原来该公司还有这样的巨额损失。而在公司管理层和投资银行家讨论企业并购问题时，这项巨额损失也总会被“忽略”。所以，如果投资者不去仔细推敲财务报表，很可能会对这些损失一无所知，被永远蒙在鼓里。

除此以外，伯克希尔公司也可能会从会计准则规定的变动中受益。

巴菲特在伯克希尔公司1989年年报致股东的一封信中提到，伯克希尔公司除了财务年报上的利润外，实际上根据会计准则的规定还会有一大部分利润没有反映在财务年报上。

例如，当年伯克希尔公司从5家主要投资对象身上收到的税后股利现金是0.45亿美元；而实际上，如果按照投资比例计算，伯克希尔公司可以从它们身上收到2.12亿美元的税后现金，这还不包括它在政府雇员保险公司、可口可乐公司身上应该得到的利润。

【巴菲特读年报心得】

巴菲特认为，投资者在阅读上市公司财务年报时有必要关注该公司当年税务负担是否发生了变化。纳税额和经营业绩（包括躺在被投资对象账面上的经营业绩）之间会此消彼长。会计准则的变动和税率调整，会直接影响企业当前和以后的业绩。

扣除认股权因素的影响

> 事实上，会计原则给予公司经理人一个相当大的弹性空间。你若以这种形式给予员工报酬，就必须计入成本；但你若以另一种形式给予员工报酬，就不必计入成本，这也难怪员工认股权已经到了过度泛滥的地步。如果企业一面倒地采用认股权这种方式，就会使公司的股东权益大大受损。虽然我承认，认股权若能够好好地加以规划，有时候是可以成为一种提供补偿、激励高级经理人的好方法。只是大部分时候，这些企业过于慷慨，这样就会严重损及原有股东利益。这时候，认股权并不适合作为一种好的激励工具。
>
> ——沃伦·巴菲特

【巴菲特读年报的关注点】

巴菲特认为，投资者在阅读上市公司财务年报时有必要关注该公司在认股权方面是怎样规定的。在他看来，经营管理层的认股权措施有可能会严重损害原有股东的利益。所以作为投资者的股东来说，很有必要关注这个问题。

巴菲特在伯克希尔公司1998年年报致股东的一封信中说，事实上，会计准则给了公司经理人一个相当大的弹性空间。那就是，如果你以某种形式给员工劳动报酬，就必须计入成本；而以另一种形式给员工劳动报酬，就不需要计入成本，这就难怪员工的认股权已经到了过度泛滥的地步。不用说，如果这些措施采用不当，就会一面倒地使公司股东的权益大大受损。

所以巴菲特认为，认股权这种工具如果能好好加以规划、利用，确实可以成为一种补偿措施，同时也能激励高级管理层。只是在大多数时候，公司管理层都过于大方，这样就会严重损害原有股东的利益。这时候认股权就不再适合作为一种好的激励工具了。

容易看出，在巴菲特眼里，认股权是一把双刃剑，运用得好，能起到积极作用；运用得不好，反而会损害股东利益。正因如此，投资者（股东）必须关注所投公司有没有采用认股权措施以及是如何采用的。

巴菲特在伯克希尔公司1998年年报致股东的一封信中说，1997年伯克希尔公司对通用再保险公司的并购案，其实就反映了会计准则中一直以来存在的一个重大瑕疵。眼尖的股东在阅读两个公司合并后的相关文件时会发现其中有一些不寻常的项目，例如其中一项有关薪资酬劳费用的数据，就因为两个公司合并而增加了6300万美元。

这是为什么呢？巴菲特说，这并不是因为通用再保险公司的会计政策有什么问题，因为该公司过去也一直是严格按照会计准则来办事的。真正的原因在于，伯克希尔公司在并购通用再保险公司时，要求通用再保险公司把原来发给员工的认股权全部以现金加以取代。这样，在此以前，通用再保险公司经营管理层的自身权益是和公司股票紧密挂钩的；而从此以后，他们报酬的高低则完全要看各部门的经营业绩了。

从这里容易看出，巴菲特的这一招非常高明。因为通用再保险公司在被并购以前，其员工领到的奖励是认股权。这种情况下，该公司股价上涨幅度越大，这些员工所得到的实际报酬就越多。而现在巴菲特取消了这一做法，改发现金，就割断了该公司员工，尤其是公司管理层的权益和该公司股价涨跌之间的联系，增强了他们与该公司经营业绩之间的关系。公司业绩好，他们得到的现金奖励就多；公司业绩差，甚至连薪资都发不出来了，他们还怎么可能得到奖金呢？当然，从总体上看，采用这两种方式，公司员工所得到的报酬基本上是相同的。

不过，是否采用认股权作为激励工具，虽然大抵不会影响公司员工的报酬水平，可是根据会计准则的规定，这一改变对公司业绩的影响程度却不一样。例如，会计准则规定，在计算公司业绩时，基本上是忽略认股权成本的。虽然这种认股权成本已经成为公司庞大的负担，可是只要这种认股权没有加以兑现，就不会构成实际的成本支出。而现在巴菲特把认股权奖励改成现金奖励就不同了，一旦企业向员工发放现金奖励，就必须马上将其列入成本，这样会减少公司盈利在账面上的反映。

应该说，上述做法历来如此，并没有人对其提出异议，它出现在会计准则中大家都觉得司空见惯。可是巴菲特认为，这样的会计准则实在“太离谱”了。他举例说，如果伯克希尔公司当年投入1.9亿美元，用在支付政府雇员保险公司的汽车保险广告上，支付的是现金，那么这笔支出马上就会被列入成本费用；可是如果当时支付的不是现金，而是等值的伯克希尔公司股票认股权，那么这笔支出就不用在成本费用中列支，让人感觉这项广告实际上“没有花一毛钱”。可是，难道它不应该反映在伯克希尔公司的会计账簿上吗？

应该说，巴菲特做的这个简单的比喻，让即使不具备基本会计知识的读者也能理解问题的关键所在。

巴菲特说，类似这种会计师没有发现的成本就可以代表不存在，他和查理·芒格实在难以接受。他一针见血地质问道：“如果认股权不算是一种报酬的话，那它又算是什么呢？如果企业给予员工的报酬不算是一种费用的话，那它又算是什么呢？如果费用不必列入损益表计算盈余的话，那么又应该把它们摆到哪里去呢？”

所以巴菲特说，伯克希尔公司在并购一家企业时，如果发现这家企业发行了认股权，首先就会把这家公司的获利能力向下调整。也就是说，投资者要在扣除了该公司对外发行的这些认股权的对价后，才能真正看到该公司具有多大的获利能力，以此来考核该公司的业绩。在并购这家企业后，投资者应该立刻把相应的成本反映在会计账簿上。而在这个过程中，发行给员工的认股权有时候会被没收并改成现金发放给员工。这样做的最终结果是，会把股东权益受损害的程度减少到最小。

【巴菲特读年报心得】

巴菲特认为，投资者在阅读上市公司财务年报时有必要关注该公司内部员工是不是拥有认股权。如果是，那么投资者在考察该公司业绩时就要剔除这一因素。有必要注意的是，公司对外公开发行的认股权除外，因为这两者是两个不同的概念。

有没有控股权大不一样

后附财务报表所反映的账面盈余，一般已将我们持股超过 20% 的股权投资依持股比例认列其损益；然而，低于 20% 的股权投资却只能认列实际收到的现金股利；至于未发放的盈余，则完全不列入计算。所以，我们比较认同将所有未分配盈余皆计入而不管持股比例的经济盈余概念。我们认为，一家公司所赚得的盈余，对股东的价值在于，公司是否将其运用于有效的用途之上，而非分配与否或是持股比例高低。

——沃伦 · 巴菲特

【巴菲特读年报的关注点】

巴菲特认为，投资者在阅读上市公司财务年报时有必要关注该公司对旗下众多子公司，哪些拥有控股权，哪些不拥有控股权。因为根据会计准则的规定，是否拥有控股权在会计核算和报表汇总方面的规定是不一样的，会直接影响到公司经营业绩，甚至影响程度还非常大，所以投资者不得不对此高度重视。

巴菲特在伯克希尔公司 1982 年年报致股东的一封信中说，当年伯克希尔公司财务年报中所反映的账面利润，根据会计准则规定，一般已经把伯克希尔公司持股超过 20% 的股权投资，按照持股比例列入了损益；而持股比例不到 20% 的股权投资，只包括实际收到的现金股利分红列入损益；其余没有发放的利润分配，则完全不列入损益。

巴菲特说，他个人对这种规定是不大认同的。他认为，无论伯克希尔公司持股比例是多少，所有未分配利润都应该全部纳入伯克希尔公司账簿进行核算，这就是“经济盈余”的概念。之所以这样说，是因为一家公司赚得的利润，对股东的价值不在于股东持股比例高低，也不在于此利润有没有被分配，而在于它能否被运用到更有效的投资项目上去。

就拿伯克希尔公司来说，投资者（股东）哪怕只拥有伯克希尔公司万分之一的股权（巴菲特的意思是说，这个比例远远不到20%的标准），由于伯克希尔公司在过去的十几年里一直没有进行过利润分配，所以这时候无论你采用什么样的会计准则来核算，你都能感受到该公司的利润是在实际增长的。同样的道理，如果你100%拥有某家资本密集型企业，即使你每年都能全部列收列支该公司损益，可是如果该公司并没有任何实质性的经营业绩，你照样一无所有。

巴菲特说，他这样说并非批评会计准则，事实上他也没有能力另外建立一套会计准则。他这样说的目的，仅仅是要告诉公司管理层和普通投资者，会计数据只是评价一个企业的起点，而不是终点。在大多数上市公司里，20%的股权比例可能并不是很大，所以这种由于会计准则硬性规定所造成的未分配利润是否全部纳入总公司损益表所带来的结果差异还不大。可是，对于伯克希尔公司这样更关心被投资公司重要性和成长性的企业来说，情况就不同了。

巴菲特说，上述20%的股权投资的硬性规定一般来说就是只将实际收到的现金股利分红列入损益，但也有少数例外。他举例说，当年伯克希尔公司持有政府雇员保险公司的股权比例高达35%（众所周知，伯克希尔公司是1995年完全控股政府雇员保险公司的），可是由于伯克希尔公司已经把这些投票权委托出去了，所以1982年伯克希尔公司仍然只能采用成本法列收实际收到的现金股利350万美元，另外2300万美元的未分配利润则不能反映在它的年报上。

请特别注意，这2300万美元绝对不是一个小数字，要知道，当年伯克希尔公司财务年报上的全年营业利润也才只有3100万美元！更不用说，当年伯克希尔公司不具有控股权的4个主要股权项目中，有一家雷诺兹烟草公司（R.J.Reynolds），仅仅这家公司应该分配却没有分配给伯克希尔公司的利润就超过4000万美元。而当年这4个主要股权投资项目分配给伯克希尔公司的现金，总额才1400万美元。

巴菲特说，当年政府雇员保险公司分配给伯克希尔公司的利润是350万美元，哪怕再多分配100万美元，伯克希尔公司年报上的经营业绩也会更好看些。可是这100万美元无论是反映在伯克希尔公司还是反映在政府雇员保险公司的年报上，对伯克希尔公司来说又有什么实质性区别呢？不用说，如果投资者（股东）仅仅阅读伯克希尔公司的财务年报，又对这种内在关系完全不了解，就会产生误判。

例如，伯克希尔公司1982年财务年报上反映的数据表明，期初该公司股东权益报酬率（依原始成本计算）为9.8%，比1979年的15.2%有较大幅度下滑，更不用说与1978年的19.4%最高点相比了。而实际上，这并不能完全说明伯克希尔公司的经营业绩在下跌，这其中就有控股权比例调整所导致的核算因素在内。

巴菲特分析说，伯克希尔公司1982年的经营业绩下降有三大原因，除了保险业务经营业绩大幅度下滑之外，还有两条原因：一是伯克希尔公司的股权资本大幅度扩张，然而伯克希尔公司拥有控股权的投资对象的业绩并没有同步增长，所以反映在伯克希尔公司财务年报上的这部分数据增长不快。二是伯克希尔公司这几年来的投资对象，主要是一些伯克希尔公司不具备控股权的项目。所以按照会计准则的规定，虽然这些项目都在获利，并且盈利还不少，但是只要不分配利润，这些业绩就不能反映在伯克希尔公司的账面上。换句话说，这些就好像是伯克希尔公司养在外面的“私生子”。

据此，巴菲特认为，衡量一家上市公司某年度经营绩效的最佳办法，应当包括将其投资对象的营业利润按股权资本比率分摊，然后进行适当调整。这是颇有见地的。

【巴菲特读年报心得】

巴菲特认为，投资者在阅读上市公司财务年报时有必要关注由于会计准则对控股权的规定暂时不能反映在该公司年报上的经营业绩，否则会得出失真的考察结论。俗话说，“树枝大于树身”，有时候，没有分配的利润数额说不定比账面上反映的利润数额更高。

关注注册会计师的保留意见

> 就像是我们先前讨论过的，近年来太多的经理人在公司的营运数字上动手脚，不管是会计账上还是营运统计皆是如此。这表面上虽然完全合法，但实际上会严重误导投资人。在通常情况下，会计师都相当清楚这些欺骗手法，但偏偏他们选择保持沉默。所以，审计委员会最主要的职责就是让会计师吐露他们所知道的事实。
>
> ——沃伦·巴菲特

【巴菲特读年报的关注点】

巴菲特认为，投资者在阅读上市公司财务年报时有必要关注注册会计师的保留意见。出现在财务年报上的数据究竟有没有水分，有多大的水分，负责这家上市公司审计的注册会计师实际上比较清楚，关键就看他们说不说了。注册会计师的保留意见，就是他们表达看法的地方。

巴菲特在伯克希尔公司2002年年报致股东的一封信中说，就像我们前面讨论过的那样，近年来有太多的公司管理层在财务数据上动手脚，无论是在会计账簿上还是在运营统计上都是这样。虽然根据会计准则，企业财务在具体核算时有一定的灵活性——从表面上看，这些做法完全合法，但实际上这样很容易误导投资者（股东）。在通常情况下，负责一家上市公司审计的注册会计师都相当清楚这些欺骗手段，但他们偏偏采取沉默的态度。所以，上市公司审计委员会最主要的职责，就是让这些注册会计师吐露出他们所知道的事实。

在这里，巴菲特是说给审计委员会成员听的，实际上对于投资者来说，他的这一说法同样具有可以借鉴的地方，那就是打听这些注册会计师究竟吐露了什么样的事实。而这些，可以在这些注册会计师的保留意见中加以了解。

巴菲特说，上市公司的审计委员会并没有能力进行财务数据稽核，但上市公司从外部聘请的注册会计师有能力做到这一点，他们有能力判断公司管理层提出的盈利报告是否真实可靠。既然这样，审计委员会在聘请注册会计师时，就必须考察他们是否有勇气冒犯公司管理层；并且明确告诉他们，如果不把自己所发现或怀疑的事实说出来，他们将来必须承担连带责任，其中包括必须附带大笔的金钱赔偿。

巴菲特说，遗憾的是，这些年来注册会计师的做法恰恰相反，他们往往把上市公司的首席执行官而不是董事、股东当作客户。因为他们很清楚，无论这家公司财务年报上的数据是否真实可信，只要该公司首席执行官和首席财务官能够支付他们的顾问费用，并且保证下一年还会继续聘用他们就行了。

巴菲特认为，审计委员会可以通过向注册会计师询问以下4个问题，并记录下来，向股东报告他们的回答来达到目的：一是如果由你们（注册会计师，下同）独立编制财务年报，结果会不会和现在的年报相同？如果不同，有哪些不同？二是你们是否收到了有关该公司财务经营状况的所有必要信息？三是如果你们是该公司首席执行官，你们是否认为该公司已经遵循了必要的内部稽核程序？如果没有，表现在哪里？原因是什么？四是你们是否知道公司管理层可能隐匿收入和挪用费用的任何行为？

无论如何，千万别低估了注册会计师在了解企业内幕方面的能力以及他们所做出的保留意见的重要性。当然，如果某注册会计师在这方面违背原则，为企业财务数据造假大开方便之门，又是另一回事了。全球注册会计师事务所中的金字招牌——安达信会计师事务所，最终轰然倒闭，就证明了一个简单道理——玩火必自焚。所以，投资者总体上还是应该相信注册会计师的意见，至少能从中借助专业力量帮助自己发现一些端倪。

提到这一点，巴菲特特别给阅读财务年报的投资者提出了以下3条建议：

一是要特别注意会计账务有问题的公司。如果一家上市企业迟迟不肯把认股权成本列为费用，或者把退休金、折旧提列得过于乐观，那么很可能表明该公司经营业绩不佳。更要命的是，如果出现这样的问题，很可能表明该公司存在一连串问题。用巴菲特的话来说就是，如果你在厨房里看到一只蟑螂，那厨房里就绝对不可能只有这一只蟑螂。

巴菲特在这里特别提到了折旧费用的提取。有的上市公司因为提取折旧并不会影响现金流出，所以对提取折旧态度比较轻率。巴菲特指出，这是非常错误的。提取折旧确实不影响现金流出，可是它在购置固定资产时就一次性支付掉了。就好像你一次性预付给某个员工10年的工资，在接下来的9年中，你都把他每年的工资费用当作不是现金支出一样。这在会计核算上，其实是一种预付费用的减项。

二是要特别注意财务年报附注中的叙述是否复杂难懂。如果该叙述复杂难懂，则通常表示注册会计师和公司管理层不愿意说清事实真相——“非不能也，是不为也”。换句话说，这能轻而易举地表明，该公司管理层不值得注册会计师信赖，当然也就不值得投资者（股东）信赖了。

三是要特别注意那些夸大未来业绩和成长性的企业。一方面，这是因为这些公司目前业绩不行，所以只能寄希望于“未来”；另一方面，是因为任何企业“未来”的发展都充满了不确定性，不可能像预测的那样一帆风顺、准确无误。

巴菲特一再强调，他和查理 · 芒格不要说不知道明年伯克希尔公司旗下的那些子公司能够赚多少钱了，他们甚至也不知道那些子公司下个季度能赚多少钱。正因如此，他们特别怀疑那些“善于预测”未来的人。要知道，一旦将来预测的目标达不到，他们就会去造假，以假数据来欺骗投资者。

【巴菲特读年报心得】

巴菲特认为，投资者在阅读上市公司财务年报时要特别关注报表附注。大多数投资者并不具备高深的会计知识，所以这时候就需要借助注册会计师的专业力量，来判断该公司财务年报的数据是否真实可靠，从而对其内在价值做出正确的判断。

会计准则变动的相关注释

更复杂的是许多管理阶层不把一般公认会计准则当作应该达到的标准，而是应该克服的阻碍，且大多数会计师也心甘情愿地给予协助。当客户问到“2 加 2 等于几”时，配合的会计师可能会回答：“那要看你想要多少。”即使是诚实且正直的管理阶层，有时也会超越一般公认会计准则，以使报表数字更符合他们认为应该有的表现。不管是让损益平滑一点，还是让某季度数据特别突出，这些都还是算正直的经营阶层经常运用的做账技巧。

——沃伦·巴菲特

【巴菲特读年报的关注点】

巴菲特认为，投资者在阅读上市公司财务年报时有必要关注对本年度会计准则是否发生变动的相关说明。道理很简单，会计准则的变动，会在核算方法、税务负担、经营业绩等方面影响财务年报的阅读和使用。

巴菲特在伯克希尔公司1988年年报致股东的一封信中说，在大多数情况下，简单的财务数据并不能说明什么问题。尤其是对伯克希尔公司这样由许多不同产业集团组成的大企业来说，一套简单的规则并不能有效地解释企业的实际经营。更不用说，许多经营管理层并不把一般公认会计准则当作是企业应该达到的标准，相反，他们却把会计准则看作是企业要克服的阻碍。

巴菲特接着说，大多数注册会计师会心甘情愿地在这方面给予公司管理层协助。比如当客户问注册会计师“2加2等于几”时，心领神会的注册会计师可能会这样回答：“那要看你想要多少。”即使那些诚实的公司管理层，有时候也会打破会计准则的规定，以便使出现在财务年报上的数据更符合他们的设想。无论是让利润增长或下降得缓慢一点，还是让某个季度的数据突出一点，这些都是经营管理层经常使用的做账技巧。

巴菲特的意思是说，在会计准则允许的范围内，一家公司这样做账已经算是好的了。

本书要告诉读者的是：根据会计准则规定，对同一会计事项可以有不同的处理方式，如对折旧率等有关比例的调整，就是如此。但会计准则规定，如果不是遇到公司重组等特殊情况，一年只能调整一次此类比例，并且必须在年初进行，国内外都是如此。这就意味着，有些上市公司在这方面的会计处理方法，每年都可能不一样。投资者（股东）只有明白了这一规定，才能更好地阅读、使用上市公司的财务年报。而要做到这一点，投资者可以从了解会计核算方法的变动说明开始。

巴菲特在伯克希尔公司1988年年报致股东的一封信中说，伯克希尔公司的财务核算从1988年开始有一项重要的会计准则变动，展望1990年，公司还将有一项会计准则变动。在经济状况没有改变的背景下，会计准则的变动必定会造成公司财务数据发生相应改变，所以投资者非常有必要花一番功夫讨论一下它的影响力。

不用说，巴菲特作为公司首席执行官必然知道这些变动以及会产生的结果，可是普通投资者却无力做到这一点。有鉴于此，投资者在阅读上市公司财务年报时就非常有必要关注一下有关会计准则是否有改变的补充说明，这是一条比较省力，又比较重要的途径。

巴菲特说，会计准则虽然有先天性缺陷，可是却不能将其废除。对于公司首席执行官来说，他们完全可以把公认会计准则当作对股东、债权人尽到告知义务的开始。如果上市公司只能提供财务年报，却没有附加有关经营分析所必需的关键信息，那么，部门经理人就会觉得使用这份报表有很多难处，公司股东也会觉得阅读这份报表有许多不便。

为什么这样说呢？巴菲特认为，财务报表使用者真正需要的信息，除了一般公认会计准则、非一般公认会计准则外，还有这样3个问题：一是这家公司的内在价值是多少？二是这家公司将来实现目标的可能性有多大？三是在现有条件下，该公司经营管理层的表现如何？

不用说，如果缺少对会计准则变动的了解，投资者在这方面的判断力就会大打折扣，甚至会误入歧途。

巴菲特以伯克希尔公司为例对此加以说明。他说，1988年一般公认会计准则发生重大转变前，互助储贷公司和斯科特・费策公司只要把各项指标按照投资比例显示在与伯克希尔公司合并后伯克希尔公司的资产负债表上就行了；而现在，它们需要把其资产、负债、收入、费用全部合并后显示在伯克希尔公司的财务年报上。可是这样一来，对于企业形态非常复杂的伯克希尔公司来说，就什么问题也说明不了了。至少，对投资者了解上述3个问题，是一点帮助也没有的。

怎么办呢？财务年报既要符合公认会计准则规定，又要便于企业内部管理分析，所以，伯克希尔公司只好另外制作了一份财务年报，在公司内部进行部门分类。与此同时，伯克希尔公司在财务年报中公布了更多的补充信息，来帮助投资者衡量伯克希尔公司的内在价值，考察伯克希尔公司管理层的具体表现，以及伯克希尔公司把责任转移给债权人的能力。

巴菲特特别强调，可以请大家放心的是，无论投资者阅读伯克希尔公司的哪一份财务年报，它们一定都符合公认会计准则。只不过，为了避免把更多数字混在一起，从而不利于数据分析，伯克希尔公司才会根据业务性质，而不是公司名称汇总财务数据。

巴菲特预言，只要投资者，包括那些专业投资机构迷信公司业绩会稳定地向上攀升，那么他就可以100%地确定，一定会有公司管理层及其拥护者不顾现实，继续滥用会计准则来满足投资者所好。这是多年来会计造假的原因之一。

【巴菲特读年报心得】

巴菲特认为，投资者在阅读上市公司财务年报时要关注对当年会计准则变动所做的附加说明，这会有助于投资者了解当年会计核算方法变动所带来的各种影响，有助于投资者准确判断企业的内在价值，考察企业管理层的业务能力和真实业绩。

看财务年报叙述是否坦诚

就像我去年曾经提到的，我希望我们的透视盈余每年都能够成长15%。1990年我们确实大幅超越了这个比率，但1991年的结果差很多。我们在吉列公司的可转换特别股投资已经被赎回，我们将在4月1日把它们转为普通股投资。虽然这将会使我们每年的账面盈余减少3500万，透视盈余也会跟着减少，另外我们在媒体事业方面的直接与透视盈余也可能下滑，但不论如何，我们每年还是会向大家报告透视盈余的计算结果。

——沃伦·巴菲特

【巴菲特读年报的关注点】

巴菲特认为，投资者在阅读上市公司财务年报时有必要关注该年报的文字叙述是否坦诚。财务年报就像人说话一样，语气平和，语调坚定，能够在一定程度上反映其所说内容真实可信；相反，一个人说话结结巴巴、赌誓发咒，则多少表明他所说的可信度较低。

巴菲特在伯克希尔公司1990年年报致股东的一封信中说，他希望伯克希尔公司每年的透视盈余都能达到15%以上，1990年的透视盈余确实大幅度超过了这个比率，可是1991年却差了许多。究其原因在于，伯克希尔公司在吉列公司投资的可转换特别股已经被赎回，转成了普通股。这样，伯克希尔公司每年账面上的利润就会减少3500万美元，透视盈余也会跟着减少。除此以外，伯克希尔公司在媒体业务方面的直接与透视盈余也有下滑。不过无论如何，巴菲特每年都会向股东报告伯克希尔公司透视盈余的计算结果。

关于“透视盈余”概念，本书前面已有介绍。在这里读者看到的是，巴菲特并不是那种有了成绩就高声宣扬、业绩下滑了就闭口不谈的人。他每年对伯克希尔公司财务年报的叙述都非常坦诚，也非常实事求是，这在上市公司中是很罕见的。

巴菲特为什么能做到这一点呢？原因有两个：首先是因为他这个人非常实在，在叙述业绩时不但不评功摆好，甚至还有些保守。这颇像一些中国人过去常听到的——“成绩不说跑不掉，缺点不说改不掉”。次要原因是，巴菲特既是伯克希尔公司的首席执行官，又是该公司大股东。即使伯克希尔公司的经营业绩再差，也无法撼动他的首席执行官地位。所以，他不怕暴露自己的真实想法，也不怕曝光伯克希尔公司的真实业绩。

巴菲特历来敬重那些全面、真实、坦诚披露财务状况的公司管理层，敬重那些不利用会计准则隐瞒、包装经营业绩的公司管理层。所以你容易看到，伯克希尔公司旗下那些子公司的经营管理层，也大多具有这种优秀品质，这就叫“不是一家人，不进一家门”。

例如，可口可乐公司每年的财务年报和伯克希尔公司的一样，一开始就是回顾公司财务状况以及公司管理层对企业未来发展目标的描述。毫无疑问，该公司的经营目标是追求股权价值最大化，而公司的战略则是强调企业在今后相当长的一个时期内实现现金流的最大化。为此，可口可乐公司采取的措施是，集中投资高收益的软饮料企业，不断降低资本成本。可口可乐公司正因为方向明确，并且紧紧抓住了这个根本，其现金流的增长、权益资本收益率的提高才非常令人惊喜。

可口可乐公司董事长罗伯特 · 格伊祖塔1981年一上任，就在有50位公司高层领导参加的酒会上要求大家：“告诉我，我们到底错在哪里，我想知道问题并马上解决它。我要求各位开诚布公、直言不讳。”

他说这番话的背景是，在此以前的10年里，可口可乐公司给投资者的总回报率平均每年不到1%，1980年可口可乐公司的股票市值只有40亿美元。而在罗伯特 · 格伊祖塔上任后，该公司的年平均回报率高达30%，1993年可口可乐公司的股票市值已经高达560亿美元，成为美国市场价值排名第六的上市企业。

那么，罗伯特 · 格伊祖塔取得这样优秀的成绩和其实事求是的工作态度是不是有关呢？答案是肯定的。

他在上任之初，就把可口可乐公司原来复杂多样的业务，如酒、咖啡、茶、工业水处理、娱乐业等一项项清理出售，集中精力搞单一的软饮料业务，脚步更踏实了，目标更明确了，主业更突出了。需要特别指出的是，这也是可口可乐公司100多年历史上财务和经营透明度最高的时期。

不过在巴菲特眼里，大多数上市公司的财务年报数据都有虚假，只是虚假程度不同而已。这种虚假，表现在他们的态度上是报告业绩时乐观有余，指出问题时坦诚不足。他说，当企业的透视盈余由一伙骗子主导时，这些数据就可能会像油灰一样脆弱。当然，到最后这些数据一定会真相大白，不过到那时候可能已经有一大笔财富换手了。

巴菲特在伯克希尔公司1990年年报致股东的一封信中说，至于伯克希尔公司的经营业绩，在某些重要方面也可能存在误导。不过他在这里提到的“误导”，实际上是反话正说。

他说，这种“误导”主要表现在伯克希尔公司投资对象的实际盈利，要远远高于发放的股利。而反映在伯克希尔公司账面上的盈利，则仅限于那些已经发放的股利收入。

例如，根据17%的持股比例，伯克希尔公司1990年从资本城/美国广播公司分到的利润是8300万美元；可是根据会计准则的规定，反映在伯克希尔公司财务年报上的数字却只有53万美元（60万美元的股利收入扣除7万美元的税金），这就是种“误导”。

从中容易看出，投资者在阅读财务年报时不但要关注该年报叙述语气是否坦诚，而且还要关注这些数据是否“过于谦虚”了，当然这种情况是少数。

【巴菲特读年报心得】

巴菲特认为，投资者在阅读上市公司财务年报时有必要关注它的文字叙述是否坦诚。有时候，“察言观色”也是考察财务数据可信度高低的途径之一。虽然真的假不了，假的真不了，但等财富换手后才去亡羊补牢的做法还是要及早避免。

账务调整并不影响内在价值

> 下表显示伯克希尔账列盈余的主要来源。大家或许已经发现，2002年的购买法会计调整数大幅减少，其原因在于一般公认会计准则已经修正过，不再要求“商誉”必须摊销。此举将使我们的账面盈余增加，只是这对实质的经济盈余一点影响也没有。
>
> ——沃伦·巴菲特

【巴菲特读年报的关注点】

巴菲特认为，投资者在阅读上市公司财务年报时有必要关注该公司账务调整导致的业绩变动，但同时必须指出，这种账务调整并不影响该公司的内在价值。

巴菲特在伯克希尔公司2002年年报致股东的一封信中说，当年由于会计准则已经经过调整，不再要求摊销“商誉”，所以大家或许已发现，当年伯克希尔公司财务年报中所反映的账面利润有所增加。只不过，这对伯克希尔公司的内在价值一点影响也没有。

正如他在伯克希尔公司2005年年报致股东的一封信中再次提到的那样，伯克希尔公司拥有中美能源控股公司80.5%的股权，由于2005年8月8日美国《公用事业控股公司法》被废止，所以伯克希尔公司可以在2006年1月9日把它所持有的中美能源控股公司的优先股转换为普通股，从而彻底摆脱《公用事业控股公司法》对它的束缚。

众所周知，优先股和普通股的最大区别在于，后者拥有投票权。所以这样一来，伯克希尔公司就同时拥有了中美能源控股公司83.4%的普通股和投票权；同时，在会计核算和税制方面，它也可以合并这家公司的财务年报了。

巴菲特特别指出，投资者在阅读该公司财务年报时不要只看到83.4%的比例，实际上由于已经发行的期权肯定会在未来几年中得到实行，所以必然会稀释伯克希尔公司的持股比例。总体上，从内在价值看，伯克希尔公司的持股比例仍然可以看作是原来的80.5%。

换句话说，这种由于法律变动而导致的会计、税务核算方法的改变，并不会影响伯克希尔公司在中美能源控股公司这块业务上的内在价值。与此同时，中美能源控股公司的投资人仍然是4个方面，并且其股权结构也不会有任何变化。

所以，读者在阅读2005年伯克希尔公司财务年报时会发现，其中有两份资产负债表：一份是不包括中美能源控股公司在内的数据，另一份是反映了伯克希尔公司把中美能源控股公司优先股转换为普通股后的数据。由于公司法的变动，伯克希尔公司今后所有财务年报中都会包括中美能源控股公司的财务数据。

巴菲特在伯克希尔公司1996年年报致股东的一封信中再次提到，当年伯克希尔公司完全控股政府雇员保险公司后发生的会计核算变化，以及伯克希尔公司B类股票的发行，同样能证明“会计、税务核算方法改变，内在价值不变”这一点。

他说，伯克希尔公司从1996年5月开始发行一种新的股票类型，它就是伯克希尔公司B类股票。这样，原来发行在外的股票，就被称为“A类股票”。B类股票拥有A类股票1/30的权利。从此以后，巴菲特在伯克希尔公司财务年报中提到相关数据时，都会把B类股票按照1/30的比例折算成A类股票计算。但显而易见，这两种股票并存，并不会影响伯克希尔公司的内在价值。

这里再提一提1996年1月2日伯克希尔公司100%控股政府雇员保险公司的事。

1995年，伯克希尔公司对政府雇员保险公司的持股比例是51%。当年年末，伯克希尔公司继续收购了政府雇员保险公司另外49%的股权，从而完全控股该公司。这样，反映在会计核算上，伯克希尔公司就必须把1995年的财务年报进行重新编制。根据会计准则规定，在重新编制这份报表时，应该首先冲减伯克希尔公司账面上51%的股权成本，即减少4.784亿美元。不用说，这51%的股权成本是历史成本，所以它大大低于伯克希尔公司新购政府雇员保险公司49%的股权成本的市场价格，当然也大大低于后来持有这49%的股权的账面价值了。

总体来看，虽然伯克希尔公司在1996年进行了几项大动作——一是在当年5月溢价发行了B类股票，二是在当年12月把发行A类股票和B类股票的普通股用于收购国际飞安公司，三当然就是收购国际飞安公司了；可是要知道，以上3

项非营业项目在会计处理上对伯克希尔公司当年每股净值的影响率还不到1%。

巴菲特的意思是说，这些仅仅由于会计准则、会计政策变动所导致的账务调整，虽然会影响报表阅读者看到的企业经营业绩，但不会对该股票的内在价值造成多大的影响。换句话说，将这1%的影响率忽略不计也不为过。由此及彼，如果公司管理层想通过账务调整调节盈利，那就必然会进入会计造假的误区，原因同样是账务调整不会对企业的内在价值产生影响。

不过，本书需要补充巴菲特遗漏了的一点，那就是，如果会计准则变动导致企业纳税负担增加，这最终是会影响企业内在价值的。道理很简单，企业的税务负担和经营业绩是此消彼长的关系，纳税负担增加了，企业留在账面上的利润就会相应地减少。

【巴菲特读年报心得】

巴菲特认为，投资者在阅读上市公司财务年报时当然要关注由于会计准则、会计政策变动导致的经营业绩变化。可是，如果这种变动没有明显影响到企业的纳税负担，那就依然属于账务调整范畴，不会对企业的内在价值构成多大影响。

关注点 5

会计政策令人费解的地方

企业并购案的会计处理

再一次，我要对会计原则发表一些看法，这次是有关并购案的会计应用。到目前为止，这也是一项争议性相当高的议题。在所有事件尘埃落定以前，甚至连国会议员都可能会介入干涉（这听起来令人感到不寒而栗）。

——沃伦·巴菲特

【巴菲特读年报的关注点】

巴菲特认为，投资者在阅读上市公司财务年报时有必要关注该公司对企业并购案的会计处理。因为这种处理即使按照会计准则来进行，也有许多争议。

巴菲特在伯克希尔公司1999年年报致股东的一封信中说，在这里，我要再一次对会计准则发表一些看法。到目前为止，有关并购案的会计处理是一项争议相当大的议题。在所有事情最终结果出来以前，甚至连美国国会议员都可能会介入其中，可见这些事情非同小可。

那么，为什么会这样呢？巴菲特进一步阐述道，根据公认会计准则规定，并购一家公司可以采取两种截然不同的处理方法，一是购买法，二是权益合并法。若采用购买法，购买方支付的可以是现金，也可以是股票；可是若采用权益合并法，购买方只能用股票来进行交易。

巴菲特说，从美国实际情况看，公司管理层通常都喜欢采用权益合并法。究其原因在于，如果采用购买法核算，大多数情况下会计账簿上会出现一笔“商誉”，而这笔“商誉”以后每年都要进行摊销，并且摊销年限还很长。

例如美国会计准则规定，“商誉”的摊销年限不能超过40年，但也不能低于20年。而我国过去的会计准则规定，“商誉”属于无形资产，摊销年限一律是10年；2007年我国颁布的新的会计准则规定，“商誉”只能出现在企业并购案中，并且不再属于无形资产，所以不再需要每年都进行摊销，但每年企业至少要根据公允价值法进行一次减值测试。

显而易见，无论是直线摊销还是减值测试，“商誉”会计科目的存在必然会每年吞噬掉一笔利润，这是公司管理层不愿意看到的。他们实在不愿意看到自己辛辛苦苦创下的经营业绩，“莫名其妙”地就减少一笔，有时候减少的甚至还是巨额数字。有鉴于此，企业兼并时，购买方的公司管理层会尽可能采用权益合并法，以绝“后患”。

所谓“购买法”，也叫“购受法”，是指购买方像购买企业一样获取对方企业的净资产。换句话说就是，这时候的并购行为可以看作是购买方付出一定的代价购买了对方的机器设备、存货等资产；与此同时，购买方当然也要承担对方的所有负债了。这样一来，购买方也就必然需要按照公允价格来计量被购买企业的净资产，购买价格（也叫“投资成本”）超过净资产公允价值的差额被称作“商誉”。

关于这一点，在我国也同样如此。例如，就在巴菲特讲这番话的同一年，即1999年，中国A股市场上的清华同方以股权交换的方式吸收合并了山东鲁颖电子公司，采用的就是权益合并法。在此之后，新潮实业、青岛双星、龙电股份等9家上市公司换股吸收合并非上市公司，采用的也都是权益合并法。这固然与我国会计准则在这方面没有明确规定有关，但也与权益合并法能避开今后要摊销“商誉”有关。

当然，除此以外还有其他原因，如采用权益合并法，企业并入净资产的成本较低，而利润较高，这样反映在财务年报上的净资产收益率就比较高；采用权益合并法是按照历史成本反映合并后企业的资产和负债的，财务信息比较可靠等。

但应当看到，企业如果采用购买法，由于并购时提供了并购对象的资产和负债的公允价值等信息，会更便于投资者预测并购后该企业未来的现金流量。而且，由于有些国家禁止采用权益合并法，所以一家企业有可能无法合并另一家跨国企业，至少会缺乏会计信息之间的可比性。

基于上述原因，巴菲特说，当美国财务会计准则委员会一度想取消权益合并法时，遭到许多大型公司管理层的激烈反对，巴菲特本人也不赞成取消权益合并法。

他认为，如果强行规定企业并购只能采取购买法，这样在今后的企业经营中，摊销“商誉”实际上会“扭曲”每一年度的经营业绩，使各年的经营业绩因为摊销“商誉”数额的不同，而缺乏一贯性和可比性。更不用说，“商誉”在许多情况下不但不会减少或消失，甚至还会不断增值。

例如，在过去的78年中，喜斯糖果公司的品牌价值就在以不规则却又非常迅速的速度增长。只要经营得当，这种品牌价值增长的态势很有可能会再维持78年。

所以巴菲特强烈呼吁，为了避免“商誉”的不当摊销，伟大的经理人宁愿选择权益合并法。在他看来，采用权益合并法，并购方与被并购方两家企业就像两条河流汇在一起，从此不分彼此。在这种情形下，一家企业被另一家企业并购，实际上并不能算被“买下”。虽然这看起来有些咬文嚼字，但这两种方法所能产生的结果在并购案双方员工的心里都有一本账。

巴菲特的意思是说，企业并购无论采用购买法还是采用权益合并法，由此产生的“商誉”都应当放在会计账面上，不进行摊销。因为这种“商誉”究竟是一种“费用”还是一种“财富”还说不定，怎么就能随意摊销呢？今后在处理这个会计科目时，企业应当采用判断资产价值是否减损的一般方式去进行评估。

看看，巴菲特的这一观点和我国会计准则的新规定是完全一致的。

巴菲特在伯克希尔公司2012年年报致股东的一封信中，再次提到了这个问题。他说，伯克希尔公司2008年收购马尔蒙公司64%的股权，2011年又收购该公司16%的股权，2012年继续收购了10%，伯克希尔公司合计拥有马尔蒙公司90%的股权。马尔蒙公司本身是个多元化大型集团，下面拥有150多家企业。仅仅是它下属2家油罐车公司就拥有9.7万辆油罐车，每辆新油罐车的成本超过10万美元，业务订单已经排到2年之后。在巴菲特看来，这笔收购完全值126亿美元的收购价格。可是，如果按照美国公认会计准则的规定，伯克希尔公司账面上却只能记载80亿美元，他认为这真是一个“怪异的会计准则”，“我花了一整年的时间来思考这条怪异的会计准则，但是我至今都没有找到任何一种合理的解释”。

巴菲特在伯克希尔公司2013年年报致股东的一封信中又提到，由于伯克希尔公司2013年6月投入80亿美元买下亨氏食品公司的优先股，并出资42.5亿美元买下它50%的普通股，所以使伯克希尔公司在2013年年报上形成了13亿美元的一次性重组摊销。到2014年，因为没有了这一特殊因素，所以伯克希尔公司的报表就会变得好看。

【巴菲特读年报心得】

巴菲特认为，企业并购案中的会计处理应该统一到把“商誉”看作是资产这一角度上来，每年进行减值测试。如果仅仅把“商誉”看作是一种费用，每年进行摊销，就会陷入针对购买法和权益合并法两种不同核算方法的争论怪圈。

市价核算容易导致业绩波动

因为会计准则规定，我们旗下保险事业所持有的占伯克希尔相当大部分的股票投资必须以市价列示。自从1979年以来，一般公认会计准则就要求它们以市价方式而非原先的成本与市价孰低法列在公司账上（当然要扣除未实现资本利得估计应支付的税负）。股票价格如同水车滚轮般上上下下，也使我们每年结算的成绩变化很大，尤其在与一般公司产业比较时更为明显。

——沃伦·巴菲特

【巴菲特读年报的关注点】

巴菲特认为，投资者在阅读上市公司财务年报时有必要关注该企业的对外股票投资是按照什么价格进行结算的。这一核算标准不但要符合会计准则的规定，而且同样需要强调前后一致，否则很容易造成企业非经营性业绩的不正常波动。

巴菲特在伯克希尔公司1992年年报致股东的一封信中说，根据会计准则规定，伯克希尔公司旗下的保险业务所持有的股票投资，必须按照市场价值扣除应缴税金来结算。从1979年以来，一般公认会计准则都要求企业这样做，而非采用原来的核算方法——成本与市价孰低法。

要知道，保险业务在伯克希尔公司中所占比重相当大。现在按照股票市场价值结算，这是会计准则的规定，当然没有错。但由于股票价格就像水车滚轮般上上下下，这就会使伯克希尔公司每年结算的经营业绩变化很大，与其他一般传统产业相比，这种业绩起伏尤为明显。

为了解决这个问题，同时也为了帮助报表阅读者搞清伯克希尔公司内在价值的变化程度，以及股票价格波动对伯克希尔公司账面利润究竟造成了哪些短期影响，伯克希尔公司从1992年开始，在每年公布的财务年报的第一页都会设置一张表格，该表格会反映伯克希尔公司每年的净值变化与标准普尔500指数之间的比较。

巴菲特提醒投资者，阅读伯克希尔公司年报时，至少要关注以下3个重点：

一是伯克希尔公司旗下的子公司中，有相当一部分公司的经营业绩是不受股价波动影响的。这些不受股价波动影响的子公司数目，每年也都不固定。

从早期看，伯克希尔公司的主业是纺织，所以纺织业务的比重相对较大，对伯克希尔公司总经营业绩的影响也大。到了后来，伯克希尔公司有了一大批由优秀经理人各司其职的优秀企业团队，他们所创造的报酬要远远高于标准普尔500指数的回报率，从而使伯克希尔公司的总体业绩也大大高于标准普尔500指数。

二是伯克希尔公司所从事的股票投资要承担相当重的税负，而标准普尔500指数则不包括税金在内，这是一个非常大的区别。

巴菲特认为，这一点是读者要特别注意的，因为如果不剔除税负，这两者之间没有可比性。只有剔除了税负因素，两者之间才能进行客观比较，而这对于普通投资者来说相当困难，因为他们不知道税负因素的影响究竟有多大。

巴菲特举例说，如果伯克希尔公司在过去的28年里专门投资标准普尔500指数，伯克希尔公司的投资者从中得到的投资报酬就必须通通纳税。如果标准普尔500指数上涨18%，那么纳税后伯克希尔公司从中得到的实际回报率不到13%。随着今后税率的提高，伯克希尔公司的实际回报率还会下降，这不是它有办法解决的。

三是他和查理·芒格都相信，未来10年内，标准普尔500指数的表现将不会像过去10年那样好；他们也同样相信，随着伯克希尔公司资本规模越来越大，伯克希尔公司的经营业绩在未来10年内不会像过去那样大幅度超越标准普尔500指数，这种趋势会有所减弱。

他说，虽然他从来不愿意预测短期股市走势，但还是想进行这种对比。他唯一可以肯定的是，伯克希尔公司的资本规模会越来越大，步履会越来越蹒跚，这些变化一定会在某种程度上拖累公司的经营业绩。

更不用说，每年的股价都在波动，而伯克希尔公司集中投资于几只股票，尤其是把大部分资源集中于霹雳猫业务上，所以将来如果公司经营业绩发生剧烈波动，也是很好理解并容易接受的。问题的关键在于，从一个比较长的时期看，年平均回报率高于标准普尔500指数的上涨幅度才算合格。

巴菲特在伯克希尔公司2005年年报致股东的一封信中说，当年伯克希尔公司在股票和债券上持有的长期头寸（long - term position），根据会计准则的规定，每年的持仓市值变化要反映在资产负债表中，从而使伯克希尔公司当年的税前利润减少了9.55亿美元。而其实呢，只要伯克希尔公司不出售这些长期头寸，这笔资产也就不会出现在损益表中了。

巴菲特说，类似于伯克希尔公司投资可口可乐公司这样的案例就不一样。伯克希尔公司持有的可口可乐股票，其市值从1998年年末的134亿美元下跌到2005年年末的81亿美元，下跌了53亿美元，这笔损失依然不需要进入损益表。而现在呢，根据会计准则规定，长期外汇头寸需要根据当日市价每天进行计价，所以每个报表日都会影响收益情况。

正因如此，2005年伯克希尔公司因为外汇长期头寸造成了9.55亿美元的“损失”，这就有些不太容易理解。还好，从伯克希尔公司第一次涉足外汇交易到2005年，它一共已经赚了20亿美元。

由此可见，美国公认会计准则在对待不同业务的收益和损失所采取的处理方式方面，也是不尽相同的。

【巴菲特读年报心得】

巴菲特认为，股票投资按市值来进行核算本来并没有错，可是投资者在阅读上市公司财务年报时要注意市值波动会给企业的正常经营业绩造成哪些影响，以及这些影响究竟有多大。对于大多数投资者来说，这一点很容易被忽视。

重整损失或一次性摊销

有一种会计科目叫作“重整损失”，在法理上虽然属于合法，但通常被当作操纵损益的工具。通常，公司会将多年来累积的开支在单一季度一次提列损失，这是一种典型的让投资人大失所望的骗术。有时候，公司则是为了将过去塑造的不实在的盈余所累积的“垃圾”一次出清，或是为虚增未来年度的盈余预先铺路。不管怎样，这些做法的主要前提，都是抓住华尔街只关心未来年度的盈余高于预期5美分，却一点也不在乎公司当季的盈余少了5美元的心理。

——沃伦·巴菲特

【巴菲特读年报的关注点】

巴菲特认为，投资者在阅读上市公司财务年报时有必要关注“重整损失”科目对经营业绩所做的修正。上市公司经常会利用这一会计科目来调节利润，误导投资者（股东）。“重整损失”是保险业会计中的一个科目，在其他会计领域中可以理解为“一次性摊销”或“一次性提取”。

巴菲特在伯克希尔公司1998年年报致股东的一封信中说，有一种会计科目叫“重整损失”，虽然从法律上看它是合法的，可是在实际运用中它却通常被当作调节利润的工具。通常的情形是，上市公司会把多年来累积的费用在某个季度一次性进行处理，这是一种让股东大失所望的骗术。而有时候呢，上市公司又会把过去账面上的虚盈实亏所累积的“垃圾”一次性处理掉，为以后年度的虚增利润预先做准备。但无论如何，这些做法都抓住了股市中人们只关心未来年度经营业绩比现在多了5美分，却一点也不在乎现在的利润比过去少了5美元。

巴菲特的意思是说，这种做法往往会因小失大。他指出，上市公司要达到这一目的必须具备一定的条件，而首要条件是要找到愿意配合作假的注册会计师事务所。当该公司习惯于这样的舞弊行为后，它就会发觉，与其辛辛苦苦地创造实实在在的经营业绩，还不如轻轻松松地进行这种账务重整来得刺激。所以，今后再想让他们放弃这种做法会比登天还难。

从会计科目这个角度看，“重整损失”实际上应该是负债科目，表示已经发生的所有损失尚未支付的可能金额，包括相关成本。在实际计算损失时，除了已经支付的损失外，还必须包括潜在损失。

正因为潜在损失的损失是“潜在”的，所以如何估计究竟有多少潜在损失，就要用到一系列正确而科学的方法。如果做不到这一点，保险公司就无法知道自己真实的经营成本，从而难以制订合理的保费标准。

不过这样一来，这个科目也就会被公司管理层故意用来作为调节利润的工具。因为在某些情况下，虽然公司需要支付理赔损失，可是被保险人根本就不知道，这样的情形是常有的。

巴菲特介绍说，在企业并购案中，债务重整早就被提升到一种“艺术”的高度。公司管理层越来越习惯于通过债务重组来操控资产和负债数据，从而使公司的经营业绩能够平稳地虚增。事实上，在进行企业并购时，注册会计师们也偶尔会建议这些并购方在会计处理方面玩些把戏，有时候这种把戏还玩得很大。而这时候，公司首席执行官往往很难拒绝注册会计师提出的让公司未来业绩更好看一点的美意。

巴菲特举例说，保险领域中的财产保险意外险业务就不乏这种典型例子。公司并购时，购买方通常会趁机大幅度补提大量的损失准备，好像以前损失准备科目没有提足似的。而实际上，这样做的目的，是为了以后少提一些损失准备，变相增加公司未来经营业绩。

不过伯克希尔公司从来不做这样的事。伯克希尔公司并购企业时，当初发现多少损失准备就是多少，从来不补提。因为原来这些公司的管理层都非常开诚布公，如果在这种情况下伯克希尔公司还要补提损失准备，实际上就表明怀疑他们的品德，这是没有必要的。

巴菲特说，根据巴尔的摩R.G.协会初步统计结果，1998年美国宣布或认列的特别开支包含组织重整开支、研究与开发、并购费用等1369项名义加总金额超过721亿美元，相当于1997年全球《财富》500强企业总利润3240亿美元的22%。

有鉴于此，巴菲特在伯克希尔公司2001年年报致股东的一封信中，强烈建议废除“重整损失”“强化损失准备”这两个会计科目。因为这两个科目的存在，会使公司管理层由于过去估计不当，导致当年年度的经营业绩偏高时，最后来个一次性解决。

这样做的错误在于，这些损失并没有发生任何改变，它们一直都在账面上，可是公司管理层对这种损失的认识却改变了。他们以为可以随意玩弄这种骗术，并且会明知故犯。

巴菲特开玩笑说，如果这样的会计科目真的有必要存在，它更贴切的名称应该叫“未能及时发现的损失成本”，或者干脆简称为“哦！哦！”。

巴菲特承认，损失提列不足是保险业中普遍存在的问题，而且很严重。即使是伯克希尔公司，也曾经在1984年和1986年发生过这样的问题，从而导致通用再保险公司2001年度一口气提列了8亿美元的累计损失。不过总的来看，和同行相比，伯克希尔公司在这方面的做法还是相当稳健、保守的。

【巴菲特读年报心得】

巴菲特认为，投资者在阅读上市公司财务年报时要特别关注有没有一次性提列、一次性摊销等科目，如果有，也要关注其数额，这其中往往会藏有调节利润的猫腻。他开玩笑说，由于重整损失科目的存在，“保险业会计可以说是一项自己评分的考试”。

股票期权应当作费用看待

> 一旦采用期权形式的话，员工就很有可能对个人业绩视而不见。因为股票期权是不可撤销的，而且是无条件的（只要经理仍然在公司中任职），因此，凭借期权，即使是那些游手好闲的人，也可以和优秀员工一样得到不薄的收入。有了期权，他们只能“今朝有酒今朝醉”，还奢望什么比这更好的“激励”机制呢？
>
> ——沃伦·巴菲特

【巴菲特读年报的关注点】

巴菲特认为，投资者在阅读上市公司财务年报时有必要关注股票期权问题。股票期权和广告费以及其他费用一样，应当被看作是一项费用。巴菲特从1985年起，多次在伯克希尔公司年报中谈到这一观点。

他在伯克希尔公司1985年年报致股东的一封信中说，上市公司一旦采用期权形式，那么员工就很可能会“今朝有酒今朝醉”，因为无论他们个人的表现如何，他们将来总能得到期权回报。

他在伯克希尔公司1992年年报致股东的一封信中说，几十年来，商业界人士一直在声讨那些会计准则的制订者们，因为这些人一直想改变现在这种把股票期权反映为发行者利润的会计处理方法。公司管理层在大多数情况下都会认为，由于股票期权本身的价值难以确定，它的成本也就很难确定，所以他们对此干脆就视而不见了。

巴菲特认为，抱有这种观点的公司管理层不但非常可笑，而且非常荒唐。但公司管理层仅仅因为对股票期权的成本难以确定，就将它忽略不计，这种情形在会计核算中非常多见。

巴菲特在伯克希尔公司1998年年报致股东的一封信中打比方说，当年政府雇员保险公司的广告投入为1.9亿美元，假如该公司不用现金支付广告费，而是采用股票期权的形式分10年向媒体支付广告费，你能说伯克希尔公司就不必在成本中列支这笔费用了吗？

巴菲特认为，股票期权的成本核算并没有人们想象的那么复杂。从他的角度看，要计算限制性期权的成本是比较简单的，即使是计算蚀价期权的成本也不难。

例如在伯克希尔公司，如果要发行股票期权，实际上就表明公司将来要向对方支付一定数额的资金。究竟要支付多少呢？这个数额可以看作是受让方能够获取的未来收益，或者把该期权变现后可以得到的资金数额，就这么简单。与计算飞机的年折旧率相比，计算期权价格的方法更简单。

巴菲特在伯克希尔公司1997年年报致股东的一封信中说，伯克希尔公司在收购发行股票期权的上市公司时，会立刻采用等价现金补偿的方式兑换收购对象原来的期权计划。这样做的目的，就是在收入中抵减被收购公司原来没有考虑到的真实的期权补偿成本。无论该公司原来认为这种期权有没有成本，现在伯克希尔公司都要把其期权计划还原过来重新计算。

2002年7月14日《联合导报》报道，巴菲特说："我相信，每一个企业的管理层都希望能更好地回报股东。但是，如果他们试图玩数字游戏，或者记录根本不存在的利润或收入，都不可能让股东满意。"

巴菲特这里表达的意思很明确，那就是上市公司没有必要玩股票期权这种游戏。只有把企业效益搞上去，才能实实在在地给股东回报，任何开远期空头支票的做法都不能真正让股东满意。

2002年7月16日的《华尔街日报》报道说，20世纪90年代高科技股票价格暴涨时，巴菲特因为无法预测它们的收益曲线而拒绝投资这些股票，结果被人骂“落伍”了。随着高科技股的泡沫破灭，安然公司和世通公司的股东们终于意识到自己被管理者“抢劫”了一遍。他们清楚地看到以诚实和保守著称的管理者才是投资者心目中的崇拜对象。

这里补充说明一下“股票期权”的概念，或许有读者对此一知半解，甚至听也没听说过。这没什么奇怪的，因为中国目前还没有这项交易。只不过，上海、深圳证券交易所中的配股权证，其实质就是股票期权。

从概念上看，股票期权也叫“股票选择权交易”。它最早出现在公元6世纪，18世纪被引入金融市场，但主要是现货股票期权交易。20世纪20年代美国纽约已经出现零散的股票期权场外交易，1973年4月26日美国芝加哥期权交易所的开业标志着股票期权交易真正形成。

股票期权的实质是一种权利，它既不是股票，也不是股票指数。但是，拥有股票期权的人可以在一定的时间、期限内按照确定的价格和数量买卖某种股票。当然，这种买卖行为就称之为“股票期权交易”。

股票期权的会计处理方法，在国际会计准则中并没有具体规定。可是如果不解决这个问题，股票期权计划就无法进行规范化操作和实施。所以，国际会计准则对此提出了两个要求：一是上市公司必须披露该事项；二是上市公司必须提供每股收益稀释的计算结果。

对于美国的上市公司，根据美国通用会计准则的要求，它们的期权计划中的主要会计问题是针对补偿费用的处理，包括补偿费用的确认、计量、提取和入账时间。从中容易看出，股票期权应该作为一种费用来对待，这与巴菲特倡导的观点是一致的。

【巴菲特读年报心得】

巴菲特认为，股票期权应该作为费用来对待，他个人是不主张玩弄期权这种远期支票游戏的。如果他收购的上市公司原来有期权计划，他会首先用等价现金加以兑换，正本清源，把它还原过来后重新进行计算。

恶意设计的高管薪酬制度

> 大多数美国高管的薪酬与其经营业绩并不匹配，这一状况将来也不会出现什么太大的变化。因为 CEO 薪酬就像以欺骗方式做牌一样，是已经事先安排好的，完全不利于投资者。结果是，一个表现平平或者表现糟糕的 CEO，在他精心物色的人际关系主管和非常乐于助人的咨询公司顾问 Ratchet and Bingo 的协助下，最终总能从一种恶意设计的高管薪酬安排中获得大量的金钱。
>
> ——沃伦·巴菲特

【巴菲特读年报的关注点】

巴菲特认为，投资者在阅读上市公司财务年报时有必要关注该公司高层管理人员的薪酬水平是否与其经营业绩相匹配。匹配的，当然就是好的、对的；不匹配的，实际上就侵害了所有投资者（股东）的利益。

巴菲特在伯克希尔公司2005年年报致股东的一封信中说，大多数美国上市公司高层管理人员的薪酬和其经营业绩不匹配，并且将来这一状况也不会出现什么太大的变化。因为公司首席执行官的薪酬，就像玩牌时以欺骗方式做牌一样，是事先就安排好了的，完全不会有利于其他人。结果呢，一个表现平常，甚至表现糟糕的首席执行官，在他自己物色的人际关系主管、咨询公司顾问的协助下，总能从精心设计的高管酬薪制度安排中获得太多的好处。

巴菲特举例说，10年固定价格的股票期权就是其中之一。在企业发行这种股票期权后的10年间，即使这家公司的首席执行官再没有能力，这家公司在此期间的经营业绩一直停滞不前，这位首席执行官也会非常乐意接受这样的制度安排。如果给他相当于公司1% 的股票期权，那么他就会想方设法不支付任何红利，而是尽可能保留公司的所有利润用来回购股票。

为什么呢？道理很简单，公司回购股份越多，他手中握有的股票期权所占比重就越大。换句话说，他个人从中得到的好处就越多。

如果该公司的净资产是100亿美元，其发行在外的股份一共是1亿股，其每年的利润是10亿美元，那么就相当于它所有发行在外的股票每股盈利是10美元。如果该公司在今后的10年间一直保持着这样的水平，并且首席执行官拒绝分派红利，而是将利润全部用来回购股票；那么，10年里该公司的股份就会减少3870万股，从而使每股收益从原来的10美元提高到25.8美元。也就是说，仅此一项，就会使该公司10年后的股票价格上涨158%。

而这背后，该公司在这10年间的经营业绩并没有丝毫的增长，这位首席执行官单凭股票期权这一项就能从中赚到1.58亿美元。更令人吃惊的是，即使该公司的经营业绩在这10年间下降了20%，他仍然可以从中赚到1亿美元以上。

巴菲特举这个例子是想说明，这种本来是用来激励公司管理层为企业的创造业绩的措施，反过来却成了公司高层管理人员侵害股东权益的手段，这与当初设计这项制度时的愿望是背道而驰的。当初公司向首席执行官发行股票期权时，原本是想借此让公司管理层和广大股东结成利益同盟，但最终发现并不是这么一回事。

因为这些首席执行官都非常清楚一个简单的道理，他们给股东发放的任何红利，都会直接减少已经发行在外的股票期权的价值。而很显然，他们手中既然已经握有这样的股票期权，就会千方百计阻止减少股票期权价值的行为发生。回过头来看，大多数上市公司没有红利分配或红利分配很少，是不是也有这种因素呢？巴菲特说，他经常听到有些首席执行官在公司内部大肆鼓吹资本是有成本的，却从来没见过他们告诉股东，他们取得的那些价格固定的股票期权所带来的资本是免费的。

有人会说，能不能通过强制规定“每年发放多少比例的红利”来纠正这一点呢？巴菲特认为，这虽然会减少上面那种极端结果的出现，但仍然不能从根本上杜绝没有任何成就的经理人从股票期权中获得极其丰厚的报酬。正确的办法应当是，根据公司留存收益自动调整股票期权价格。

巴菲特说，这一做法非常简单。可是让他感到吃惊的是，这种情形从来没有出现过。

这样就出现了一件怪事——当首席执行官被公司解雇的那一天，实际上就是他人生中收入最丰厚的一天！

所以巴菲特说，美国上市公司为管理层毫不起眼的经营业绩，支付着巨额的离职补偿费、慷慨的额外补贴、超高标准的薪酬，所有这些早就已经司空见惯了。

巴菲特在伯克希尔公司2006年年报致股东的一封信中说，美国上市公司的首席执行官普遍过着十分优裕的生活，一家企业面向首席执行官推出什么样的福利津贴，马上就会被其他企业所复制沿用。在公司董事会酬薪委员会中，有相当多的酬薪委员是从外部聘请的“独立”董事。他们在对公司高层管理人员进行的薪酬发放上普遍存在着不合理并且过于慷慨的做法，而且多少年来这一状况一直没有实质性改变。

巴菲特联系自己的亲身经历说，他之所以会被许多上市公司的酬薪委员会拒之门外，最可能的理由就是他过于“独立”，以至于冒犯了这种潜规则。普遍的情形是，酬薪委员会往往会巧妙地利用“同业”水平来进行横向比较，从而使这种薪酬发放过于慷慨的现象经久不衰。

【巴菲特读年报心得】

巴菲特认为，投资者在阅读上市公司财务年报时有必要关注该上市公司高级管理层的酬薪制度设计得是否合理。合理的酬薪制度能够起到激励作用；而不合理的酬薪制度却只会损害股东利益。遗憾的是，后一种情形反而更普遍。

金融衍生品的特殊核算

对于我们的衍生品合约，有两点是很重要的：第一，在所有交易里，我们都是通过卖出合约收到钱的一方，这意味着我们并没有对冲风险。第二，这些衍生品合约适用的会计准则，不同于应用在我们资产投资组合上的。在资产投资组合中，资产价值的变化将以净资产的形式显示在伯克希尔资产负债表上。但它不会影响收益，除非我们出售（或是冲销）资产。而衍生品合约的价值变化，必须计入每季的收入中。

——沃伦·巴菲特

【巴菲特读年报的关注点】

巴菲特认为，投资者在阅读上市公司财务年报时有必要关注该公司金融衍生产品的特殊核算。金融衍生产品非常复杂，连业内人士也很难搞清楚。但搞清这些问题，会有助于投资者更好地衡量该公司的内在价值。

巴菲特在伯克希尔公司2007年年报致股东的一封信中说，对于伯克希尔公司金融衍生产品的合约，有两点很重要：一是所有交易都是通过卖出合约来进行的，这意味着这里不存在对冲风险；二是核算这些金融衍生产品所适用的会计准则，与资产投资组合方面的会计准则不同。

具体地说就是，在资产投资组合中，资产价值的变化要以净资产的形式反映在伯克希尔公司的资产负债表上。如果不是出售或冲销该资产，就不会影响到公司的损益。可是金融衍生产品合约的价值变化，却每个季度都要反映在损益表中。这样一来，伯克希尔公司每个季度的收入就会随着金融衍生产品合约的价值变化，而发生剧烈改变。

但巴菲特认为，这种金融衍生产品合约的价格虽然会剧烈波动，可是其内在价值的变化其实并不大。所以，即使同一个季度内这样的价格波动超过10亿美元，他也觉得没什么大不了的。要知道，类似这样的情形经常会出现在伯克希尔公司的巨灾保险业务中。

巴菲特说,2007年伯克希尔公司仅仅由他管理的金融衍生产品合约就有94个,此外还有一些合约在通用再保险公司中。这些合约主要分为两大类:一是承担特定债券,包括各种高收益率债券的违约风险;二是针对4种股票指数,即标准普尔500指数和其他3种国外指数的卖出期权合约。

在这其中,伯克希尔公司承担特定债券违约风险的合约一共有54个,到期日期为2009—2013年。从2007年的经营情况看,伯克希尔公司当年一共从中得到32亿美元的收入,承担了4.72亿美元的亏损。如果出现最坏的情况,这些合约有可能会继续造成47亿美元的亏损,但这种可能性几乎不会发生。考虑到这个因素,当年伯克希尔公司的资产负债表中特地为这些合约预提了18亿美元的“衍生合约负债”。

伯克希尔公司针对股票指数的卖出期权合约,期限不是15年就是20年,到期时间在2019—2027年。它们受将来股市发展的影响很大,但只有到时候这些股票指数低于签订卖出期权合约时的股票指数,伯克希尔公司才需要付出真金白银。

2007年伯克希尔公司通过卖出这样的合约得到了45亿美元的收入,但同时也在当年的财务年报中提列了46亿美元的负债。巴菲特相信,这些合约总体上是会赢利的,并且伯克希尔公司完全有可能利用卖出这些合约所得到的收入进行再投资,从而获得优秀的经营业绩。

巴菲特在伯克希尔公司2006年年报致股东的一封信中强调,伯克希尔公司所有从直接外汇项目上实现的利润都来自远期合约,这一点大家可能会感到奇怪。因为我们知道,通用再保险公司曾经在金融衍生产品合约上有过惨痛的教训,巴菲特也一再认为金融衍生产品发展过快会导致整个金融市场出现一系列问题。既然这样,伯克希尔公司为什么还要从事金融衍生产品合约的交易呢?

巴菲特解释说,这是因为金融衍生产品合约也和股票、债券一样,其价格与内在价值之间经常会出现非常离谱的偏差。所以他认为,伯克希尔公司在这方面有选择性地对少数几个品种进行投资,确保把风险降到最低限度,会非常有价值。而从当年的情形看,这些金融衍生产品合约的效益还不错,共为伯克希尔公司赚到几亿美元的税前利润。虽然今后它们也存在着发生亏损的可能,但从整体上看,伯克希尔公司仍然有望从中获取可观的获利回报。

巴菲特在伯克希尔公司2008年年报致股东的一封信中说，2008年爆发的全球金融危机说明了金融衍生产品很危险，而某些大金融机构的管理层又没有能力管理好这些复杂的金融衍生业务，这不是事后用一句“要提高透明度”就能解决问题的。

最好的一个例子是，房利美和房地美这两个庞大的机构是由美国国会创立并直接控制的，并且国会明确规定这两个机构什么事情可以做，什么事情不可以做，同时还在1992年专门成立了美国联邦住房企业监管办公室（The Office of Federal Housing EnterPrise Oversight，OFHEO）来帮助监管。总之，这两个机构是巴菲特所知道的监管最严的公司，可是结果怎么样呢？他们不是照样出大问题了吗？

【巴菲特读年报心得】

巴菲特认为，如果一家公司拥有金融衍生产品业务，那么投资者在阅读其财务年报时就必须特别关注这一点。金融衍生产品合同的期限很长，通常几年甚至几十年都不进行结算，其中潜伏着错综复杂的投资风险，投资者不得不防。

识别财务年报中的常见骗术

而为了让（捏造利润）这样的行为合理化，这些经理人常常表示，如果公司股票的价格不能合理反映其价值，则公司股东的权益将会受损。同时他们也声称，运用会计骗术以得到想要的数字的做法很普遍。而一旦这种“别人都这样，为何我不行”的想法生根后，他们在道德方面的顾虑早已消失殆尽。

——沃伦·巴菲特

【巴菲特读年报的关注点】

巴菲特认为，投资者在阅读上市公司财务年报时有必要关注上市公司经常采用的一些会计骗术，以免上当受骗。由于公司管理层和公司股东的地位、利益各不相同，所以财务年报中出现会计骗术并不奇怪。

巴菲特在伯克希尔公司1998年年报致股东的一封信中说，为了使捏造利润这样的行为合理化，这些公司管理层常常找借口说，如果公司股票价格不能合理反映其价值，就会损害股东的权益。同时他们声称，利用会计骗术得到想要的财务数据，这种做法已经很普遍了。他们的意思是说，别人都这样，为什么我就不行呢？但这样的想法一旦产生，他们在会计道德方面的顾虑也就会被抛到九霄云外。

那么，巴菲特在这里所说的财务年报中的骗术究竟有哪些呢？结合中国股市实际，这些骗术主要包括以下7大类：

一是过早记录收入或者记录有问题的收入。

无论是过早记录收入还是记录有问题的收入，其实质都是把本来在会计概念上还不能称之为“收入”的东西也计算在了收入之中，无故扩大了收入基数。这样，无论后面怎么核算，其结果都会扩大收入和利润数据。

这种情形主要有：在没有发出货物或者发出的货物客户还没有接收，就已经把收入计入账本；还没有为客户提供服务，就已经把服务收入计入账本；客户还没有义务支付货款，就已经把收入计入账本；给客户某种回扣（这部分回扣实际上夸大了收入数额）；重复计算收入；等等。

二是记录伪造的收入。

记录伪造的收入和过早记录收入、记录有问题的收入相比，主要区别在于，前者这种收入根本就是子虚乌有，而后者还是有一点点踪影的。

这种情形主要有：记录缺乏实际经济意义的收入；把投资所得作为收入计入账本；把出借交易所得作为收入计入账本；把购买方未来的承诺也算作销售额计入收入；把合并其他公司前扣留下来的不适当的收入也作为本期收入；等等。

三是用一次性所得增加收入。

用一次性所得增加收入，实际上是千方百计把各种本来不属于销售收入和服务收入的项目也计算在收入之中，虚增利润。

这种情形主要有：通过贱卖资产增加利润；将投资收入计入收入；将投资收入冲减经营费用；在资产负债表上通过各栏目的重新归类，凭空捏造收入；等等。

四是费用的不当归期。

费用的不当归期，是指企业故意把应该在本结算期内分摊的费用转移到过去或将来，以达到调节本期利润的目的。

这种情形主要有：将正常的营运成本，尤其是最近产生的成本资本化；通过变更会计政策，把本期费用转移到过去；降低成本折旧率和费用摊销速度；故意不报废已经不具备价值的固定资产和流动资产；等等。

五是不记录负债或不适当地减少负债。

不记录负债就是对本应该计入本期的负债通过各种手段进行逃避；不适当地减少负债就是虽然该项负债也在本期账面上做了反映，可这种反映却是象征性的，既不完全，也不彻底。

这种情形主要有：在未来义务仍然存在的情况下，不计入相关负债和费用；通过变更会计假设来减少负债；释放有问题的准备金和计入收入；凭空捏造销售折扣；在收到现金时，即使未来义务仍然存在，还是将现金计入收入。

对于非会计专业人士来说，这里有必要略做说明。会计假设也叫“会计前提”，是指在特定经济环境下，根据过去的会计实践和理论，对尚未肯定的事项所做的合乎情理的假设或设想。毫无疑问，如果这种假设和设想改变了，会计核算结果也就必然会发生改变，甚至会彻底改变。

例如，在五大会计假设中有一项叫“持续经营假设”，即假定这个企业暂时不会被破产清算，而是会持续经营。有了这样的前提，才能进行正常的会计核算。如果预料到这个企业不能持续经营了，就要改变这种会计假设，继而采用清算假设条件下的破产或重组会计程序。

六是把当期收入转移到未来。

把当期收入转移到未来，目的很明显，就是为了推迟收入的实现，减少本期利润数额。

这种情形主要有：建立某种准备金，然后在将来某个时期进行释放，转作收入；在公司并购案完成之前不适当地扣留收入，以备将来充作收入。

七是把未来费用挪移到当期。

把未来费用挪移到当期，是指本来应该归集在未来的费用被归集到了本期，目的是减少本期利润。

这种情形主要有：不适当地夸大费用，为未来减轻费用结算留有余地；将正在进行的研究开发费用在不适当的企业并购后注销；把自由性费用加速转移到现在。

在上面几种骗术中，有多种涉及无形资产的计提和摊销，所以接下来我们要重点讲讲这个问题。

巴菲特在伯克希尔公司2012年年报致股东的一封信中说，当年伯克希尔公司年报中的运营成本数据并不是按照美国公认会计准则编制的，而是在它的基础上剔除了一些购买法下的费用项目，尤其是某些无形资产的费用摊销。

他解释说，这样做的目的，主要是为了能够更加准确地反映所并购企业的真实的成本和利润。

巴菲特说："认真的投资者应该明白这一点，不同无形资产本质上差异巨大，并难以比较。一些无形资产会随着时间推移逐步减值为零，但是另外一些无形资产的价值不会出现一点点减值。例如，对于软件的费用摊销是非常真实发生的费用；然而，对于其他一些无形资产（比如客户关系价值），按照购买法会计制度必须分期摊销，但是这明显不是真实的费用。公认会计准则对这两种类型的无形资产摊销没有做出任何区别性处理，两种无形资产摊销费用在计算利润时都是同样计入当期费用的——尽管从投资者的角度来看，两者差异极大。"

巴菲特解释说，2012年伯克希尔公司按照美国公认会计准则编制的财务数据中，无形资产的摊销费用计提了6亿美元。可是在巴菲特看来，其中只有20%是

"真实发生"的费用，所以这部分费用已经被巴菲特计入伯克希尔公司年报；另外80%是"非真实发生"的费用，应该被剔除。

为什么两者会悬殊这么大呢？巴菲特说，这是因为伯克希尔公司的并购规模很大，所以这种差异也就相当大。那些"非真实发生"的费用摊销，会给伯克希尔公司的大型投资对象潜在地产生一些巨大的不良影响。

他举例说，伯克希尔公司参股的IBM公司这几年来进行了许多小型的收购，并且需要定期报告"调整后"的营业利润，而这个数据也会受到分析师们的高度关注。这部分"调整后"的营业利润，实际上就已经剔除某些购买法，不是按照美国公认会计准则编制的财务数据了。

相反，伯克希尔公司参股的富国银行，在年报中就没有特别强调需要报告"调整后"的营业利润，也没有任何一家研究机构在研究报告中关注这个问题。这是为什么呢？原来，根据美国通货监察局的规定，金融系统的盈利要计提核心存款[1]进行摊销，似乎担心这些核心存款会以相当快的速度消失似的；当然，实际情况是，这些核心存款不但不会消失，而且还会持续增长。在富国银行，这项摊销费用在2012年虽然计提了15亿美元，却实在不能算是一项"真实发生"的费用。

巴菲特讲的这些概念，对于非会计科班出身的读者来说，可能不太好理解，所以在这里，笔者再举一个简单而通俗的例子来加以说明。

如果你在10年前投入40万元购买一处住宅，按照会计准则的规定，建筑物的折旧年限是20年，即每年你都要在账面上计提折旧费用2万元，这处住宅现值应该还剩下20万元。可是由于这10年来住房价格急剧上涨，这套住宅如果现在卖出去可售120万元。这就意味着，在过去的10年中，这处住宅不但没有因折旧减值20万元，相反还增值了80万元，平均每年升值8万元。显而易见，过去10年，你每年在账面上计提这2万元的折旧费用是"非真实"的，而每年在账面上计增8万元才是"真实"的。

在这里要注意两点：一是住宅属于固定资产，而不是无形资产，所以这里只

---

1 指那些能够稳定客户关系、可供银行在一定期限内使用的活期和定期存款。

是打个比方；二是即使房价如此上涨，在正式核算中，还是应该依据会计准则的规定，每年计提2万元折旧费用，并且房屋折旧还要扣除残值，这里为了简化将其省略掉了。巴菲特因为强调的是企业的内在价值，所以他在财务年报中才可以这样调整处理。

【巴菲特读年报心得】

在所有的会计骗术中，大约有50%是通过人为操纵销售收入实现的。所以，投资者在阅读上市公司财务年报时要重点关注本期收入是否突然增加或突然减少，尤其要关注因故冲回等情形。当然，除此以外，会计骗术还可能出现在其他任何方面。

识别财务年报中的常见陷阱

> 以前，透过财务报表很容易分辨一家公司的好坏，但时至1960年代后期，却掀起了一波骗徒称之为“大胆且富有想象力的会计”的热潮（这种做法在当时受到华尔街人士的热烈欢迎，因为他们从来都不会让人失望）。不过当时大家都知道谁是老千，至于一般受到崇敬的美国大公司，基本上都洁身自好，相当爱惜自己的羽毛。
>
> ——沃伦·巴菲特

【巴菲特读年报的关注点】

巴菲特认为，投资者在阅读上市公司财务年报时有必要关注上市公司故意设置的一些会计陷阱，以免上当受骗。由于公司管理层和公司股东的地位、利益各不相同，所以财务年报中出现这样的会计陷阱并不奇怪。

巴菲特在伯克希尔公司1998年年报致股东的一封信中说，过去，投资者通过阅读财务年报很容易辨别一家公司的好坏，可是到了20世纪60年代后期，却掀起了一股被骗徒称之为“大胆且富有想象力的会计”的热潮，这种做法受到美国证券界人士的热烈欢迎。不过当时大家都知道谁是骗子。一些受人崇敬的美国大企业，则基本上都洁身自好，因为他们相当珍惜自己的声誉。

不过情况发展到现在（1998年），已经有越来越多的公司管理层渐渐认同了这种做法，认为这也没有什么大不了的。许多公司管理层不但觉得这种操纵会计数据的行为很正常，而且把它当作他们的工作职责之一。

那么，巴菲特在这里所说的这种财务年报中的陷阱究竟有哪些呢？结合中国股市实际，这些陷阱主要包括以下10大类：

一是自我交易。

顾名思义，自我交易就是一些上市公司自己设立空壳公司或皮包公司，通过资金运作来虚增收入、虚增资产、虚减资产、虚减债务。这些公司从本质上来看都是由同一伙人控制的，不但注册地址在同一个地方，甚至连联系电话都一模一样，一看就知道是假的。

二是循环交易。

循环交易最常见的方式是，A公司把货物（或劳务，下同）卖给B公司，B公司把货物卖给C公司，C公司把货物卖给D公司……一圈兜下来，货物又回到了A公司。这些公司这样做的目的，主要是为了扩大销售规模，并且通过取得增值税发票抵扣进项税额，以达到节税的目的。

三是阴阳交易。

这主要是通过开具阴阳发票、订立阴阳合同掩盖交易真相。例如，通过签订阴阳出售协议，使名义价格低于实际价格，把差额部分作为收入入账；或者，通过签订阴阳收购协议，使名义价格高于实际价格，同样可以把差额部分作为收入入账。

四是填塞渠道。

企业在进行账务结算时，为了达到调节财务数据的目的，通过调节经销商的库存来调节销售收入。这是一种比较普遍的财务陷阱，也有许多人不认为这是一种舞弊行为，所以对此不以为然。但事实证明，这种手法反映了主导者提前或推迟确认收入的目的。

五是不断并购。

企业并购本来是一种正常行为，可是如果某公司不断并购其他企业，并且在某个时期、某个领域密集并购，其中就可能潜伏着某种祸心。说穿了，这时候投资者就要警惕该企业是不是在利用并购拆东墙补西墙。如果是，会最终导致该企业资金链紧张、业绩下滑、公允价值被滥用。

六是会计差错。

正常情况下，会计核算中出现会计估计变更是可能的，但会计差错和会计估计变更不同，前者明显带有某种故意性。道理很简单，上市公司利用前期会计差错可以进行追溯调整的规定，能够把亏损前移，从而使由此造成的损益调整不进入当期，反而进入前期。

七是数字洗澡。

这是上市公司在控制权发生转移时普遍玩弄的一个花招。通过把所有亏损一次性提足、提过头，以达到隐瞒净资产，留到以后将其释放出来作为利润的目的。接受过这种“数字洗澡”的上市公司，控制权转移后的实际经营业绩基本上没什么可信度，因为它们可以随意操纵数据。

八是报表重组。

主要手段是置出不良资产，置入优质资产，综合采用托管、承包、租赁等方式，在账面上冻结不良资产。这种临时过渡手法实际上是为了清洗财务报表，明显减轻原来巨额潜亏所造成的资产减值、财务造假的压力。而实际上，这些优质资产往往是虚假优质资产，是企业在演戏。

九是隐瞒炒股。

炒股并不是上市公司的主业，而且风险太大。所以，上市公司往往通过与庄家合作、配合提供炒作素材等方式，提供巨额资金炒作本公司的股票，然后把收益悄悄地变为主营业务收入加入报表。一旦发生亏损，上市公司再通过虚构存货、列作主营业务亏损或担保亏损等逃避责任。

十是现金陷阱。

许多上市公司的账面现金（货币资金）严重不实，它们又怕承担刑事责任，所以只好玩隐瞒占用资金或占用资金假还的游戏，如隐瞒借款、隐瞒出具银票、隐瞒担保等现象，这种情况具有某种普遍性。毫无疑问，这样做会严重影响上市公司的质量，导致整个公司陷入万劫不复的深渊。

【巴菲特读年报心得】

一般认为，在财务年报的文字说明和会计科目中，出现“其他”字眼的地方最需要投资者留心，如其他应收账款、其他应付账款、其他业务收入、其他现金流量等处，就可能埋伏着会计陷阱，投资者应该多看几眼，并加以深入研究。

赢利中的企业照样会破产

> 此外，我认为有些管理当局在公司再造与合并的会计处理上的心态更为可议。很多管理当局刻意操纵损益，欺骗投资人。这就像 Michael Kinsley 曾经批评华府的那样，“真正的丑闻不是那些违反法律的，而是那些完全合法的行为”。
>
> ——沃伦·巴菲特

【巴菲特读年报的关注点】

巴菲特认为，投资者在阅读上市公司财务年报时有必要关注该公司未来的经营风险，尤其是该公司面临的破产风险究竟有多大，哪怕这家企业现在有盈利也是如此。如果该企业面临破产，你所考虑的投资理念就不一样了。

巴菲特在伯克希尔公司1998年年报致股东的一封信中说，公司管理层在员工认股选择权会计问题上所扮演的角色绝对不能马虎。此外，他还认为，有些公司管理层在公司再造和合并的会计处理上的心态更可以讨论一番。众多公司管理层操纵利润，欺骗投资者（股东），这就好像美国《时代》杂志评论员迈克尔·金斯利（Michael Kinsley）曾经批评美国政府的那样，“真正的丑闻不是那些违反法律的，而是那些完全合法的行为”。他的意思是说，真正的丑闻不是那些操纵利润、欺骗股东的行为，而是对于这种行为，人们已经见怪不怪，将其完全“合法化”本身。

巴菲特从来不认为一个公司财务年报中的盈利数据有多么重要，与此相比，他更看重该公司的内在价值。究其原因在于两方面：一是这些盈利数据本身就可能是不真实的；二是这些盈利数据即使真实，该公司也会因为某种原因，如现金流枯竭，而破产倒闭，这样的事例古今中外屡见不鲜。

关于盈利数据造假，巴菲特对此有深入研究。他在伯克希尔公司1990年年报致股东的一封信中，专门收录了一篇他的老师本杰明·格雷厄姆写于1936年年末，讽刺美国钢铁公司财务造假的文章，其中有这样一段：

> 许多上市公司为了账面好看，使损益表免受折旧费用的沉重负担，纷纷把账列厂房价值减少为象征性的1美元。甚至有许多上市公司认为，厂房对企业来说，实际上是一种负债，而不是资产，因为它们除了要计提折旧外，还要负担税金、维修费用等。所以，美国钢铁公司董事会决定，从1935年开始，把原来账面上13.38亿美元的厂房资产减少为负的10亿美元。这样，不但可以免去过去每年计提的4700万美元的折旧费用，甚至还能“产生”5000万美元的折旧收益。一进一出，就相当于每年给公司至少增加了9700万美元的“利润”，真是奇妙啊。

正因如此，巴菲特历来不迷信账面上的盈利数据，而是更相信企业的内在价值。他在伯克希尔公司1988年年报致股东的一封信中说，根据新的会计准则的要求，伯克希尔公司从1990年开始，将所有未实现利润的预估税率改为34%。仅此一项就使伯克希尔公司的年利润减少7000多万美元，这还不包括其他大大小小的间接影响。可是对于伯克希尔公司来说，无论税率是28%还是34%，其实都不能反映伯克希尔公司的实质状况。因为巴菲特从来就没有考虑过要出售这些数额庞大而又未实现收益的股票。

关于赢利中的企业也会破产，巴菲特对此见得多了。例如在20世纪80年代中期，当时美国经济正处于萧条时期，一些上市公司陆续向美国联邦法院申请了社会第11法案，要求进行破产保护。

奇怪的是，这些公司财务年报中的损益表上，都是有盈利的，并且产品质量也不错，客户市场也没有丢失，这又是怎么回事呢？其实，这就是巴菲特所说的，这些公司发生了现金流危机。

非常简单的道理是，如果一家企业没有足够的现金偿还到期债务，而债主又不肯通融，那么这家企业就会遇到债务危机。

举个例子来说，如果今天你出门时身上没带一分钱现金，这时候哪怕你有好几张信用卡，每张卡里都有钱，你在一家不能刷卡消费的小超市，仍然买不到货架上摆放着的面包和牛奶，只能忍受肚子饿得咕咕叫。俗话说“一分钱难倒英雄汉”，这就是流动资金在企业管理中的重要性。

即使一家企业的效益不错，产品也很受欢迎，同样如此。有时，越是成长快的企业，面临这种危机的可能越大。

例如，企业的发展速度很快，不顾实际地到处开连锁店，或者不断延长顾客的付款期限，或者对应收货款失去控制……在这些情况下，即使账面上有盈利，如果销售收入所产生的现金流入不能弥补生产和投资所需的现金流出，企业照样会出问题。

研究表明，在传统企业中，现金增长速度往往只是销售增长速度的平方根。例如，销售收入增长1倍，从1增长到2，2的平方根是1.414，这时候就表明现金流只会增长41%。

所以能看到，一些破产倒闭的上市企业并不一定是连续多年亏损的，连续多年有盈利的公司最终破产倒闭的情形同样屡见不鲜。它们的共同特点是，在破产前的几年里经营现金流总是在不断恶化。

所以，投资者在阅读上市公司财务年报时，非常有必要关注该公司的现金流量表。对于非会计专业人士来说，要分析一个公司的现金流指标有一定的难度，但你可以掌握一个简单的方法，即将该公司经营活动所产生的现金流量与账面利润进行对比，来评判该公司所取得的赢利水平质量如何——如果其经营活动所产生的现金流量大于等于利润数额，说明这种利润质量较好；反之，则说明这种利润质量较差，甚至完全有可能是人为操纵产生的“账面利润”，要不然就是该公司存在着大量的应收账款。

【巴菲特读年报心得】

巴菲特认为，投资者在阅读上市公司财务年报时如果感到时间紧迫，可以先看一下该公司的经营现金流，看其经营活动所产生的现金流是不是大于盈利额？这比其他任何财务数据都管用，这也是预测该公司是否存在经营风险的好办法。

关注点 6

相关成本全部纳入了吗

过高的成本就像定时炸弹

在法令松绑的初期，产业界并未立即反应此状况。这主要是由于低成本的业者规模尚小，所以大部分高成本的业者仍然勉力维持现行的票价结构。不过随着时间慢慢地发酵，长久以来隐而未见的问题逐渐浮现的同时，主要业者完全无竞争力的高成本结构却早已积重难返。

——沃伦 · 巴菲特

【巴菲特读年报的关注点】

巴菲特认为，投资者在阅读上市公司财务年报时有必要关注该公司的成本费用是否过高。在他看来，过高的成本费用就像一颗定时炸弹，随时可能会把原本还不错的经营业绩炸垮。所以，如果该公司成本费用一直居高不下，投资者就要特别注意了，看这究竟是怎么回事。

巴菲特在伯克希尔公司1994年年报致股东的一封信中说，伯克希尔公司在投资美国航空公司特别股时，就忽略了航空业成本居高不下的事实。只是在过去，由于航空业受法令管制，该公司还可以把高成本通过提高机票价格转嫁给消费者，所以这种高成本对企业利润的威胁还不明显。即使到了法令松绑的初期，由于低成本航空公司的规模小，大部分成本较高的航空公司依然能够勉强维持现行票价结构。但随着时间的慢慢推移，这个问题就慢慢暴露了，因为原来那种高成本结构完全缺乏竞争力，这已经积重难返了。

巴菲特检讨说，伯克希尔公司的这项投资没有人强迫他，也没有人误导他，责任完全在于他个人的草率分析。这项收购是1989年完成的，伯克希尔公司当时对美国航空公司特别股的投资额高达3.58亿美元，可是危机直到1994年才爆发出来。1994年9月，美国航空公司不得不宣布停止发行特别股股息，巴菲特在1990年就担心的这一结果终于出现了。回顾过去，他认为这是伯克希尔公司历史上可以被评为“失误金牌”的一件事。

为什么巴菲特在投资该公司时，问题没有暴露，要过几年才暴露呢？巴菲特分析，总体上看，原因就是上面所说的那样。具体地说就是，随着整个航空业规模的不断扩大，航空座位容量大幅度增加，市场竞争必然加剧，从而迫使那些高成本的老牌航空公司四面楚歌。额外的资金投入虽然能推迟这些老牌航空公司发现问题的时机，却不可能最终解决这些问题。伯克希尔公司投资美国航空公司的行为，就属于这种类型。

归根到底，市场竞争的基本法则决定一切，那就是在一个市场竞争充分的环境下，如果一家企业无法通过降低成本提高竞争力，最终的结果就只能是破产倒闭。巴菲特自责说，其实，这个道理对于作为首席执行官的他来说最简单不过了，可是没想到居然被他疏忽了。

巴菲特说，虽然美国航空公司总裁塞思·斯科菲尔德（Seth Schofield）在这方面做出了巨大的努力，并且一直致力改正该公司长期以来形成的成本结构，可是至少到现在（1994年）为止，该公司仍然没有起色。究其原因之一在于，他所面对的是一个不断变动的目标。

巴菲特的意思是说，当时美国有一部分航空公司能够在劳资双方协议方面争取到主动权。具体地说就是，这些航空公司的员工根据过去的劳资协议，工资水平高于市场平均水平，所以这时候降低员工工资就是一条有效途径。而这些员工因为看到所在企业依然发得出工资，所以就全力抵制这种降薪，企业和员工双方处于拉锯战状态。

除此以外，也有一部分航空公司在破产法的保护下，可以获得苟延残喘的机会，以全新方法计算成本。容易看出，在破产法的保护下，这些航空公司实际上遇到了本书前面所说的会计假设发生了改变。这时候，在另一种新的会计准则下，公司成本和利润数据在账面上都发生了改变。正如美国西南航空公司总裁赫伯·凯莱赫（Herb Kelleher）所形容的那样，这种破产保护对于航空公司来说，就像是得到了一次健康的水疗。

鉴于这样的现实，美国航空公司虽然努力降低原有的高成本，并且也完全有可能实现目标，不至于破产倒闭，但前景很难预料。

在这种情况下，伯克希尔公司在1994年年末把美国航空公司账面上的投资金额调减为8950万美元。也就是说，当初伯克希尔公司对美国航空公司1美元的投资，现在只剩下0.25美元（8950 ÷ 35800 = 0.25）了。展望未来，伯克希尔公司原来的3.58亿美元的投资有可能完全收回或大部分收回，也有可能全部有去无回。无论结果如何，伯克希尔公司都做好了最坏的打算，并从中吸取了教训，那就是从投资美国航空公司上发现，过高的成本费用确实是埋藏在企业内部的一颗定时炸弹。一旦经济形势发生改变，而企业过高的成本费用又无法降下来（实际上企业过高的成本费用是很难降下来的），这时候企业就危险了。

巴菲特从会计角度介绍说，伯克希尔公司把原来的3.58亿美元投资调减到0.895亿美元，从会计核算角度看非常复杂。

因为根据一般公认会计准则规定，保险公司在资产负债表上必须把它们的投资按照市场价值进行计算。而伯克希尔公司1994年第三季度末就把这个数据调整为0.895亿美元，并且在第四季度又把这笔差额反映为成本费用。这很好地体现了伯克希尔公司的实际价值，对投资者计算伯克希尔公司的内在价值会有非常大的帮助，因为这才是一个实事求是的数字。

【巴菲特读年报心得】

巴菲特认为，投资者在阅读上市公司财务年报时要关注该公司的成本费用水平是否高于同行。较高的成本费用对公司经营业绩来说，实际上是一颗定时炸弹。当宏观经济环境发生变化或整个行业走下坡路时，就是引爆这颗定时炸弹的时候。

降低费用意味着增加利润

> 尤为引人注目的是，政府雇员保险公司的保单数量增长了26%，收益大幅增长。与此同时，公司员工数量却减少了4%。由于我们能够如此显著地降低单位成本，所以我们能为客户创造更多的价值。这样的结果如何呢？GEICO去年赢得了更多的市场份额，获得了令人羡慕的盈利，并进一步提高了品牌影响力。
>
> ——沃伦·巴菲特

【巴菲特读年报的关注点】

巴菲特认为，投资者在阅读上市公司财务年报时有必要关注该公司的成本费用水平，以及相关成本费用是否都纳入了会计核算。道理很简单，成本费用和企业利润是一对此消彼长的矛盾，关心成本费用的核算和关注上市公司的经营业绩是一个问题的两个方面。

巴菲特在伯克希尔公司2005年年报致股东的一封信中说，伯克希尔公司在2005年这个巨灾之年，在保险业务方面依然取得了巨大成功，这应当归功于政府雇员保险公司及其明星经理人东尼·奈斯利的努力。财务数据清楚地表明，在过去的两年里，政府雇员保险公司的经营效率提高了32%。

尤其引人注目的是，该公司的保单数量增加了26%，收益大幅度增长。与此同时，该公司的员工数量却减少了4%。这表明，伯克希尔公司的保险业务能够通过显著降低单位成本，为客户创造更多的价值。而这样做的结果，势必会使政府雇员保险公司在2005年赢得更多的市场份额，获得令人羡慕的经营业绩，并且进一步提高品牌影响力。

巴菲特的意思是说，企业通过自身努力不断开拓业务，提高经营业绩，固然是可喜的，但同时也不能忘了通过挖潜改造、降低成本费用来增加经济效益。用中国人的话来说，这里包括“增收”和“节支”两个方面，两手抓，两手都要硬。

这方面，巴菲特最佩服的人是沃尔特·许洛斯（Walter Schloss）。巴菲特在1994年4月15日的一封信中说，前几天他刚刚收到一份沃尔特联合公司1993年的财务年报。他在读这份年报时，除了关注年报中的一些经营数据外，还特别留心费用、收入等相关数据。他认为，本杰明·格雷厄姆电影公司完全可以以它为创意拍一部《公民许洛斯》的电影。

沃尔特·许洛斯是本杰明·格雷厄姆的学生，也是巴菲特过去的同事。巴菲特是1954年在格雷厄姆·纽曼公司工作的，而沃尔特·许洛斯则是在1955年离开该公司的，1956年该公司就解散了。

究竟是什么数据会让巴菲特给予如此高的评价呢？原来他发现，沃尔特联合公司全年的办公费用只有1.1万美元，净收入却高达1900万美元。并且，该公司的固定资产只有2605美元。巴菲特特别强调，这里他并没有在后面忘了写“000”。

他说，沃尔特联合公司的经营风格值得我们每个人借鉴，真正已经具备这种能力的只有查理·芒格。巴菲特谦虚地说，沃尔特联合公司的这种经营模式，对于伯克希尔公司来说，可谓是可望而不可即的。

巴菲特在伯克希尔公司2006年年报致股东的一封信中说，早在1984年，他就对沃尔特·许洛斯惊人的投资业绩进行过公开讨论。

当时的背景是，在大多数主流大学商学院的投资课程中，都有一种主流观点，认为市场是有效的。这种理论认为，在一个有效的证券市场中，随着信息透明度的不断增加，投资者能够获得超额利润的机会越来越少，而获得平均利润的机会越来越多。但沃尔特·许洛斯的投资经历恰好能推翻这一观点，所以巴菲特呼吁大家关注沃尔特·许洛斯这个人，同时呼吁大学商学院的教授们对此进行研究。

然而事与愿违，巴菲特的呼吁并没有引起应有的反响，大学商学院中教投资课程的教授们依然在向一届届学生灌输市场有效理论。而这种理论在巴菲特看来不但不可思议，而且荒唐透顶。

他说，这些数以万计的受过教育的学生进入社会后，会对市场有效理论坚信不疑，从而认为每天的股票价格之所以是这个价格，一定是“正确”的；继而他们会认为对任何股票的内在价值进行评估都是“不必要”的。这样，就会使沃尔特·许洛斯们有机可乘，从而持续取得连续超越股市平均回报率的骄人业绩。

不用说，巴菲特这里所说的“沃尔特·许洛斯们”其中也包括他自己。他们两人有一个共同点，那就是从来不相信什么内幕消息，甚至连公开消息也很少参考，他们拒绝任何投资风险，而是完全根据从本杰明·格雷厄姆那里学到的一套方法进行操作，把管理成本和费用降到最低。

相比之下，沃尔特·许洛斯的做法比巴菲特更绝。例如，在1956—2002年的47年间，沃尔特·许洛斯的投资公司没有聘请任何秘书、职员和财会人员，他唯一的合作伙伴就是他的儿子爱德文——一位在大学里学艺术的硕士生。他们承诺，如果股东们不赚钱，他们自己不拿一分钱。

1989年，《杰出投资人文摘》记者采访爱德文时问，应该如何归纳总结他们的投资法则？爱德文介绍说，其实很简单，他们“只是努力地买便宜的股票”，对什么现代投资组合理论、技术分析、总体经济学派以及其他许许多多复杂的运算方法，完全置之不理。

对此巴菲特半真半假地说，沃尔特·许洛斯正因为没有读过商学院及相关专业，所以能够完全避免受市场有效理论的影响。这对投资来说，是“非常幸运”的。

【巴菲特读年报心得】

巴菲特认为，投资者在阅读上市公司财务年报时有必要关注该公司的成本费用高低，因为降低成本费用就意味着能够实实在在地提高公司经营业绩。无论是他，还是他最赞赏的沃尔特·许洛斯，他们的成功经验之一就在于在拒绝风险的同时降低费用。

相关成本是否都纳入了收益

经理人在思索会计原则时，一定要谨记林肯总统最常讲的一句俚语："如果一只狗连尾巴也算在内的话，总共有几条腿？答案还是四条腿。因为不论你是不是把尾巴当作一条腿，尾巴永远还是尾巴！"这句话提醒经理人，就算有会计师愿意帮你证明尾巴也算是一条腿，你也不会因此就多一条腿。

——沃伦·巴菲特

【巴菲特读年报的关注点】

巴菲特认为，投资者在阅读上市公司财务年报时有必要关注该公司的相关成本费用是否都纳入了收益核算，用会计术语来表述就是"权责发生制"。换句话说，凡是与收入相关的成本和费用都必须纳入核算，不能多也不能少。

巴菲特在伯克希尔公司1992年年报致股东的一封信中说，经营管理层在考虑会计准则时，一定要牢记美国前总统林肯经常讲的一句俗语——"如果一只狗连尾巴也算在内的话，总共有几条腿？答案还是四条腿。因为不论你是不是把尾巴当作一条腿，尾巴永远还是尾巴！"尾巴是不可能和狗腿计算在一起的。即使有注册会计师愿意帮你证明尾巴也是一条腿，你也不会因此就真的多出一条腿来。

巴菲特的意思是说，即使上市公司聘请的会计师事务所愿意帮其进行财务造假，其真实的经营业绩（内在价值）依然不会因此发生改变。

巴菲特说，这方面最典型的例子是企业发行认股权。他在伯克希尔公司1985年年报致股东的一封信中认为，不要说滥用认股权了，就是规划得当的认股权的发行也相当没道理。可是，几十年来，企业界一直攻击会计准则制订者，要求他们把发行认股权的相关成本排除在损益表外。

换句话说就是，企业界希望不要把这种发行认股权的成本作为"成本"计算，这样他们就可以不用抵扣当年利润了。从另一个角度看，这实际上就把一部分应该纳入的成本排除在外了。

上市公司发行认股权的成本是不是“成本”呢？对于非专业会计人士来说，这可能不太容易说得清。公司管理层认为发行认股权的成本不是成本的理由是，认股权的价值很难进行衡量，所以其发行成本干脆就应该忽略不计；或者他们认为，如果要计入认股权成本，会给以后新成立的公司造成不利影响，因为在扣除当期利润后，经营业绩会受到影响。

为了配合上市公司管理层的这种观点，相关管理部门也发表意见说，这种发行认股权成本“确实”不能作为成本来对待，因为从头到尾相应公司根本就不用从口袋里往外掏一分钱。

巴菲特认为，这种一唱一和的局面，实际上给美国所有企业大幅度改善账面利润提供了一个好机会。他讽刺说，如果你是上市公司的首席执行官，同时又喜欢充分运用各种“不付现金就不算支出”的会计理论，那么你可以立即打个电话到伯克希尔公司找他，用这种认购认股权的方式来支付保险费用就行了。

巴菲特的意思是说，无论这种保险费用在对方公司账面上是不是算作成本费用，这对伯克希尔公司来说都不重要，所以对方公司多投一点也无妨。反正这笔钱已经到了伯克希尔公司的账面上，马上就会变成伯克希尔公司的保险浮存金，继而变成利润。

巴菲特提醒投资者注意，只要公司把某些有价值的东西交给别人，那就一定是有成本支出的，与是不是现金付出的没有关系。如果有人因为这种付出成本难以准确计量就不将其算作成本的话，那么，这种观点既愚蠢又令人啼笑皆非。因为谁都知道，会计核算本来就是建立在一系列会计假设基础之上的，也就是说会计核算充满了不确定性。

举个例子来说，无论是哪一位首席执行官或会计师，都无法正确估计一架波音747客机的寿命到底有多长。接下来的问题是，如果不能精确判断这架客机的寿命有多少年，就不能计算这架客机每年应该分摊的折旧费用了吗？显然能够计算。更何况，在保险行业，对未来损失的估计更是出名的无法预料，谁都做不到精确评估。相反，正因为这种估计无法做到十分精确，所以才需要由诚实而富有经验的人来把关，然后把它计算在会计账面上。

对于上市公司发行认股权的问题，归纳起来，巴菲特的观点是，如果这种认股权不是一种给予公司管理层的劳动报酬，那它又是什么呢？如果一家上市公司都不把劳动报酬算作成本费用的话，那么什么才算是成本费用呢？并且这笔支出又应该在哪个会计科目中进行核算呢？

从这个角度看，上市公司管理层长期不遗余力地呼吁不要把认股权发行费用列入公司成本，必定会产生一系列的混乱和副作用。而会计学者和证券监管部门长期受这个问题干扰，却没有明确表示反对，他们必须感到羞愧。

因为把认股权发行费用列入成本是铁板钉钉的事，这就和固定资产折旧摊销一样，它的成本实际上在购置固定资产（发行认股权）时就已经产生了。如果仅仅为了以后账面上能够好看一些，就把它剔除在外，这既不合常理，更违反会计准则，甚至还会失去社会公信力。

实际上，类似这样的情形在会计核算中有许多。巴菲特之所以把认股权发行拿出来举例，一方面是因为这个问题比较容易说清楚，普通读者也容易听得懂；另一方面也是因为这个问题事关重大，不但牵涉的数额巨大，而且关系到有关会计准则的根基等一系列问题。作为一个有影响力的人物，他不得不挺身而出，旗帜鲜明地表明自己的观点。

【巴菲特读年报心得】

巴菲特认为，投资者在阅读上市公司财务年报时要关注该公司是否将认股权发行等产生的相关成本费用都纳入了本期核算。这对一个非会计专业投资者来说虽然要求高了点，却是必需的，因为这会从根本上影响到该投资者对该公司经营业绩是否真实可靠的准确判断。

看公司管理费用是否过高

企业界许多重要人物对于美国政府的开销颇有微词，指责官僚体系在支出上无法将纳税人的钱视为自己的钱一样有所节制。不过，有时这些企业高层在公司的财务上也会因为钱并不从自己口袋拿出来，而展现出不同的行为模式。

——沃伦·巴菲特

【巴菲特读年报的关注点】

巴菲特认为，投资者在阅读上市公司财务年报时有必要关注该公司管理费用是否过高。道理很简单，过高的管理费用必然会侵蚀一个公司的正常利润，这实际上也是对投资者利益的一种侵害。

巴菲特在伯克希尔公司2006年年报致股东的一封信中说，企业界许多重要人物对美国政府的费用开支颇有看法，他们指出这种官僚体系在费用支出上，没有把纳税人的钱当作自己的钱一样来珍惜。不过，有时候这些企业高层在公司财务上也会这样——因为钱不用从自己的口袋里往外掏，所以他们就表现出不同的行为模式，即费用支出过高。

当然，这些公司高层中并不包括巴菲特这样的厉行节约者。他举例说，2006年伯克希尔公司向政府申报的所有文件页数高达9386页，这些文件的处理以及其他业务的办理，包括向美国州政府、外国政府的税务申报，美国证券监管部门要求按期限完成的许多报表，以及所有与伯克希尔公司营运相关的各种事项，都是由伯克希尔公司全球总部的19个人完成的。

数据表明，2006年伯克希尔公司向美国联邦政府缴纳的所得税金额高达44亿美元，可以应付整个美国政府机构有关社会福利、国民保健、国防开支等所有成本半天以上。而伯克希尔公司全球总部的办公场所占地面积只有9708平方英尺（约900平方米），查理·芒格所在的洛杉矶美国西部全球总部占地面积更是只有655平方英尺（约60平方米）。当年伯克希尔公司花费在这两个办公地点的所有开支（包括员工福利、房租等在内）为353万美元，平均每人只有18.58万美元，可见其费用是很节省的。

巴菲特的言外之意是，这种费用的节省一方面是他和伯克希尔公司的一贯作风，另一方面也是公司股东的福音。因为作为公司首席执行官和大股东的巴菲特来说，即使费用开支大一点别人也无话可说，可他之所以如此吝啬，还是为了整个公司的业绩。而这区区几百万美元，实际上只相当于某家全球大公司某一位高层管理人员的年薪而已。

巴菲特在伯克希尔公司2011年年报致股东的一封信中，提到了一个衡量公司管理层薪酬高低的简单判断，“如果我们能够让公司内在价值的增长超过标准普尔500指数的增长，那么我们才能对得起我们拿的薪酬。如果我们没有做到，那么不管我们拿的薪酬金额是多少，肯定都过高了。”由于公司的内在价值无法精确计算，所以这里可以用每股净资产来简单替代。

巴菲特曾经半真半假地开玩笑说，他之所以会取代比尔·盖茨成为全球首富，关键是他比比尔·盖茨“更节省”。这虽然是一句玩笑话，可是却也多少能从中反映出他的费用节省观念来。

巴菲特曾经以他身边的一则小故事为例，来说明上市公司高层管理人员是如何不把公司的钱当钱用的。

那是20世纪80年代，他在所罗门投资银行担任董事。为了给该公司高层管理人员提供方便，公司专门聘请了一位理发师，每个星期为他们上门服务。同时还有一位专门负责修剪指甲的人，费用当然是由公司出了。由于有这种单位“福利”，该公司一位高层管理人员（不是首席执行官）每个星期都要去那里报到，因为“不用白不用，用了也白用”嘛。

后来，公司为了节省开支，提出所有前往接受理发、修剪指甲的人，费用需要自理。这样一来，这位高层管理人员虽然还经常会去那里报到，可是时间间隔却改成了三个星期一次，而不是每星期一次了。

巴菲特的阅历，决定着他在这方面对人性洞察得很透。他介绍说，他就是根据这一点收购了一家企业。那是1970年，伯克希尔公司收购了一家蓝筹票据公司，该公司的主要业务是为顾客提供各商家的优惠购物券。由于人性的弱点是爱贪小便宜，所以凡是打折出售的商品，在哪里都受欢迎，美国人也不例外。直至发展到一些特殊行业（如殡仪馆）也在使用这种优惠兑换券时，巴菲特认为自己找到了一种稳赚不赔的生意。

当时蓝筹票据公司的商品目录页多达116页，翻开一看，到处都是消费者十分喜爱的兑换商品。这些商品，票面金额高达600亿美元，兑换点遍布美国加利福尼亚州，该公司年销售额高达1.26亿美元。

然而，该公司自从被伯克希尔公司并购后却立刻走上了下坡路。1980年该公司的销售额只有1940万美元，1990年更是只剩下150万美元，2006年仅为2.59万美元，简直可以忽略不计了。此是后话。

正是因为巴菲特有这样的勤俭节约观念，所以在他担任伯克希尔公司以外的其他19家上市公司的董事时，几乎所有上市公司的酬薪委员会都对他避之唯恐不及。之所以说“几乎所有”，是因为其中只有一家上市公司的酬薪委员会邀请他担任委员。而即使这样，在大多数关键性决策上，每当他提出节省高层管理人员工资费用等建议时，依然会立刻遭到否决。

巴菲特感叹道，在伯克希尔公司，他是酬薪委员会的唯一成员。他的意思是说，在当时伯克希尔公司旗下的40家重要企业中，所有首席执行官的酬薪和奖励方案都是他一个人说了算，而他在这方面几乎没花什么时间。

接下来的问题是，巴菲特的这种“小气”是不是影响到了伯克希尔公司的事业发展呢？没有，完全没有。一个充分而有力的证据是，在过去的几十年里，伯克希尔公司旗下子公司中，几乎从来没有首席执行官因为待遇过低而跳槽的。

【巴菲特读年报心得】

巴菲特认为，投资者在阅读上市公司财务年报时有必要关注该公司高层管理人员的酬薪标准是否过高，酬薪标准过高必定会在某种程度上侵犯全体股东的利益。虽然这是上市公司的一种普遍做法，却又是值得投资者用脚投票的。

成本核算是积极还是保守

不论如何，我们还是要继续完成这次练习。由于去年我们没有遇到什么重大的灾难，所以实有必要将账面盈余向下调整，以算出正常合理的承保绩效。

——沃伦·巴菲特

【巴菲特读年报的关注点】

巴菲特认为，投资者在阅读上市公司财务年报时有必要关注该公司的成本核算是偏向于积极还是偏向于保守。这有助于投资者了解该公司的经营业绩是否有水分，或者说是否有埋伏，便于投资者更好地判断该公司的内在价值究竟有多少。

巴菲特在伯克希尔公司2002年年报致股东的一封信中说，当年伯克希尔公司有两项有利因素使财务年报数字特别好看，投资回报率超过当年标准普尔500指数32.1个百分点。具体地说：一是当年美国没发生什么重大自然灾害，从而使包括伯克希尔公司在内的所有保险公司比正常年份赚得更多；二是当年的美国债券市场特别有助于伯克希尔公司金融产品部门的策划运作，而这样的好事不常有。

无论如何，伯克希尔公司还是要继续完成这样的业务。因为这两项因素的存在，使伯克希尔公司取得了优良的经营业绩（巴菲特称之为“有点反常”的经营业绩）。所以，为了保守起见，伯克希尔公司实在有必要将账面利润向下调整，从而得出比较正常、合理的承保业绩。

这里容易看出，面对优良的经营业绩，巴菲特采取的措施是坦诚相告，而不是像绝大多数上市公司管理层那样，遇到业绩优良的年份，他们就宣称业绩优良是因为他们“经营有方”；而一旦遇到业绩不良的年份，他们便总是千方百计强调各种客观原因。这种现象不但经常出现在上市公司的各种总结中，而且可以说贯穿于所有官僚体系。

巴菲特提醒大家说，当某一年飓风、地震以及其他人为灾害频繁发生时，许多保险公司往往会声明，“如果”没有发生什么什么灾害，该公司的经营业绩可以达到什么样的预期目标。他们的意思好像是说，该公司之所以没有达到原定的经营目标，都是这些自然灾害给害的。

但在巴菲特看来，这种理由实在是牵强附会，“根本就是一派胡言”。究其原因在于，各种各样的特殊灾害对于保险公司来说司空见惯，如果不是这样，客户为什么还要投保呢？所以，在这种情况下，没有实现预期的经营业绩，责任完全是公司的，不能推到自然灾害上，更不能转嫁给公司股东。

正因如此，当2002年宏观环境一切比较顺利，伯克希尔公司取得了骄人业绩的时候，巴菲特提出有将账面利润向下调整的必要，这就给投资者这样一个信息——利润中有一部分数字是“老天帮忙”得到的，而不是公司管理层“经营有方”造成的。所以，以后遇到自然灾害频发的年份，伯克希尔公司的经营业绩可就不会这么好了，大家要有心理准备。

那么，伯克希尔公司当年究竟应该将账面利润向下调整多大的数额呢？巴菲特说，在扣除了这几项有利的短暂因素后，伯克希尔公司当年实现的税前利润应该比账面利润减少约5亿美元。

与巴菲特进行这样的调整相比，其他上市公司通常认为盈利“多多益善”。也正因如此，读者很难从后者的财务年报中获得真实信息。具体地说就是，它们的经营业绩中究竟有多少是自然增长的，有多少是通过其上下努力得到的，还有多少是因为受当年特殊环境的影响所造成的，不得而知。如果上市公司都能像巴菲特一样进行这样的客观分析，投资者阅读财务年报时就要方便得多。

这种在成本核算方面的积极与保守态度，用中国人过去熟悉的话说，就叫“宁左毋右”。“宁左毋右”这一说法最早出现在20世纪六七十年代中国的“文化大革命”时期，意思是说，许多人做事情或发表观点时，都害怕被别人说犯了“右倾主义”或“右倾思想”错误。这样一来，他们无论是做事情还是发表观点，都喜欢“宁左毋右”。“左”，表示自己是激进的、革命的；“右”则相反，表示自己是落后的、不革命甚至是反革命的。这在当时是一种普遍流行的明哲保身的做法。

而在一家上市公司的财务年报中，如果其“宁左毋右”，则表明该公司的成本核算是比较积极的，表明该公司应该计入成本费用的项目都包括在内了，没有遗漏或少计部分。这样做的结果是，这时候反映在它的财务年报中的经营业绩数据是真实可信的，甚至还是比较保守的，或者是有埋伏的，实际经营业绩比这个数字要好，甚至会好得多。

这一观点反映在会计假设中，就是著名的“谨慎性原则”。意思是说，当有些成本费用或有或无、不确定时，这时候应当尽量把这些成本费用计算在内，至少不能故意遗漏或少计，以确保核算结果真实可靠。

谨慎性原则也叫审慎原则、稳健性原则、稳健主义等。因为在会计核算环境中存在诸多不确定因素和风险，所以企业要充分运用比较谨慎的职业判断、稳妥的会计方法进行核算，充分预计可能存在的负债、损失、费用，尽量少计或不计无法确定的资产和收益，以免财务年报中反映的会计数据让报表阅读者盲目乐观。

谨慎性原则是在保守主义基础上发展起来的，但又和保守主义不一样。其主要区别在于，保守主义会确认一切可能发生的损失，但又会尽量避免预计任何可能得到的收益。这样就必然会造成信息误导。

【巴菲特读年报心得】

巴菲特提醒说，上市公司年报中有许多是“拟制性盈余”，其主要特征是公司经营业绩从来不会低于注册会计师审核过的数据。在伯克希尔公司，这种经营业绩远远高于会计师审核数据的情形非常少见，相反却显得保守。

降低成本有没有尽到力

> 不过对于《世界百科全书》来说，这可不是一件简单的事。尽管如今它是全美仅存的以直销方式销售百科全书的业者（《大英百科全书》退出了这个市场），不过它的销售数量还是呈现下滑状态。另外，《世界百科全书》还投入大笔经费，用在 CD 版的新产品之上，但其效益至少要等到 1997 年年初与 IBM 的合作正式展开后才有可能显现。
>
> ——沃伦·巴菲特

【巴菲特读年报的关注点】

巴菲特认为，投资者在阅读上市公司财务年报时有必要关注该公司在降低成本费用方面有没有尽到力。这不仅是态度、水平问题，更是涉及全体股东利益的问题，与每一位投资者（股东）都有着密切的联系。

巴菲特在伯克希尔公司1996年年报致股东的一封信中说，当年伯克希尔公司旗下的《布法罗新闻报》公司、鞋类事业公司、《世界百科全书》公司等经营业绩都有大幅度上升。不过，这对于《世界百科全书》公司来说，可不是一件简单的事。要知道，在《大英百科全书》公司退出这个市场后，它是美国仅存的通过直销渠道销售百科全书的经营者，不过其销售数量仍然呈下滑趋势。除此以外，《世界百科全书》公司还投入大笔经费，用于CD版新产品的开发和推广，但其效益至少要等到1997年年初才有可能显现。

巴菲特的意思是说，《世界百科全书》公司在销量下滑、渠道费用增加等情况下，之所以能提高经营业绩，主要依靠的是改变销售方式以降低总部运营成本，确保自身在激烈的市场竞争中能够生存下去。如果不是采用彻底降低固定成本的办法，该公司的经营利润就可能会消失殆尽。

与此相反的是，巴菲特以前一直赞赏的珠宝事业当年的经营业绩却大幅度下滑。波仙珠宝公司的表现还可以，赫尔兹伯格钻石公司的利润就出现了大幅度下降。究其原因在于，当销售收入徘徊不前时，每个销售网点的平均费用就会持续增加，这就必然会侵蚀到整个公司的利润。

应该说，成本费用策略作为商业机密，普通投资者很难从财务年报中看出来。财务年报中反映的成本费用，只能表现为一个个具体数据。而巴菲特作为首席执行官和业内人士，对这方面当然了如指掌。

所以，他在具体设计伯克希尔公司及其旗下子公司经营管理层的奖励方案时，就会充分考虑到这一点。

伯克希尔公司旗下子公司有六七十家，这些奖励方案全由巴菲特一个人定夺，这在其他上市公司中简直是不可能完成的事，但巴菲特就是有这个本事。他的原则是，根据子公司经营管理层负责的某个项目的经济潜力和资本密集程度，尽量化繁为简，同时保持横向平衡。

巴菲特在伯克希尔公司2006年年报致股东的一封信中说，伯克希尔公司在设计经营管理层的奖励措施时，并不希望经理人产生投机心理，以为能够轻轻松松地得到与经营业绩表现无关的报酬。如果一位经理人尽到了努力，最终由于其他因素的影响，经营业绩不尽如人意，他也应该得到应得的报酬；相反，如果一位经理人没有尽力，却由于某种因素的影响，经营业绩非常好，让伯克希尔公司大展宏图，他也不该从中得到任何好处。

巴菲特举例说，伯克希尔公司当时进行着610亿美元的股权投资，所以它的内在价值在任何一年里上升或下降10% 是轻而易举的事，也是完全正常的。而这10% 就是60亿美元。无论这60亿美元对公司股东的重要性如何，他都想问，为什么要把明星经理人的收入和这60亿美元——而不是和他们的自身努力——紧密联系在一起呢?

应该说，巴菲特这种把业绩考核与每个人的自身努力紧密挂钩的做法，非常人性化，也非常合情合理。只不过，如果这种考核不能与明确的指标挂钩，在中国上市公司中，就很可能会出现业绩好了管理层的奖励会增加，业绩下滑了，管理层会寻找各种托词减轻处罚的结果。那么，巴菲特为什么就能做到这一点呢?他在伯克希尔公司1979年年报致股东的一封信中，早就透露了这个秘密。

他说，伯克希尔公司的财务决策一向属于中央集权，并且决策权集中于最高当局（实际上就是巴菲特本人，只不过他没有这样明说罢了）。可是在具体经营方面，他完全授予公司管理层或具体项目负责人充分的自主权。当时的伯克希尔公司总部只有12个人，这种扁平化组织结构能够大幅度地降低成本，并能缩短决策过程。更重要的是，伯克希尔公司拥有一大批明星经理人，他们能够像经营自己的事业那样在工作岗位上尽情发挥，所以他们的表现远远超出巴菲特的预期。

从中容易看出，一家上市公司能不能在降低成本费用方面尽到最大的力，最关键的恐怕不在于考核措施是否到位，而在于公司管理层是否真正尽心尽职。伯克希尔公司及其旗下子公司之所以能做到这一点，最关键的还是巴菲特给各位明星经理人树立了一个好榜样。在这种以身作则的榜样的影响下，各明星经理人都能像经营自己的事业那样对待工作，当然就能确保事业蒸蒸日上了。

巴菲特在伯克希尔公司1985年年报致股东的一封信中说，伯克希尔公司旗下的资本城公司，投资35亿美元并购了美国广播公司。虽然这项投资在几年内都看不到效益，但他心里一点也不着急。他说，就算你才华与努力两者兼备，也是需要时间来发酵的。他幽默地说，就算你有本事让9个女人同时怀孕，也不可能让这些孩子在1个月里就生出来。

由此可见，降低成本费用的关键，主要取决于管理层的指导思想。

【巴菲特读年报心得】

巴菲特认为，投资者在阅读上市公司财务年报时有必要关注该公司在降低成本费用方面有没有尽力。投资者虽然单纯从财务年报中很难看出这一点，但可以从中察觉到一些蛛丝马迹。在他看来，公司管理层有没有尽力比实际结果更重要。

特别注意账外潜在成本

> 这个公式（Black - Scholes 公式）蕴含了传统的智慧，任何我可能提出的替代品都会引起极端的质疑。这个很好理解，保守主义方面，那些建造自己的烦琐的金融工具估价模型的CEO很少犯错误。但我和Charlie都没有欲望加入乐观主义的行列。
>
> ——沃伦·巴菲特

【巴菲特读年报的关注点】

巴菲特认为，投资者在阅读上市公司财务年报时有必要关注该公司的成本费用，其中特别要关注该公司有没有账外潜在成本，及其数额大小。因为这种潜在成本不在账面上，所以仅仅看会计数据看不出来。但投资者可以通过了解该公司的经营业务内容和会计核算方法，对此做出大致的判断。

巴菲特在伯克希尔公司2008年年报致股东的一封信中说，Black – Scholes 公式在金融界有着近乎神圣的地位，伯克希尔公司也是用它对卖出股票的期权进行定价的，以后也会这样做。

不过，这个计算公式虽然蕴含了传统智慧，却也有许多问题。从比较保守的角度考虑，那些发明烦琐金融工具估价模型的首席执行官好像很少犯错误，但他和查理・芒格不想加入这种乐观主义的行列。

巴菲特在这里所提到的“Black – Scholes 公式”，中文称为“期权定价模型”，英文缩写为“OPM”，最早是由两位美国科学家 F.Black 和 M.Scholes 在1973年提出来的。该模型对于评估期权价值这种特殊无形资产具有重要意义。正因如此，该公式的两位发明者获得了1997年的诺贝尔经济学奖。

巴菲特的意思是说，如果一家上市公司用到了 Black – Scholes 公式，就表明该公司业务中含有股票期权等金融衍生产品业务。而这种金融衍生产品很危险，它们会急剧增加，并放大金融系统中的杠杆和风险，从而使投资者几乎不可能理解和分析商业银行和投资银行的行为。

本书提请读者注意的是，巴菲特是在2008年年报中重点谈到这个问题的。虽然在此以前，他也谈到过金融衍生产品的问题，却没有这次这么集中而深刻。当时的背景是，2008年年初，美国开始爆发次贷危机，并且于当年年末升级为全球金融危机。伯克希尔公司受此连累，投资业绩大幅度下降。当年伯克希尔公司 A 类股票的每股价值从90343美元下跌到77793美元；B 类股票每股价值从4093美元下跌到3921美元；伯克希尔公司的股票价格从该年年初的每股14.16万美元下跌到年末的9.66万美元，跌幅达32%，是1976年以来跌幅最大的，只不过仍然低于标准普尔500指数跌幅。

在巴菲特看来，这次金融危机几乎给所有上市公司都造成了重创，并且几乎给所有上市公司都造成了潜在的账外损失。只不过有的损失已经在财务年报上得到了反映，有的损失还没来得及反映，或者只反映了其中的一部分。

巴菲特说，2008年爆发金融危机，实际上说明某些大金融机构的首席执行官并没有能力管理这种庞大的金融衍生产品业务。他说，即使他和查理·芒格也没有这个能力。

巴菲特之所以这样说，是因为早在1998年，伯克希尔公司并购了通用再保险公司。当时他就知道通用再保险公司规模达23218份、884个项目的金融衍生产品业务风险无法避免，因为其中有许多内容他们连听都没听说过，更不知道如何操作了。就这样，他们最终选择了退出。但这个过程的时间跨度超过5年，损失超过40亿美元。

不过现在回过头来看，他们当时做出退出的决定还是很明智的，因为当时的整个金融市场还算是良性的。如果经营到现在（2008年），他们的损失会更大。

巴菲特提醒说，上市公司的账外潜在成本是和其透明度紧密联系在一起的。如果某项经营业务，如金融衍生产品业务，缺乏透明度，就必然会存在这种潜在风险所导致的潜在成本。而他从来没有看到过任何一份报告是描述或衡量金融衍生产品组合风险的。

他开玩笑说，当他看到一些上市公司的公开资料中涉及金融衍生产品业务时，就知道自己无法理解它们的投资组合到底是干什么的，然后他就得赶快回去吃几片阿司匹林镇镇痛、退退热。

为什么说金融衍生产品业务会存在潜在风险和潜在成本呢？巴菲特介绍说，正常的股票、债券交易都应该在几天内完成，一方得到钱，另一方得到证券。交易完成后，交易双方的违约风险就消失了。

这里成功的关键是快速结算，这是保持证券市场完整性的关键。这也是美国纽约交易市场和纳斯达克交易市场1995年要把结算周期从5天缩短到3天的原因。

可是，金融衍生产品业务的特点恰恰与此相反，这种交易通常在几年甚至几十年里都不进行结算，反而要向对方提出一系列的要求。这样，相关公司每年反映在财务年报的资产负债表中的相当一部分内容，实际上就成了非常难以量化的“纸”资产和“纸”负债。

千万不要以为这些交易因为没有完成就没有风险。恰恰相反，即使交易的一方——大型金融机构是安全可靠的，也不能保证你的资产和负债就是安全可靠的。

因为大型金融机构与它的客户之间有着高度依赖的业务网络，财务杠杆比率很高。

这种高度依赖的业务网络，本来是有正面作用的，即在对方遇到麻烦时，可以让别人来分担风险，获得政府救助。可是，这种业务网络同样也会“传染”麻烦，当一家公司倒闭时，会连带其他公司像多米诺骨牌一样倒下。说句不好听的话，对方就像是一位艾滋病人，用美国话来说就是“重要的不仅仅是你和谁睡，还有他们和谁睡”。这里的意思是说，如果“他们”和别人睡，因此染上了艾滋病，那么你也就危险了。

【巴菲特读年报心得】

巴菲特认为，投资者在阅读上市公司财务年报时有必要关注一下该公司是不是还有账外潜在成本没有计算在年报内。当你觉得该公司的业务有你看不懂的地方时，或许你就应当想到这一点。巴菲特以金融衍生产品为例，阐述了他的这种观点。

成本高低要看具体数据

> 保险业营运综合比率代表保险的总成本（理赔损失加上费用）占保费收入的比例。这个比率，100 以下代表有承保的损失，100 以上则代表有承保的获利；100 以下代表有承销利益，100 以上代表有承销损失。若把持有保费收入浮存金（扣除股东权益部分所产生的盈余）所产生的投资收益列入考量，损益两平的范围在 107~111。
>
> ——沃伦·巴菲特

【巴菲特读年报的关注点】

巴菲特认为，投资者在阅读上市公司财务年报时有必要关注该公司的成本高低。这种成本高低，投资者除了凭借专业水准和感觉判断，还必须依据具体数据来认定。总体来看，对于内行的人来说，主要应当看相关数据；对于外行的人来说，当然只能主要凭感觉了。就一些业务来说，会有相关数据供投资者参考；而另一些业务，投资者就只能进行定性判断了。

巴菲特在伯克希尔公司1990年年报致股东的一封信中说，保险业务的营运综合比率，代表的是保险公司的总成本占保费收入的比率。这里的总成本，包括保险理赔损失和费用两部分。这个综合比率如果在100以下，表示有承保损失，在100以上，表示有承保获利；在100以下，表示有承销利益，在100以上，则表示有承销损失。如果把保险浮存金所产生的投资收益也考虑在内，这个比率的盈亏平衡点应该在107~111。

在这里，巴菲特详细介绍了衡量保险业务成本高低的具体指标，听起来好像在说绕口令，其实很容易理解——保险业务的运营总成本包括这样两部分：一部分是保险业务发生后必须支出的成本和费用，包括税金；另一部分是一旦发生承保损失，保险公司需要理赔给客户的那部分支出，如果不发生承保损失，保险公司就不需要付出这笔成本。这样两部分加起来，就构成了保险业务的总成本。

而这笔保险业务的总成本除以保费收入，如果大于100（实际上是100%，下同），就表明支出大于收入。这时候对于保险公司来说，就会有承销损失；而对于投保客户来说，就会有承保获利。与此相反，如果这个比率小于100，就表明这时候的保险业务总成本小于保费收入。这时候对于保险公司来说，就会有承销利益；而对于投保客户来说，就形成了承保损失。就这么简单。

众所周知，保险业务开展的过程中是会产生保险浮存金的。伯克希尔公司之所以热衷于开展保险业务，就是因为巴菲特发现了保险浮存金这个秘密，并且擅长把它用于再投资，从而取得惊人的投资业绩。所以，在谈到保险业务的成本费用时，绝不能撇开浮存金避而不谈。巴菲特介绍说，如果考虑浮存金因素，这时候的盈亏平衡点就不是100了，而是在107~111。

应该说，投资者在阅读上市公司财务年报时如果能很清楚地了解这些，会比较容易看出该保险公司与同行相比，盈利额是大是小，以及盈利来源、今后的盈利增长点等。相反，如果投资者根本不知道有这样的秘密，阅读财务年报时也就不会运用这种方法来分析，从而就不利于判断该公司的内在价值究竟是高是低了。

巴菲特总结说，从伯克希尔公司过去25年来的情况看，每年的保险业务总成本增加比率都在11%左右。这表明，伯克希尔公司今后几年的保费收入年增长率如果达不到这个水平，就意味着它在保险业务运作上的利润将会减少。

巴菲特的意思是说，投资者可以根据这样的规律，来对照伯克希尔公司以及其他保险公司的业绩增长速度是否正常。因为通常来说，在经济形势不好的时候，保险公司会把损失暂时隐藏起来，不至于让财务年报过于难看。

例如，如果某一年某保险公司的保费收入与上年持平，那么，当年的业绩增长速度实际上就要比上年减缓11%左右。如果你现在看到的业绩下降幅度并不是11%，例如只下降5%，这时候你就应该联想到，该公司是不是隐藏了部分损失？如果更进一步，该公司当年的业绩不但没有下降，而且还有大幅度上升，那么这时候你就要看是什么因素促使其业绩大幅度增长的？投资者在阅读财务年报时，就是要分析到这一步才行。

有人会说，既然保险业务的总成本每年都在增长，那么能不能通过提高保费标准来提高保费收入呢？

巴菲特说，这种情况不是不可以，但只有在整个保险行业同时提高保费标准时才有可行性。而这一点，只有在几乎所有保险公司都承受不了巨额承保损失时，才可能会促使这些公司大幅度提高保费标准。如果真的有这么一天，那么伯克希尔公司一定会提前做好准备，因为这意味着其他保险公司又要纷纷“交钱”给伯克希尔公司了。

巴菲特的意思是说，这时候的伯克希尔公司会凭借强大的财务实力，开展真正超大型的意外灾害保险（霹雳猫再保险）业务。既然整个保险行业形势恶劣到了这一步，那么它们就会纷纷投奔伯克希尔公司，这对伯克希尔公司的保费增长是有极大好处的。

【巴菲特读年报心得】

巴菲特认为，财务年报中的有些成本费用是有具体数据标准的，当然，这些标准在不同行业会有所不同。他以保险行业为例具体说明了这一点。对于普通投资者来说，最重要的是，要尽可能通过了解这些常规来打探内情。

成本过高有时候也有优势

要维持高等级的安全服务水平，其代价肯定相当高昂，这种情况在“9·11”事件发生之后更是如此。不过不论成本有多高，我们还是努力在这些方面成为产业趋势的领导者。对于服务丝毫不打折扣地坚持，早已深植在该公司总裁兼飞机部分所有权创始人 Rich Stantulli 的基因里头。

——沃伦·巴菲特

【巴菲特读年报的关注点】

巴菲特认为，投资者在阅读上市公司财务年报时有必要关注该公司的成本费用高低，但需要注意的是，有时候成本过高也有优势，这就是通常大家所说的“好货不便宜，便宜没好货”。这时候，相对较高的成本费用投入可能表明该公司提供的产品和服务水平较高，甚至是第一流的。

巴菲特在伯克希尔公司2001年年报致股东的一封信中说，伯克希尔公司旗下的企业主管飞行公司要想维持高等级的安全服务水平，就必须付出相当高昂的代价。这在2001年“9·11”恐怖袭击事件爆发后尤其如此。无论在安全方面的成本投入有多高，企业主管飞行公司都要努力成为这个行业的领导者。这种对于服务质量方面的要求，已经深深根植于该公司创始人李奇·斯坦图利（Rich Stantulli）的脑海中。

巴菲特说，无论从伯克希尔公司的利益出发，还是从他个人角度来看，他对李奇·斯坦图利在安全成本方面投入的这种执着都感到相当高兴。从公司角度看，由于企业主管飞行公司在安全方面抓得紧，所以可以确保安全无虞。这样，该公司赚到的每一分钱都可以放心地落入口袋，不至于担心什么时候要作为赔偿支付出去。而作为个人来说，整个巴菲特家族是企业主管飞行公司的最大客户，使用该公司的飞行业务非常频繁。巴菲特举例说，2001 年巴菲特家族在该公司购买的飞行总时数超过 800 小时，而这种乘座服务和普通客户得到的服务没什么两样。也就是说，该公司的飞行安全越有保障，对巴菲特家族的飞行安全越有利。

巴菲特在伯克希尔公司 2000 年年报致股东的一封信中提到，当年企业主管飞行公司投资了 2.72 亿美元购买飞行仿真器，2001 年在这方面的投入与此大抵相当。该公司之所以在这方面有如此大的投入，就是为了确保飞行安全，维持原有的竞争优势。对于企业主管飞行公司来说，以后的发展前景值得期待，所以为了长远发展，在这方面的投入绝不能减少和马虎。

巴菲特的意思是说，企业主管飞行公司之所以在全球拥有如此强大的竞争力，秘诀之一就在于它舍得投入巨额成本。而这种巨额成本的投入，已经让企业主管飞行公司和伯克希尔公司乃至巴菲特家族尝到了甜头，那就是可以让大家高枕无忧，再也不用为这些行业中最令人担惊受怕的安全问题担忧。

巴菲特说，企业主管飞行公司 1999 年每个月的固定管理费用增长率达到 46%，2000 年每个月固定管理费用的增长幅度达到 49%。成本费用增长得如此迅速，表明这个行业的毛利率并不高，因此，能够在激烈的竞争中生存下来的同行并不多。而企业主管飞行公司虽然在这方面独占鳌头，可是由于相当一部分利润要用在开展欧洲业务上，所以其投资回报率依然不高。

巴菲特的意思是说，企业主管飞行公司目前的投资回报率虽然并不高，可是在安全方面的成本投入依然不减。他说，无论在这方面的成本投入有多高，只要是从安全角度考虑，企业主管飞行公司都会愿意不惜血本投入，并且在任何情况下都会坚持这项政策。

也许有些读者会认为巴菲特是在唱高调。想想也是，哪个上市公司在股票上市时，不是对其发展前景特别看好，让股东们感到欢欣鼓舞甚至热血沸腾呢？可是没过几年，这些上市公司就会陷入这样一条轨迹——经济效益越来越差，几年不进行红利分配；发生亏损，一连多年ST（Special treatment）；接着空剩一个壳资源，将其拍卖出去，再以“资产重组股”的概念在股市中亮相；炒作一番之后，再进入下一个死循环。

而巴菲特的高明之处在于，他不但不用欺骗投资者（股东），而且总会低调劝说投资者（股东）“谨防投资风险”，告诫他们伯克希尔公司“明年的投资业绩不会有这么好”等。

除此以外，巴菲特的讲话非常实事求是，让人听了不但觉得可信，而且会会心一笑。例如他在谈到企业主管飞行公司不惜血本投入巨额成本时，虽然也提到这是确保企业竞争力的需要，但他并不在这方面过多渲染，而是马上话锋一转说，这也是为了他个人和整个巴菲特家族的需要。

他说，这项决策当然会掺杂个人因素，包括他本人、妻子、孩子、姐妹、94岁高龄的阿姨，以及伯克希尔公司的所有董事（只有一位除外），另外还有伯克希尔公司旗下的其他9位主要经理人也都是企业主管飞行公司的常客。这样一来，该公司的飞行安全问题不抓紧行吗！

应该说，巴菲特这样的解释合情合理，非常令人信服，而这也可以看作是他为企业主管飞行公司做的一个广告，那就是该公司的飞行安全完全有保障。

他特别介绍说，企业主管飞行公司为了确保飞行安全，每位飞行员全年的飞行训练时间平均长达23天，全年飞行时数平均维持在800小时以上，用以强化原有的飞行技巧。同时，每位飞行员都固定只驾驶一种机型，从而有效地避免了因飞行员对机型不熟可能造成的危险。他想得真是太周到了。

【巴菲特读年报心得】

巴菲特认为，投资者在阅读上市公司财务年报时当然要关注该公司的成本费用高低，但同时也要关注这些成本费用为什么高、为什么低。像企业主管飞行公司那样，如果成本费用高在安全、维护、训练方面，这样的投入再多也不为过。

关注点 7

公司是否在回购股票

回购股票的本质也是买股票

Kay Graham——《华盛顿邮报》公司的总裁具有无比的智慧与勇气，除了拥有极佳的管理才能，将公司内在价值进一步提升外，她更大手笔地以便宜价格大量买回公司股份。与此同时，投资人开始体认到该公司特殊的竞争优势，使得其股价回升到了合理价位。所以我们经历了三重享受：一来公司本身的价值提升；二来每股所代表的价值因公司实施库藏股又增加了；三来随着折价幅度逐渐缩小，股价的表现超越公司价值实际增加。

——沃伦·巴菲特

【巴菲特读年报的关注点】

巴菲特认为，投资者在阅读上市公司财务年报时有必要关注该公司是否在回购股票。道理很简单，如果这家公司在回购自己的股票，就可能表明这只股票是一只好股票。虽然这并不绝对，但可以将它作为一个参考。

巴菲特在伯克希尔公司1985年年报致股东的一封信中说,《华盛顿邮报》公司总裁凯瑟琳·格雷厄姆(Kay Graham)具有非常高超的管理才能,她在进一步提升公司内在价值的同时,更是大手笔地以便宜的价格大量地回购股票。与此同时,投资者也开始看到该公司特殊的竞争优势,所以,其股票价格慢慢回升到了合理价位。这样一来,《华盛顿邮报》公司就同时得到了如下3种好处:一是公司本身经营业绩得到改善,内在价值得到提高;二是由于股份回购,总股数减少了,从而导致每股价值相应增加;三是股价的表现超越了公司实际价值的表现。

巴菲特在这里所提到的《华盛顿邮报》公司总裁凯瑟琳·格雷厄姆回购股票一事,实际上最早是巴菲特自己提出来的,凑巧的是这条意见得到了对方的采纳。

众所周知,巴菲特小时候就做过《华盛顿邮报》的报童,他在课余时间投递《华盛顿邮报》勤工俭学。再加上家族因素[1],巴菲特从小就对媒体情有独钟。他自己曾经说过,他如果不是从事现在这项投资工作,很可能会去当记者,并且一定会成为一名著名记者。

正是因为巴菲特有这种媒体情结,所以当其他人对媒体股票价格缺乏应有的判断力时,他在这方面却很内行,他曾经多次买进卖出媒体类股票。1971年,他希望把自己拥有的《纽约人》杂志股票卖掉,并且认为最合适的买主就是《华盛顿邮报》公司。于是他找到一位朋友,要求这位朋友为他引见凯瑟琳·格雷厄姆。可是,这位朋友对此根本不感兴趣。而这时候的《华盛顿邮报》公司在宏观股市暴跌的背景下,已经凸现出诱人的投资价值来。

一般认为,一家经营良好的媒体公司的出售价格应该是该公司年销售额的2.5倍,而1973年《华盛顿邮报》公司的股价已经从每股6.5美元下跌到4美元(摊薄后)。于是巴菲特立刻买入该公司1060万美元的股票,占其全部B股的12%。这表明,巴菲特用每股股票内在价值的1/4的价格就买到了该股票,这让他欣喜不已。

接下来,《华盛顿邮报》公司股价继续下跌,巴菲特买入的这些股票到1974年年末市值只剩下800万美元。但他凭借这些股票,顺利地在《华盛顿邮报》公

---

1 巴菲特的父亲霍华德·巴菲特也是从小就当报童,他在大学里学的是新闻专业,并且参加过校报《内布拉斯加日报》的采编工作,先后担任过体育记者和编辑。

司当上了董事，并且负责该公司财务委员会的工作。

这时候的凯瑟琳·格雷厄姆非常担心巴菲特会继续大量地购买其公司股票，从而把她拉下马。而巴菲特呢，一再表示自己决无此心，让凯瑟琳·格雷厄姆尽管高枕无忧（实际上，这时候凯瑟琳·格雷厄姆拥有的股票数量确实可以完全控股该公司）。并且巴菲特认为，凯瑟琳·格雷厄姆确实是经营《华盛顿邮报》公司的最佳人选。以后的事实也表明，伯克希尔公司收购其他股票后，从来没有另外委派过明星经理人。

在《华盛顿邮报》公司董事会内，巴菲特发挥着重要作用，其中最突出的作用是，他反复建议凯瑟琳·格雷厄姆回购股票，这一建议最终被采纳。

所谓"回购股票"，也叫"股票回购"，是指上市公司从股票市场上买回自己公司发行在外的股票。这些股票买入后有两种处理方式：一是作为库藏股保留下来，仍然属于该公司发行在外的股票，但不能参与每股收益的计算和分配，这种情况占多数；二是被注销，也就是说，这些股票从此以后就"没有"了。关于这一点，读者可以从上市公司财务年报中有没有"库藏股"这个科目上看出来。不过中国法律规定，企业回购股票后必须注销，所以即使某公司回购了自己的股票，读者在财务年报上也是看不到该科目的。

从1975年开始到1992年，《华盛顿邮报》公司一共回购了自己发行在外的43%的股票，平均每股价格60美元。到2000年为止，该公司回购股票的比率高达50%。这就是说，这时候该公司股东所拥有的股票价值，已经达到其实际资产的2倍（因为总股数已经压缩了一半）。而每股60美元的代价有多高呢？只相当于该股票后来每股价格的1/10！

那么，巴菲特当时为什么会想到回购股票这一招呢？要知道，股票回购在今天看来似乎已经司空见惯，可是在当时还基本上没人了解它是怎么回事，更没有人敢用这一招。这可以说是巴菲特的一个独到之见。

其实，巴菲特也不是神仙，他只不过是把回购股票看作是又一次股票买入罢了，只是这里买入的股票是自己公司发行在外的股票而已。可是，这又有什么奇怪的呢？要知道，既然《华盛顿邮报》公司的股票价格只有其实际价值的1/4，这种股票回购就是非常合算的。

古人说:“外举不避仇，内举不避亲。”从某个角度看，这种股票回购当然也可以看作是另一种“内举不避亲”。

【巴菲特读年报心得】

巴菲特认为，投资者在阅读上市公司财务年报时有必要关注该公司是不是在回购股票。如果该公司在回购股票，那么或许就能从某个角度说明，至少在这家上市公司的管理层看来，其股票在目前整个股市中还是比较有投资价值的。

回购股票与派发红利有点像

> 政府雇员保险公司的特别股利是该公司自我们及其他股东手中买回自家股票后，我们持有的股权比例因为维持不变，所以这整个买回股权的过程有点像发放了一次股利。由于企业收到股利的实际联邦税率 6.9% 比资本利得税率 28% 要低许多，所以前者可让公司股东获得更多的实质性收益。
>
> ——沃伦·巴菲特

【巴菲特读年报的关注点】

巴菲特认为，投资者在阅读上市公司财务年报时有必要关注该公司是否在回购股票。上市公司回购股票，从某个角度看，与给股东派发现金红利有相似之处。不但如此，它对投资者（股东）的益处甚至比直接派发现金更好、更实惠。

巴菲特在伯克希尔公司1983年年报致股东的一封信中说，由于股票回购的因素，伯克希尔公司虽然当年持有政府雇员保险公司的股票数量没有变化，可是股票回购过程，实际上相当于给原有股东发放了现金红利。与个人买卖股票不同的是，上市公司收到现金红利要缴纳的联邦税只有6.9%，而股东个人收到现金红利要缴纳的资本利得税却高达28%。这样一对照，股票回购比直接发放现金红利对投资者（股东）来说，显然更实惠。

而对于伯克希尔公司来说，1983年以来，无论是通过股票回购所得到的实惠还是直接得到的现金红利，与其按照控股比例应该分得的利润相比，数字实在是太小了。换句话说，如果按照伯克希尔公司投资政府雇员保险公司的比例，伯克希尔公司在财务年报上反映的盈利数字要大得多。不用说，后面这种核算方法才是真实的。也正因如此，投资者在阅读伯克希尔公司年报时就必须考虑到这一因素——伯克希尔公司的内在价值比账面价值更高。

而当时伯克希尔公司旗下已经有好几家公司在回购股票了。所以，对于那些伯克希尔公司不具备控股权的投资项目，伯克希尔公司从中得到的现金红利要大大少于留在投资对象财务年报上的未分配利润。虽然这些未分配利润同样也属于伯克希尔公司，可是投资者在阅读伯克希尔公司财务年报时是看不出来的。

这就是巴菲特所说的，伯克希尔公司内在价值的增长速度往往会超过股票价格增长速度，常常给他惊喜的原因之一。他说，到现在为止，伯克希尔公司内在价值的情况比当初预期的还要好。总的来说，最后伯克希尔公司每一美元所产生的市场价值比其保留在账面上的每一美元要高。（意思是说，这些资金的价值增值了。）

例如，从1983年年末的情况看，伯克希尔公司在韦斯科金融公司80%的股权在1984年大约能收到3900万美元的现金股利，而保留在投资项目账面上的未分配利润却达到了6500万美元，这就是中国人所说的“树枝大于树身”。

读者在阅读伯克希尔公司财务年报时有必要考虑到这一因素——因为不具备控股权的股权投资关系，根据会计准则规定，还有6500万美元的利润应该反映却没有反映在伯克希尔公司财务年报上，其中有相当一部分是回购股票带来的。

巴菲特说，这种差异虽然对伯克希尔公司的内在价值没什么影响，从短期来看对伯克希尔公司股票价格的影响也不大；但从长期看，这种没有反映在伯克希尔公司财务年报上的未分配利润，对其内在价值的影响最终还是会显现出来的。

不过对于读者来说，这种未分配利润由于没有反映在该公司的财务年报上，所以如果不是十分了解该公司的经营内幕，说穿了，如果不是该公司的高层管理人员，恐怕很难有人会对此有全面而深入的了解。虽然从客观上说，这不会影响伯克希尔公司的内在价值，可是对投资者判断伯克希尔公司内在价值的影响还是显而易见的。

巴菲特认为，上市公司最重要的管理行为就是资金分配，同时资金分配在很大程度上可以反映一家上市公司管理层的理性程度。如果一家公司盈余的再投资收益率能够超过其股权资本成本，那么这时候其公司管理层的正确方法就是把全部盈余进行再投资。否则，这种投资就是不理性的。

一般情况下，如果上市公司产生的净现金流量继续投资在本公司业务上只能获得平均收益率，甚至连平均收益率也达不到；那么，这时候公司会面临以下3种选择：一是再投资于原有业务——不用说，这时候的这种投资会越来越没有价值，并且会导致公司股票价格越来越低，甚至会导致公司破产倒闭；二是购买成长型企业，但这种整合措施很可能会侵犯股东利益，所以巴菲特对这种做法的效果感到怀疑；三是分配给股东，巴菲特认为，既然你没有能力获得高于平均水平的收益率，分配给股东是最明智的。

巴菲特特别指出，把净现金流量分配给股东也有两种选择：一是直接派发现金红利，二是回购股票。相对而言，回购股票比直接派发现金红利更好，并且这种好处是双重的——如果这时候的股票价格低于内在价值，那么这种回购股票行为会对剩下的股东特别有利；即使这时候的股票价格高于内在价值，这种行为也会让投资者看到所投公司管理层是以股东利益最大化为目标的，从而向外界释放一种利好消息，促使其股票价格进一步上升。

【巴菲特读年报心得】

巴菲特认为，上市公司回购股票也是一种直接分配。从某种意义上说，它和向股东派发现金红利有点像，但对股东的好处比直接向其派发现金红利更大。究其原因在于，这会为投资者（股东）节税，同时增强投资者（股东）持有该股票的信心。

回购股票具有节税效应

如同去年（1983 年）我报告过的：① 1983 年 GEICO 宣布实施库藏股买回自家股票；②同时我们签署协议，同意 GEICO 自我们手中买回等比例的股份；③最后我们卖还给 GEICO35 万股，并收到 2100 万美元现金，而我们在 GEICO 的持股比例则维持不变；④我们著名的律师事务所认可这整件交易为减资；⑤依税法，我们只要缴交 6.9% 的集团企业间股利税；⑥最重要的是，这 2100 万现金比我们未认列的未分配盈余少得多，故就经济实质面而言，我们将之视为股利的分配。

——沃伦·巴菲特

【巴菲特读年报的关注点】

巴菲特认为，投资者在阅读上市公司财务年报时有必要关注该公司是否在回购股票。因为回购股票具有节税作用，所以它对股东的好处有其独特性。

巴菲特在伯克希尔公司1984年年报致股东的一封信中说，就像他上一年在伯克希尔公司财务年报中所提到的那样，该年伯克希尔公司旗下的政府雇员保险公司宣布回购股票，并且与伯克希尔公司签署协议，获其同意，从其手中买回等比例的股票。所以到最后，伯克希尔公司一共向政府雇员保险公司出售了35万股政府雇员保险公司的股票，收到现金2100万美元。而伯克希尔公司在政府雇员保险公司的持股比例保持不变。由于伯克希尔公司法律顾问认定这种交易为减资行为，所以按照税法规定，伯克希尔公司只要缴纳6.9% 的集团企业间股利税就行了，而不是派发现金红利时所要缴纳的28% 的税率。由于伯克希尔公司收到的这2100万美元现金远远少于其未认列的未分配利润，所以从实质性来看，伯克希尔公司仍然把它看作是一种股利分配。

从中容易看出，回购股票虽然也是一种直接分红，可是这种分红分配的却不是现金，而是股票（由上市公司代表全体股东统一保管在公司账面上）。而这两种分红分配行为所适用的税率是不同的，一个是28%，另一个是6.9%，相差悬殊。

回购股票这种行为不但合法，而且能为公司股东节约一大笔税金。虽然这种好处许多股东不一定能亲身感受得到，但从公司的长远发展看，这种好处最终一定会体现在它的内在价值及股价表现上。

巴菲特在伯克希尔公司1985年年报致股东的一封信中说，当年伯克希尔公司还收到了另外两家投资公司的特别股股利，它们分别是《华盛顿邮报》公司和通用食品公司。伯克希尔公司之所以会收到这两笔款项，是由于这两家公司在从伯克希尔公司手中回购股票的同时，也从其他上市公司手中回购股票，从而使伯克希尔公司对它们的持股比例保持不变，这也是伯克希尔公司当初并购它们时在合同中规定好了的。

回购股票在美国国内税收总局（Internal Revenue Service，简称IRS）看来属于股利发放。对于伯克希尔公司来说，回购股票既能收到一笔现金，同时又能保持原有持股比例不变，应当说好处还是比较明显的。

原因正如前面所说的那样，根据美国税法规定，法人企业在股利所得税方面的纳税税率，远没有个人从事股票投资所要缴纳的资本利得税那样高。不过会计准则对这种交易在财务报表上如何处理并没有特别规定，所以伯克希尔公司的做法是与往年保持一致，仍然把它当作一种资本利得来看待，这样也方便投资者阅读和对比分析。

用具体数据来说。如果某上市公司某年赚了3亿美元利润，这时候该公司当然可以用它来进行再投资。而现在的问题是，如果用它来再投资却没有什么好的项目，原有业务又不怎么样，投资回报率并不高，接下来比较妥当的办法就是将这笔利润直接分配给股东。这种分配既可以是直接向股东派发现金，也可以是通过回购股票的办法“曲线救国”。

从表面上看，分配现金当然是最适合的“现到手”，可是根据美国税法规定股东应该缴纳28%的利得税（企业所得税）。而如果将这笔利润用于回购股票，却可以直接减少流通股数量，直接提高每股股票的含金量。并且，这对整个股市来说，也是一种利好消息，会促使该股票价格上扬。

举例来说，如果该公司发行在外的流通股一共是1.1亿股，每股价格是30美元，这时候的3亿美元就可以回购1000万股股票。回购股票后该公司流通在外的股票就只剩下1亿股，这时候原有股东手中的股票数量虽然没有变化，股票价值却会自动升值到每股33美元。奇妙的是，每一位投资者（股东）的财富都增加了，却不需要缴纳任何税金。

所以，巴菲特从来就不喜欢也不愿意采用给股东派发红利的方式。无论是《华盛顿邮报》公司还是政府雇员保险公司，伯克希尔公司旗下的那些明星企业也都主张首选股票回购来给公司股东以回报。伯克希尔公司历史上只有唯一一次分红。其实呢，作为公司股东来说，同样也没人愿意因接受派发红利而白白地缴给税务局一笔税金。

例如，可口可乐公司是从1984年开始第一次回购股票的，回购数量为600万股。从此以后，该公司每年都要回购股票，截至1993年，一共回购了4.14亿股，总金额高达53亿美元。按1993年年末的收盘价计算，这些股票的总价值达到185亿美元。而可口可乐公司在1992年7月宣布，在2000年以前还将继续回购1亿股，相当于其总流通股的7.6%，这也是基于上述理由。

【巴菲特读年报心得】

巴菲特认为，能够回购股票的上市公司更懂得怎样以最少的成本来回报投资者，帮投资者省钱（节税）。同样是给股东回报，派发现金红利的税率高达28%，而回购股票的税率只需要6.9%，一看便知哪种方式更有利可图。

回购股票能提高股东利益

我们常常会热烈欢迎一种留存收益的运用方式，那就是所投资公司用其进行回购股份。理由很简单：若一家优秀公司的股票价格远低于其内在价值，那么还有什么更安当、更有利的资本配置方式，会比以低廉的价格来回购股份更能显著提升股东的利益呢？

——沃伦·巴菲特

【巴菲特读年报的关注点】

巴菲特认为，投资者在阅读上市公司财务年报时有必要关注该公司是否回购股票，原因之一就在于这种方式非常有助于提高股东利益。也正因如此，这一点是投资者在阅读财务年报时所不可忽略的。

巴菲特说，他特别欢迎一种留存收益的运用方式，那就是回购股票。理由很简单，那就是，如果一家上市公司的股票价格远远低于其内在价值，那么这种以较低的价格来回购股票的资本配置方式，就是非常妥当、有利的，能够显著提高股东利益。

巴菲特历来认为，公司管理层的主要工作应当是资本配置。体现管理层高超的资本配置能力的一个重要标志，就是当公司股票价格大大低于其内在价值时，管理层会大力回购股票。他认为，这种回购股票的行为能显著提高投资者的投资收益，所以投资者应当对这种行为抱持热烈欢迎的态度。

巴菲特介绍说，伯克希尔公司主要持股的那些上市公司，基本上都在持续不断地回购股票。股票价格越低，这种回购给股东创造的价值越大。因为这表明，过低的股票价格不但能够使公司回购更多的股票，而且还能够更大地提高股东的持股比例。

巴菲特在1996年《伯克希尔公司股东手册》中指出，公司管理层在股价低迷时回购股票，对公司股东来说绝对是个好消息。

他说，一个很典型的事例是，在过去的几年中，可口可乐公司、《华盛顿邮报》公司、富国银行等，都以非常低的价格大量回购股份，这为伯克希尔公司创造了巨大的投资获利回报。

巴菲特在伯克希尔公司1984年年报致股东的一封信中说，比较细心的投资者会发现，当年政府雇员保险公司特别股股利的金额及其分类的位置有所变动，实际上，这是政府雇员保险公司1983年回购股票的结果。继1983年政府雇员保险公司回购股票后，1984年通用食品公司也进行了股票回购。不同的是，后者是从股票市场上回购的，伯克希尔公司需要每天在股市中卖出一些通用食品公司股票，才能确保其原有持股比例不变。当然，这一切都是根据协议来进行的。

有意思的是，虽然这两家公司的注册会计师认为它们的回购股票行为属于股利分配，可是该注册会计师的纽约总部却不认可这种观点，认为这应该属于股权买卖。按照这种说法，伯克希尔公司出售这些股票所得到的现金收入，应该被认定为出售股票收入。这笔收入在扣除当初的股票买入价格后，应该作为资本利得来计算。虽然伯克希尔公司并不认同这种观点，但没有办法。为了避免注册会计师出具保留意见，伯克希尔公司最后只能勉强接受这种认定，并重新编制财务年报。

巴菲特强调说，这两种认定虽然在会计处理上有所不同，可是和纳税没有关系，公司内在价值也不会受到任何影响，公司的所得税、现金、持股比例等都会保持不变。从中看出，伯克希尔公司在财务年报中对这些细枝末节解释得够清楚了，这是该报表阅读者的福音。

巴菲特几十年来一直认为，回购股票对投资者来说是一件大好事。如果一家上市公司经营良好，财务基础稳健，而这时候又发现自己的股票价格远远低于内在价值，那么回购股票就是保障股东权益的最好办法。

巴菲特1974年加入《华盛顿邮报》公司董事会后，就极力劝说凯瑟琳·格雷厄姆回购股票。而凯瑟琳·格雷厄姆则担心，把全部资金用来回购股票，有可能会影响公司的未来增长潜力。换句话说，她担心公司可能会因此发生资金困难。更不用说，当时她并没有发现有其他上市公司在回购股票，所以她对这种做法将信将疑。

在这种情况下，巴菲特给凯瑟琳·格雷厄姆提供了各种数据，用来证明回购股票不但不会对《华盛顿邮报》公司未来的长远发展造成不利影响，还会使《华盛顿邮报》公司在短期内就从中受益。巴菲特的理由很简单，因为这时候《华盛顿邮报》公司的股票价格已经大大低于其内在价值，现在不买更待何时？凯瑟琳·格雷厄姆最终认可了巴菲特的这一说法，认为在各种各样的可选方案中，回购股票在维护股东权益方面具有特殊优势。

1979年的一天，巴菲特在和凯瑟琳·格雷厄姆一起开车出去时，小心翼翼地向凯瑟琳·格雷厄姆透露了一个消息，那就是他有两位投资家朋友手中拥有大量的《华盛顿邮报》公司股票，最近准备出售几千万美元。

凯瑟琳·格雷厄姆一听，眼泪忍不住就掉下来了。因为她知道，这些投资家都非常精明，现在他们准备抛售《华盛顿邮报》公司的股票，从某种意义上表明这时候自己公司的股票已经“不值”这个价格了，并且他们的抛售行为很可能会引起连锁反应，导致其他人也跟风抛售。

巴菲特想尽一切办法来安慰凯瑟琳·格雷厄姆，向她解释任何人都有权买入或者卖出某只股票。他同时表示，既然他们卖出，那我们就回购，这对公司的长期发展具有积极意义。后来，《华盛顿邮报》公司以平均每股21.9美元的价格回购了这些股票，这个价格实际上只相当于该股票分割前的每股6.5美元。不用说，这次股票回购又为该公司赚了几百万美元。

【巴菲特读年报心得】

巴菲特认为，只要一家公司的股票价格大大低于其内在价值，那么该公司回购股票的行为就一定会提高全体股东的利益。不但从长期来看是这样，而且从短期来看也会获利颇丰，只要股票价格一反弹，股东马上就能见到效果。

回购股票应当是有条件的

> 只有在一定条件下公司买回自家的股份才有意义：首先，公司在扣除短期周转所需之外，还拥有多余的资金（含现金与银行额度在内）；其次，其股价必须远低于其实质价值。关于这点我还有一点补充：股东必须掌握足够信息来对公司进行评价，否则的话，公司内部人极有可能运用信息不对称的现象占不知情股东的便宜，以偏低的价格买到公司股份。就伯克希尔而言，符合上述条件的情形并不多见。
>
> ——沃伦·巴菲特

【巴菲特读年报的关注点】

巴菲特认为，投资者在阅读上市公司财务年报时有必要关注该公司是否在回购股票，但也不能一概认定回购股票的公司就一定是好公司。换句话说，回购股票也是有条件的，如果一个公司不符合条件而一味回购股票，就可能是一种急功近利的行为或向外界放的烟幕弹。

巴菲特在伯克希尔公司1999年年报致股东的一封信中说，最近有些股东建议伯克希尔公司可以从股市中回购股票。一般来说，这样的要求是合情合理的，但有时候它所反映出来的逻辑有点奇怪。

巴菲特接着说，只有在一定条件下回购股票才有意义。

首先，该公司在扣除短期周转所需资金外，还有闲置资金，这样该公司在回购股票后才不至于影响正常的资金周转。公司回购股票，不但不能影响本公司正常的资金周转；还要确保能够维持在行业中应有竞争力所需的资金，如店面装潢、机器设备更新等需求；并且要确保这时候投入的每一元资金都能收到一元以上的获利回报。

其次，该公司股票价格必须远远低于其内在价值。这样，这种回购行为从经济角度考虑才是可行的。20世纪70年代末，伯克希尔公司收购的几家企业基本上都有回购股票的记录。在巴菲特看来，这种举措通常预示着这些公司的股票价格被低估了。事实证明，巴菲特的这种判断是对的。

关于后一点，巴菲特特别补充道，为此，公司股东必须掌握足够的信息来对公司内在价值进行评价。如果信息不对称，了解公司内幕的人就会利用这一点来谋取私利，即用过低的价格回购股票。不过说实话，一般上市公司的股票价格都会高于其内在价值。作为公司管理层，应该千方百计拉高股价，给投资者以必要的信心。

巴菲特说，从伯克希尔公司的角度看，符合上述条件的情况并不多。他的意思是说，一方面，伯克希尔公司的信息相对公开、透明；另一方面，伯克希尔公司股票价格低于内在价值的时候更少。所以伯克希尔公司并不是什么时候都可以回购股票的，因为有时候从经济角度看划不来。

众所周知，2009年伯克希尔公司遭遇全球金融危机的冲击，股价大幅度下跌，这时候外界纷纷猜测巴菲特是不是会回购伯克希尔公司股票。在2009年5月初召开的伯克希尔公司股东大会上，就有股东不断向巴菲特提出这个问题。巴菲特明确表示，（当时）伯克希尔公司并没有回购股份的计划，但并不排除将来回购股份的可能。至于什么时候回购、什么时候不能回购，关键要看股票价格是否“明显低于”其内在价值的保守估计值。

请注意，巴菲特在这里提出了回购股票所需条件的三重含义：一是股票价格要低于其内在价值；二是这种“低于”要有一个比较大的差价，并且这种差价是“明显”的；三是公司在估算内在价值时的态度是“保守”的，也就是说，宁可少估一点，也不要高估，以便能留有余地。

对照当时的情况看，伯克希尔公司的股票价格是每股92511美元，这个价格在过去12个月内已经下跌了30%。但是说实话，以巴菲特上述观点来衡量，这个价格依然没有达到可以回购股份的要求。

巴菲特深有体会地说，许多上市公司在回购股票时最容易犯的错误就是回购价格过高。从伯克希尔公司的经验看，伯克希尔公司永远不会犯回购价格过高的错误；却可能犯另一种错误，那就是回购价格已经到了低位，却白白错过机会，从一个极端走向另一个极端。

他表示，伯克希尔公司一旦到了准备回购股票的时候，一定会提前通知股东们，请大家尽管放心。

巴菲特在伯克希尔公司1999年年报致股东的一封信中说，时间进入21世纪，上市公司在回购股票方面的背景和过去相比有了较大的不同。随着回购股票行为的普及，其背后大多隐含着一个个令人鄙夷的阴谋，那就是通过买入自己的股票，故意抬高股价，或支撑股价不至于继续下跌。

可以说，这种做法对当时想抛售股票的股东是有利的，但对于没有卖出股票的股东来说恰恰相反——该公司以高于实际价值的价格回购股票，怎么也谈不上合算。你能说用1.1美元的价格买入1美元是合算的吗？实际上，公司管理层故意这样做，只不过是要表现某种“自信心”罢了。

所以巴菲特认为，上市公司是否回购股票、是否发行认股权，一定要有充分的理由。但无论什么理由，如果以高于实际价值的价格回购股票或发行新股，都是没道理的；相反，如果一家公司的股票价格已经远远低于其内在价值，这时候还不积极回购股票，也是非常不应该的。

他检讨说，由于他过于谨慎和保守，再加上一门心思想如何把资金更有效地运用在其他投资项目上，确实有段时间错过了伯克希尔公司回购股票的好机会。不过由于伯克希尔公司股票的交易量很小，这种负面影响并不大。

【巴菲特读年报心得】

巴菲特认为，回购股票在过去能够明确地表明一家公司的股票价格低于其内在价值，因为没有谁比公司管理层更了解本公司。可是最近几年来的情况有了变化，不得已的回购股票很可能会变成侵犯股东权益的行为。

股价越低越利于回购股票

> 此外，伯克希尔许多重要的子公司都在持续不断地买回自家公司的股份。在这种情况下，股票价格越低，对我们越有利。因为这代表同样的一笔钱可以买进更多的股份，从而间接提高我们持股的比例。举例来说，过去几年，可口可乐、《华盛顿邮报》与富国银行皆以非常低的价格大量买回自家股票，它们所带来的效益要比在现在的高价再进行回购来得有利得多。
>
> ——沃伦·巴菲特

【巴菲特读年报的关注点】

巴菲特认为，投资者在阅读上市公司财务年报时有必要关注股票回购时的股价高低。股价越低，越有利于股票回购，因为相同的投入能够买到更多的股票。奇怪的是，这一点绝大多数人都体会不到；恰恰相反，他们总是希望股票价格走高而不是下跌。

巴菲特在伯克希尔公司1997年年报致股东的一封信中说，除了项目投资外，伯克希尔公司旗下的子公司中有许多家公司在不断回购股票。在这种情况下，股票价格越低就越有利。因为这意味着，同样一笔钱可以回购更多的股票，从而间接提高自己的持股比例。

举个例子来说，过去几年中，可口可乐公司、《华盛顿邮报》公司、富国银行等都以非常低的价格大量回购股票，这种回购所带来的效益要比现在高价时回购高得多。

关于股票价格波动问题，巴菲特一直有这样一个比喻：如果你打算一辈子只吃汉堡包维持生命，可是家里又没有养牛，这意味着，你必须从市场上买牛肉吃，那么你是希望牛肉的价格上涨还是下跌呢？毫无疑问，牛肉的价格越低，对于想要买它的人来说越合算。同样的道理，如果你要经常更换汽车，并且你自己又不是卖车的，那么这时候你会希望汽车的价格是上涨还是下跌呢？不用说，对于买者来说，价格越便宜越好。可是这个道理如果用在股票投资上，大多数人可能就不这么想了。

具体地说就是，如果你要在未来陆续买进股票，按理说应该是股票价格越低越好，这样你就能用相同的钱买到更多股票了。可奇怪的是，绝大多数投资者看到股价上涨会感到高兴，看到股价下跌会感到沮丧，这就和上面所说的人们去买汉堡包、汽车时看到它们的价格上涨感到高兴一样，令人不可思议。

不用说，巴菲特在这里说得非常有道理，但本书认为，也不能因此就说“绝大多数”投资者都是傻瓜。因为投资股票和买汉堡包、汽车两者之间还是不同的——买汉堡包、汽车的前提是“自用”而不是“出售”，如果是为了出售，这些投资者当然还是希望汉堡包和汽车的价格能不断上涨，这也是长期投资和短期炒作的主要区别。只有把股票投资当作长期投资来看，投资者才不用过于关注短时间内的股价波动，这符合巴菲特的上述观点。

巴菲特说，由于伯克希尔公司股东是一群忠实的长期投资者，所以在股票价格越走越低的背景下回购股票，对伯克希尔公司来说是最好不过的了。就算这些股东将来把他们所赚的每一分钱都用掉，伯克希尔公司也会通过回购股票帮股东存钱的。伯克希尔公司无论是把所赚到的利润投资于其他项目还是回购股票，成本越低，公司股东将来所能得到的获利回报就越高。

资料表明，每一年伯克希尔公司股东中买卖股票的股东比例只占3% 左右。换句话说，伯克希尔公司大约有97% 的股东压根儿就没有想过要卖出手中的股票。这表明，这些人都是“储蓄爱好者”，每当股市下跌的时候他们都会感到高兴，因为这表明无论是伯克希尔公司本身还是他们自己，都可以用同样的资金回购更多股票。

巴菲特开玩笑说，所以当大家看到报纸头版头条刊登“股市暴跌：投资者损失惨重”的新闻时，应该把它理解为“股市暴跌：不投资者损失惨重，投资者赚翻了”。为什么这么说呢？这是因为那些记者常常忘记一个简单的道理，那就是，股票交易有卖出就一定有买进，股票交易的一方造成损失就意味着另一方必定获利。股市下跌时卖出方的频繁交易，必定会使买入方成本越摊越低，最终获利越来越丰厚。而这种交易的双方都是“投资者”，一部分投资者损失惨重，就必定会造成另一部分投资者获利颇丰。

以伯克希尔公司为例。该公司在20世纪七八十年代美国股市低迷时，一方面以低价回购股票，另一方面以低成本投资项目，可以说大赚了一笔。如果不是那时候奠定的基础，伯克希尔王国就不会像现在这样坚如磐石、稳如泰山。一回顾起那个时代，巴菲特就兴奋地说，那真是一个对股市短期炒作者不利、对长期投资者非常有利的市场，现在要重新寻找这样的机会已经越来越难了。

巴菲特在伯克希尔公司1984年年报致股东的一封信中说，当年伯克希尔公司旗下的子公司中有好几家在回购股票，因为它们的股票价格已经大大低于其内在价值，所以回购股票对公司股东们大有好处。究其原因在于，以较低的价格回购股票能够得到较高的内在价值，这就好比是以一元钱的代价买到了两元钱的价值，与花大钱去买别人的股票相比效果好得多。

举个例子来说。伯克希尔公司重仓持有的政府雇员保险公司、通用食品公司、《华盛顿邮报》公司都在大量回购股票，并从中赢利颇多；第四大重仓股埃克森美孚石油公司也在积极地回购股票，只是因为它被伯克希尔公司收购不久，所以这种竞争优势还没有很好地显现出来。总体来看，在股市下跌时，回购股票对维护公司股东利益的作用会越发明显。

【巴菲特读年报心得】

巴菲特认为，投资者在阅读上市公司财务年报时有必要关心该公司回购股票时的股价高低。道理很简单，回购股票的价格越低，从长远来看，就越有利于公司和股东的利益。所以，这时候投资者乐意见到的应该是股价下跌，而不是股价上涨。

回购股票也可能不利于股东

> 例如，10 年固定价格的股票期权（谁不愿意要呢？）。假设“停滞公司”的 CEO“无用先生”接受了这样一批期权，比如公司给予他相当于公司 1% 的股票期权，那么，他获取个人利益的方法就会显而易见——他肯定不会支付任何红利，而是保留公司所有收益来回购股票。
>
> ——沃伦·巴菲特

【巴菲特读年报的关注点】

巴菲特认为，投资者在阅读上市公司财务年报时有必要关注该公司回购股票对股东利益的影响。回购股票虽然是一件好事，但不能一概而论。有时候，回购股票也会不利于公司，不利于股东利益，而只利于某些有特定关系的人。关于这方面，他见得多了。

巴菲特在伯克希尔公司2005年年报致股东的一封信中说，大多数美国上市公司管理层的酬薪与其经营业绩并不匹配，这种现象将来也不会出现什么太大的变化，这就像在玩牌时做牌一样，是事先安排好了的，完全不利于投资者（股东）。例如，某些高层管理人员拥有的10年固定价格的股票期权，就是其中之一。10年内的股票价格都不变，并且不需要付出成本就能得到，这样的好处谁不要呢？

假如说这样一批期权出现在一家经营业绩多年停滞不前的公司首席执行官"无用先生"身上，例如这批股票期权的比重是1%，那么这时候他就会采取一种非常有利于他获取个人利益的方式——不给公司股东支付任何红利，而是用所有利润来回购股票，股票回购越多，对他越有利。

具体地说就是，因为这是一家"停滞公司"，所以公司业绩在发行股票期权后的10年内并没有什么增长。可是，由于该公司不断回购股票，从而使其流通在外的股票数量越来越少。这样，这位"无用先生"原来手中握有的股票期权在流通股中所占比重就会相应提高，他个人就可以从中获得极其丰厚的报酬，而这种丰厚报酬实际上侵占了所有股东的利益。

所以巴菲特说，一个有趣的现象是，当该公司首席执行官遭到解雇的那一天，反而是他一生中收入最丰厚的一天，这是极不正常的。

在巴菲特看来，上市公司回购股票应当是基于本益比角度。也就是说，在这家公司经营业绩良好、财务稳健的基础上，发现公司股票价格远远低于公司内在价值，这时候回购股票，无论从单纯的购买股票角度还是从保障股东权益角度看，都是最佳投资方式。换句话说，回购股票时不应该包括那种不道德的"敲诈交易"（green - mail）。

巴菲特在这里所说的"敲诈交易"，是指甲乙双方为了某种私利，签订协议欺骗、剥削不知情的丙方。这里的甲方是指职业股东（投资者），他们在刚刚买下股票后，就对该公司管理层进行敲诈勒索；而这里的乙方是指息事宁人的公司管理层，在甲方的胁迫下进行股票回购。毫无疑问，这时候乙方回购股票的价格会很高，但他们明知这一点也会这样做，因为归根到底这个钱不需要从他们个人的口袋里掏出来，这种行为侵犯的是全体股东的利益。而这里的丙方当然就是指乙方公司的其他股东了，他们在这其中是受害者，并且利益受损后往往还被蒙在鼓里。

在巴菲特看来，类似这种不利于股东的股票回购有很多，他能做的除了揭露这种内幕外，就是保证这种情形不在伯克希尔公司出现。

巴菲特在伯克希尔公司1999年年报致股东的一封信中说，他曾经收到不少信件，有的希望他能对外释放某种伯克希尔公司将要回购股票的消息，目的就是通过这种方式来操纵伯克希尔公司的股票价格。

巴菲特对这种做法嗤之以鼻。因为这种做法不符合他的价值投资理念，也无助于提高伯克希尔公司股票的内在价值，并且还会把投资者误导到股票炒作的投机道路上去。他说，伯克希尔公司并不是那种今天买入股票，明天就想卖出的买主，而是根本就没打算卖出股票。所以，他祈祷的是股票价格进一步下滑，从而有机会以更低的价格回购股份，这是伯克希尔公司唯一有可能通过回购股份增加股东权益的条件。

不过巴菲特又把话说了回来，他说现在（1999年）伯克希尔公司的股票价格并没有远远低于其内在价值，所以，他根本没有回购股份的考虑。他依然会秉承过去的一贯做法，不会通过发表任何意见来影响股价走势。无论是在公开场合，还是在私下场合，他都不会对任何人说某个时候是买入或卖出伯克希尔公司股票的大好时机；相反，他还会从投资者角度出发，尽可能地给所有股东，包括潜在股东提供有关伯克希尔公司的各种信息，让他们自己去评估伯克希尔公司的内在价值究竟是多少。

不用说，关于这一点，巴菲特在每年伯克希尔公司的财务年报中和股东大会上都会表现得淋漓尽致。这在全球上市公司中可谓独树一帜，从而早已在全球形成一股“巴菲特热”（或称“伯克希尔公司热”）。

凭什么？与其说凭的是巴菲特的投资业绩，不如说凭的是他的诚实待人的投资风格，伯克希尔公司已经成为所有上市公司中唯一真正公开、公正、公平提供投资信息的个例。

所以巴菲特说，即使1999年伯克希尔公司股票价格跌到每股45000美元以下，曾经一度考虑回购股票时，他也没有通过回购股票来阻止股价下跌的想法。当时，他考虑更多的是，让股东看到伯克希尔公司的财务年报，让他们有机会自己去评估伯克希尔公司的内在价值，然后再做决定。伯克希尔公司如果要回购股票，并不会通过纽约证券交易所进行，而是会直接从找上门来的投资者手中买回，然后在纽约证券交易所申报登记。

他特别指出，伯克希尔公司之所以这样做，是因为这样的资金运作方式对其最有利，对公司有利也就是对全体股东有利。

【巴菲特读年报心得】

巴菲特认为，并不是所有上市公司的股票回购都对全体股东有利，要特别警惕那种“敲诈交易”（内幕交易）——部分股东要挟公司管理层高价回购股票，以此牺牲其他股东利益，维护极个别股东利益。

回购股票会影响会计方法

我们几年前购买Moody’s15%的股票，之后再也没买这只股票。Moody’s在此期间不断回购自己的股票，从而减少了市场中的流通股票数，于是我们的股票持有率上升到了20%。Burlington Northern也回购了它们的股票，但我们持续购买这只股票，所以我们的持股占有率早已达到了20%。

——沃伦·巴菲特

【巴菲特读年报的关注点】

巴菲特认为，投资者在阅读上市公司财务年报时有必要关注该公司是否在回购股票，因为回购股票会促使股东持股比例发生改变，从而影响会计核算方法。不用说，会计核算方法的改变会影响一个公司的经营业绩，会在财务年报上表现出悬殊的结果来。

巴菲特在伯克希尔公司2008年年报致股东的一封信中说，伯克希尔公司在几年前买入了穆迪公司（Moody's）15%的股票，之后再也没有买过它。可是由于穆迪公司在这几年间不断地回购股票，从而使该股票在市场上的流通股减少，这样伯克希尔公司持有穆迪公司的股票比重也从原来的15%上升到了20%。

另一家伯灵顿北方圣太菲铁路公司（Burlington Northern）也在回购股票，但由于伯克希尔公司持续购买该股票，所以伯克希尔公司对该股票的持股比重早已达到20%。

请注意，巴菲特之所以要在这里提“20%”这个数据，是因为根据会计准则的规定，当一家公司持有另一家公司的股票比例超过20%时，在投资企业（这里就是伯克希尔公司）的财务年报上就要全面反映被投资企业（这里就是穆迪公司或伯灵顿北方圣太菲铁路公司）的资产、负债、利润等指标了。而当投资公司持股比例没有达到20%时，就只能在其账面上反映所分得的红利数额。不用说，这两种核算方法所产生的结果会有天壤之别。

巴菲特在这里提到的穆迪公司，是美国三大著名信用评级公司之一（另外两家是标准普尔公司和惠誉公司），其风险管理和信用评级分析模型在业内处于权威地位，客户包括全球各大银行和金融机构。穆迪公司创立于1900年，曾经是邓白氏公司的子公司，2001年两家公司分拆后独立上市，同年它在北京设立代表办事处，负责开拓中国市场。

2008年金融危机爆发后，穆迪公司和其他一些信用评级机构由于曾经给一些抵押贷款以高等级评级，而在美国广受批评，该公司业务也在金融危机的冲击下受到严重影响。在这种背景下，伯克希尔公司从2009年夏季开始不断地定期减少持有该股票，7月出售120万股，9月出售80万股，10月出售800万股，12月更是连续3次抛售该股票，从而使对该公司的持股数减少到3180万股，约占其流通股的13.4%，大大低于20%的比例。

从中容易看出，仅仅在一年多时间里，伯克希尔公司拥有穆迪公司的股票比重就从20%以下上升到20%以上，然后又回到20%以下，其间它的会计核算方法屡次发生改变。当然，巴菲特看重的并不是反映在该公司财务年报上的投资业绩，而是其股票的内在价值。

应该说，这一点和他过去一贯的投资原则相吻合。对于投资者来说，在阅读伯克希尔公司财务年报时有必要关注这一点。因为只有这样，才能对伯克希尔公司财务年报上的经营业绩与其真实业绩进行对比，从而比较准确地评估出它的内在价值。

巴菲特在伯克希尔公司2008年年报致股东的一封信中说，当伯克希尔公司持有投资对象的股票比重超过20%时，无论这些股票的价格高低，根据会计准则规定，持有这些股票的价值都要以权益会计价值反映在伯克希尔公司的资产负债表中。它们的收入扣除税金后将按照伯克希尔公司的持股比例，定期纳入伯克希尔公司财务季报和年报中。

那么，巴菲特在这里所说的“权益会计价值”究竟是什么呢？这个问题对于非会计专业人士来说，有点不容易理解，所以这里做点简单解释。

所谓“权益会计价值”，在会计理论上是指采用权益资本计价法或完全权益法所得到的核算结果。

众所周知，在完全市场经济条件下，股票价格应该围绕其价值上下波动，这时候除了宏观因素的影响外，投资者最主要的分析依据应当是拟投资公司的财务年报。然而长期以来，传统会计核算强调的权责发生制和历史成本原则，往往给人一种“过于主观”的感觉，所以很多人都想撇开财务年报的数据去分析股票内在价值，这一点在我国股市中表现得尤其明显。而实际上，传统会计由于是建立在权责发生制原则基础之上的，所以它在权益资本计价、股票估价方面必然具有不可替代的重要意义。

通俗地说就是，根据长期股权投资核算规定，投资企业（例如上述的伯克希尔公司）要按照它在被投资企业（例如上述的穆迪公司或伯灵顿北方圣太菲公司）拥有的权益比例，以及被投资企业净资产的变化，来调整自己“长期股权投资”科目的账面价值。具体要求是，投资企业要把被投资企业每年获得的净损益，按照投资权益比例，列为自身投资损益，并表示为投资的增加或减少。如果收到被投资企业发放的红利（不包括股票股利），投资企业则需要冲减投资账户的账面价值。

根据会计准则规定，当投资企业对被投资企业具有重大影响或共同控制时，这时候的这种长期股权投资就应当采用权益会计价值来核算。

那么，是否为“重大影响”如何来确定呢？20% 的投资比例是其主要标志。具有“重大影响”，实际上表明投资企业与被投资企业这两家企业属于“联营”范畴；而“共同控制”，则表明这两家企业属于“合营”范畴。这两者在会计核算上是有区别的。

【巴菲特读年报心得】

巴菲特认为，投资企业对被投资企业的作用和影响方式不同，反映在财务年报上的业绩就必然会因为会计核算方法的不同而有所区别。投资者在阅读财务年报时虽然无法深究这些，却有必要了解其中存在的差别。

关注留存收益的赢利能力

我们并不反对旗下我们 100% 持有股权的子公司将所赚取的盈余继续保留在账面上，如果它们可以再利用这些资金创造更好的投资报酬。同样地，对于其他我们持有少数股权的被投资公司，如果它们可以好好地运用这些资金，创造更好的报酬，我们何乐而不为呢？（这样的前提，也意味着如果某些产业并不需要投入太多的资金，或是管理阶层过去有将资金浪掷在低投资报酬率的项目上的记录的话，那么被投资公司的盈余就应该分还给股东或是拿来买回库藏股，这是现有资金运用的最好选择。）

——沃伦·巴菲特

【巴菲特读年报的关注点】

巴菲特认为，投资者在阅读上市公司财务年报时有必要关注该公司回购股票与否，以及其留存收益的赢利能力如何。如果该公司留存收益的赢利能力高，它就不用回购股票；只有当它的留存收益的赢利能力较低时，回购股票才是合理的。

巴菲特在伯克希尔公司1978年年报致股东的一封信中说，当年伯克希尔公司持有的安可保险公司股份一共应该分配到的红利约为610万美元，但最终反映在伯克希尔公司财务年报上的数据只是实际收到部分，约占总利润的18%。其余部分因为没有分配，所以并不反映在伯克希尔公司的财务年报中。即使如此，这些未分配利润仍然可以为伯克希尔公司股东创造更多的价值。

从这一点上看，伯克希尔公司并不反对旗下子公司，包括它100%控股的子公司和只持有少数股份的被投资公司，把所赚到的利润继续留在账面上不分配，关键是它们要好好运用这些资金。换句话说，如果某些产业并不需要投入太多的资金，或者公司管理层过去有把资金浪费在投资回报率低的项目上的记录的话，这时候被投资公司就应该把利润拿出来分给股东或者回购股票，这才是资金使用的最好选择。

巴菲特在这里说得很明白，那就是，如果某上市公司所赚的钱留在账面上能够比分配给股东所赚的钱更多，那么这时候的利润就不应该被分掉；相反，如果该上市公司所赚的钱继续用于再投资，可是从中得到的回报率还不如分配给股东自己赚钱或回购股票来得合算，这时候的利润就应该用来分配或回购股票。无论这种利润是否分配，在当时来看，对公司股东都是一样的。

所以巴菲特说，从伯克希尔公司的情况看，从股权投资中积累下来的未分配利润越来越可观，这个部分虽然没有反映在伯克希尔公司的财务年报上，可它对伯克希尔公司股东长远利益所做的贡献却相当重要。对他来说，他很希望这种现状能够继续保持下去，以便为伯克希尔公司的保险业务回购更多价廉物美的股票。

以政府雇员保险公司为例，巴菲特一直以来都非常赞赏它的留存收益所具有的赢利能力。在1980—1992年的13年间，政府雇员保险公司一共实现了17亿美元的利润，其中给股东派发的红利只有区区2.8亿美元，留存收益高达14亿美元。要知道，这些留存收益一共为股东创造了3.12倍的股票市值。也就是说，每1美元留存收益为股东创造了3.12美元的股票市值。

具体数据是，政府雇员保险公司1980年每1美元的投资（不包括红利），1992年变成了27.89美元，按复利计算，年收益率高达29.2%，这比同期美国保险行业的平均水平8.9%要高出2倍多。

再从资本城公司看。1988年资本城公司宣布回购股票，所回购股票相当于该公司流通股份的11%；1989年该公司又回购股票52.3万股，平均股价445美元，总金额2.33亿美元。每股445美元的价格相当于该公司每股经营现金流的7.3倍，而别的同行这个比例通常在10~12倍。这表明，这个回购价格是偏低的，该股票属于巴菲特眼里价廉物美的类型。在接下来的1990年，资本城公司又继续回购股票92.6万股，平均股价477美元，相当于该公司每股经营现金流的7.6倍。1992年，该公司回购股票的平均价格是每股434美元，回购数量是27万股，相当于每股经营现金流的8.2倍。

从1988年到1992年，资本城公司一共回购股票195.3万股，总金额8.86亿美元。而在1992年以后，资本城公司则一直在寻找合适的并购对象，收购金额在50亿~80亿美元，并最终找到了派拉蒙通讯公司和特纳广播公司。可是由于考虑到这项并购无法给公司股东带来理想的回报，所以资本城公司最终还是把这笔钱分给了股东。

由此可见，巴菲特这里所说的对留存收益赢利能力的考虑，贯彻得还是非常好的。例如，他在考察伯克希尔公司经营业绩的时候，并不是看具体某一年的数据，而是看四五年的平均数据。在阅读财务年报时他特别强调以下4条原则：一是资本收益率，而不是每股收益；二是计算股东收益；三是寻找经营利润高的股票；四是考察每1美元留存收益是否产生了至少1美元的市场价值。

例如，可口可乐公司从1980年到1987年每1美元的留存收益就产生了4.66美元的市场价值，为股东创造了9.51美元的市值，让他感到非常欣慰。随之而来的是，1988年以后的可口可乐公司股价走势异常，股价从每股10美元继续上升到1992年的45美元，股票市值则从1987年的141亿美元急剧上升到1992年的541亿美元（1998年更是上升到了1470亿美元）。不用说，这时候无论是短期投资还是长期投资，巴菲特都会赚得盆丰钵满，伯克希尔公司当然也不例外。

【巴菲特读年报心得】

巴菲特认为，判断上市公司回购股票策略是否正确的办法之一，就是看该公司留存收益的赢利能力能否超过股利分红和股票回购。只有当留存收益的赢利能力较弱时，回购股票才能作为股利分红的最优选择之一。

关注点 8

未来获利能力究竟如何

买股票应看未来获利能力

> 我们喜欢相对投资规模而言有较大的业绩持续增长的可能性，并且能够产生高额投资回报的公司股票。例如，上一次我们买入了可口可乐公司股票，当时市盈率约为 23 倍。根据我们的买入价格以及公司现在的收益情况来看，我们将来能够获得大约 5 倍的投资回报。
>
> ——沃伦·巴菲特

【巴菲特读年报的关注点】

巴菲特认为，投资者在阅读上市公司财务年报时有必要关注该公司的未来获利能力，而这一点可以从财务年报中发现并得到证实。

巴菲特1995年5月在伯克希尔公司股东大会上说，当年他买入可口可乐公司股票时，该公司的市盈率高达23倍，从该公司比较强的业绩持续增长能力看，伯克希尔公司将来能够获得大约5倍的投资回报。

巴菲特的意思是说，可口可乐公司能够给他带来这样高的业绩回报已经很不错了；而实际上呢，截至2007年12月31日，伯克希尔公司拥有的可口可乐公司股票市值已经高达122.74亿美元，18年间增长了8.45倍，获利110亿美元，大大高于他原来估计的只有5倍的投资回报率。

当时的情形是，1988年6月，可口可乐公司股票的价格约为每股40美元，而巴菲特在1988年、1989年分批买入该股票2335万股，平均买入价为每股43.81美元，总投资10.23亿美元。1992年，可口可乐公司将股票拆分，这样，巴菲特手中原来的2335万股就变成了9340万股。经过1994年进一步增仓，巴菲特持有该股票总股数达到1亿股，总投资达到12.99亿美元。

仔细分析可以发现，当时巴菲特买入可口可乐公司股票的价格并不“低”。例如，1988年可口可乐公司的股东收益为8.28亿美元，如果将巴菲特一贯采用的美国30年长期国债利率9%作为贴现率，那么，可口可乐公司当时的内在价值应该为8.28 ÷ 9% ＝92亿美元。要知道，当时可口可乐公司的市场价格为148亿美元，从巴菲特一贯坚持的安全边际看，实际上这个投资价格并不会使他感到满意。

那么，巴菲特为什么会在这时候砸巨资购买该股票呢？唯一的解释只能是，他特别看好该公司的未来获利能力；或者说，投资股票时，巴菲特眼里的最大安全边际不在于当前股票内在价值与股价的比率上，而在于该股票还没有被证券市场充分认识到的高成长性。

关于这一点，可以从巴菲特在伯克希尔公司1988年年报致股东的一封信中得到证实。他说，1988年伯克希尔公司大笔买入了联邦家庭贷款抵押公司和可口可乐公司，这些他都是准备长期持有的。对此，伯克希尔公司的观点是一以贯之的，那就是继续集中投资在少数几只自己能够充分了解的股票上，一旦发现这样的公司，就要持有相当大的份额。

巴菲特关于投资股票应当注重未来获利能力的观点，在他年轻时就形成了。1947年，刚刚高中毕业的巴菲特已经有了一笔6000美元的积蓄，赚得比他的老师还多。这时候他和比他大1岁、名叫唐・坦利（Don Danly）的同学，合伙投资25美元，购买了一台弹球游戏机，摆放在华盛顿的一家理发店里对外出租。没过几个星期，他们就全部收回了投资成本。紧接着，他们又把游戏机的数量增加到7台，正式创办了威尔逊游戏机公司。这样，他们每个星期都能获得大约50美元的收入。1947年8月，他们把这些游戏机以1200美元的价格卖给了一位退伍军人。

后来，他们不断扩大经营范围，接下来经营了一台花生自动售货机。而更大的生意是，1947年巴菲特和上面提到的这位唐·坦利在巴尔的摩南郊一个废品旧货站里看到一辆1928年出厂的报废汽车是劳斯莱斯的牌子后，两人共同出资350美元买下它用来对外出租。

这辆车“生前”被称为“女士购物车”，前面有一张驾驶员使用的单人折叠座椅，后面有一张双人座椅。他们一起把这辆报废车开往华盛顿。由于这是一辆报废车，又没有汽车牌照，所以他们很担心能不能把它开到家。更何况，这辆报废车的真空油箱系统坏了，每隔六七英里就得加一次油，而整段路程有40英里，一共要加七八次油，非常麻烦。

当他们最终将报废汽车战战兢兢开到华盛顿时，因为没有汽车牌照被警察拦住了。这时候巴菲特掏出一个证件，表明他父亲是美国国会议员，警察这才给他们放行，让他们回到了家。

回家后，唐·坦利负责整修汽车。原来的车身是银灰色的，现在他们要把它漆成淡蓝色。这方面唐·坦利是内行，所以这些技术活基本上全靠他。巴菲特在这方面一窍不通，但他是“财务行家”，所以他总是站在一边给唐·坦利朗读有关商业投资方面的书。巴菲特的母亲则负责做饭。

报废汽车整旧如新后，他们自制了一块“威尔逊铸币经营机器公司”的车牌，然后把这辆车以每天35美元的价格租出去。要知道，这在当时可是一笔很大的收入，而这辆车一共被租出去好几次，获利能力很强。正是在这一年，巴菲特进入宾夕法尼亚大学沃顿商学院，成为一名大学新生，唐·坦利则考上了康奈尔大学。

精明的商业头脑，使巴菲特从小就比同龄人要富裕得多。1947年高中毕业时，巴菲特的成绩在全校350名左右的毕业生中排名第16位。在当年巴菲特的学校年鉴上有这样一条关于巴菲特的评语，“喜欢数学……一名未来的股票经纪人”。看看，高中毕业时就有人预言了他会走上投资之路。

需要说明的是，巴菲特的财富完全是靠他的聪明才智和勤劳、勤奋创造出来的，不像有些孩子只知道伸手向父母要。由此可以说明，巴菲特本身就是一只获利能力非常强的“股票”。

【巴菲特读年报心得】

巴菲特认为，投资者在阅读上市公司财务年报时有必要关注该公司未来的获利能力，这是判断该股票是否值得拥有的主要依据之一。从某种意义上看，无论是巴菲特还是伯克希尔公司，本身就是获利能力超强的“潜力股”。

该公司获利有什么秘密武器

> 如同下表中的数字所显示的，伯克希尔的保险事业大获全胜。表中的浮存金，系将保险公司所有的损失准备、损失费用调整准备与未赚取保费加总后，再扣除应付佣金、预付并购成本及相关再保递延费用，相对于我们的保费收入总额。我们的浮存金部位算是相当大的。至于浮存金的成本，则决定于所发生的承保损失或利益。在某些年度，由于我们有承保利益，所以我们的资金成本甚至是负的，此时我们的保险事业盈余等于是由原先用浮存金获取的利益再加上承保利益。
>
> ——沃伦·巴菲特

【巴菲特读年报的关注点】

巴菲特认为，投资者在阅读上市公司财务年报时有必要关注该公司未来获利能力的支撑点在哪里。换句话说，该公司未来获利有什么秘密武器。关于这一点，其实和他经常提到的“经济护城河”概念是紧密相关的。

巴菲特在伯克希尔公司1995年年报致股东的一封信中说，就如下表数字所显示的那样，当年伯克希尔公司保险业务取得了骄人的业绩，主要原因就在于保险浮存金在发挥作用。

浮存金收入是指保险公司把所有的损失准备、损失费用调整准备、未赚取保险费用加起来后，扣除应付佣金、预付并购成本、再保险递延费用后的部分。浮存金成本则是保险公司所要支付的承保损失。伯克希尔公司的浮存金数额相当大，并且在某些年份保险业务本身有获利，这实际上表明伯克希尔公司用于投资的资金成本是负的。

换句话说，这时候伯克希尔公司从保险业务中得到的利润包括两部分：一部分是保险业务本身得到的承保利益，另一部分是从零成本或负成本的保险浮存金上得到的投资收益。

在这里，巴菲特一针见血地指出了伯克希尔公司的获利秘密，那就是数额庞大的保险浮存金及用保险浮存金进行低成本投资所得到的收益。在这方面，其他同行无法与之相提并论。

巴菲特在伯克希尔公司年报中多次指出，保险业务的关键是保险浮存金的数额和成本。这种浮存金的所有权虽然不是伯克希尔公司的，却可以暂时被伯克希尔公司无偿使用，而这就够了。正是利用这一点，巴菲特把大量的保险浮存金用于企业并购、购买股票和债券，最大限度地发挥它们的使用效益。

由于伯克希尔公司保险业务规模越来越大，所以实际上这笔保险浮存金的数额也越滚越大，从而不断成为伯克希尔公司新的利润增长点。具体数据是，伯克希尔公司自从1967年开展保险业务以来，直到1995年，保险浮存金的年增长率高达20.7%，并且在大多数时间里资金成本低于0。

在这里请注意两点：一方面是，伯克希尔公司的保险浮存金年增长率为20.7%，这个数据与伯克希尔公司的年投资回报率非常接近，表明这两者之间有着某种必然的内在联系；另一方面是，大多数年份，伯克希尔公司的浮存金成本低于0，实际上这就意味着这些资金不但是给伯克希尔公司“无偿”使用的，而且还要“倒贴”利息。

有人会问，伯克希尔公司有浮存金，但其他保险公司也是有浮存金的，它们的情况怎么样呢？

巴菲特分析说，任何一家上市公司的获利能力，都取决于以下3个因素：一是资产报酬率。不用说，资产报酬率越高，表明该公司的获利能力越强。二是该公司的负债成本。任何一家上市公司都必然会有负债，但这种负债的资金成本有高有低。不用说，资金成本越低，该公司的获利能力就越强。三是财务杠杆的运用，也就是说该公司负债率的高低。负债率高，资金使用成本高，就必然会侵蚀该公司的获利能力。

在巴菲特看来，其他保险公司虽然也会取得大量的浮存金，可是其成本之高他就不敢恭维了。而浮存金的取得成本如果不能低于0，那么这种浮存金对于投资获利来说究竟有多大的帮助，就比较难说了。

对照伯克希尔公司，这3个因素表现得如何呢？巴菲特认为，长期以来伯克希尔公司的资产报酬率表现相当不错。也就是说，同样的资金投入，伯克希尔公司从中得到的获利回报比同行要高，这是大家都知道的。可与此同时，伯克希尔公司使用的资金成本却很低，这一点很多人就不知晓了，而这恰恰让伯克希尔公司从中受益不少。不用说，伯克希尔公司使用的资金成本很低，主要原因就在于它能够从保险业务中比较方便地获得保险浮存金。

所以，巴菲特非常欣慰地说，多年来伯克希尔公司的保险浮存金没有给公司增加任何额外成本，实际上它不是一种负债，而是等同于股本（没有资金使用成本），可是却又比股本更有妙处。

例如，1994年伯克希尔公司的浮存金数额为34亿美元，如果它没有这些浮存金，而是增加34亿美元的股本，其总资产虽然一点都没有变，可是获利却会大幅度减少。这主要基于两方面的原因：一方面是股本的成本是0，而浮存金的成本可能是0，也可能是负的（当然也可能会大于0）；另一方面，增加股本，必然会减少每一位股东原来的持股比例，摊薄其利润。

明白了这一切，读者就更容易看清浮存金的存在对伯克希尔公司获利能力的特殊贡献了。

【巴菲特读年报心得】

巴菲特认为，上市公司的获利能力与其是否具有独特的赢利秘器有关，而投资者可以通过阅读年报感悟出这一点来。伯克希尔公司的杠杆在于保险浮存金，它既像股本一样没有成本，又不像股本那样会摊薄利润，简直妙不可言。

赢利能力分析的3项内容

> 要关注净资产收益率，而不是每股收益；要计算自由现金流量，寻找利润率高的公司；确信每1美元的留存收益至少能创造1美元的市场价值。
>
> ——沃伦·巴菲特

【巴菲特读年报的关注点】

巴菲特认为，投资者在阅读上市公司财务年报时有必要关注该股票未来的赢利能力。因为归根到底，股票投资赚钱是硬道理。如果该公司未来赢利能力不佳或者不可持续，就会直接影响其内在价值的持续增长。

巴菲特在选择投资对象时有4条原则，即商业原则、管理原则、财务原则、市场原则。其中就财务原则而言，选择投资对象时要特别关注其净资产收益率，而不是每股收益；要计算自由现金流量，寻找利润率高的公司；要确保拟投资公司每1美元的留存收益至少能创造1美元的市场价值。不用说，巴菲特选择投资对象的原则，同样也是投资者在阅读财务年报时需要特别关注的。

在巴菲特看来，上市公司赢利能力分析的方法，主要是结合业务分析和管理分析，具体测算业务和管理两方面的优势究竟具有多大的内在价值。这种内在价值主要体现在以下3方面：

一是该公司的产品和服务创造了多少利润？

也就是说，该公司管理层有没有不断降低产品和服务成本，提高产品品质，从而形成成本优势和差异化优势，给顾客创造更多的价值，促使产品和服务保持较高的销售利润率，以此来创造更多的利润？如果有，具体又表现在哪些方面？如果没有，投资者投资这样的股票就要保持一份警惕了。

二是该公司的资本创造了多少股东价值？

也就是说，该公司管理层有没有在创造产品、提升业务竞争优势和不断为股东持有的资本增值方面努力？要知道，公司能否长期保持较高的净资产收益率水平，才能体现其是否具有持续竞争优势。如果有，具体表现在哪些方面？如果没有，就表明投资这样的股票将来很可能会得不偿失。

三是该公司股票价格上涨创造了多少市场价值？

股票价格上涨的主要动力之一，在于公司未分配利润中的那块留存收益，参与几年公司经营后，转换为相应的市值增长。这实际上是公司管理层高超的资本配置能力、公司持续的竞争优势为股东创造更多价值后在股市中的反映。如果投资者不能从这种股价上涨中得到实惠——换句话说，未分配留存收益在上市公司中创造的收益还不如股东自己打理赚得多，那还将它留在公司干什么？

举例说，如果要你现在必须做出一个非常重要的决定——明天就去投资一只股票，并且规定你买入该股票后相当长的一个时期内（例如10年）不能卖出；如果该股票每年都有分红，这些红利你只有在退休后才能全部使用……如果设置了这么多的限制条件，你在投资该股票时考虑得就会比较多，甚至因为有许多困惑你无法做出正确选择。

那么，巴菲特如果遇到这种情形会怎么做呢？不用说，上面他所说的4条原则这时候就派上用场了。就其中的财务原则，他会这样分析：

首先是关注权益资本回报率，而不是像绝大多数投资者那样盯着每股收益。

巴菲特认为，绝大多数上市公司每年的利润都不会全部分掉，这样就必然会使公司资本总额不断增加，由此发生的利润提高并没有多少实质意义。换句话说，由于公司的资本总额每年都在增加，所以公司每年的利润总额也在增加，并使每股收益相应提高，这些都是应该的。如果有上市公司高调宣布某年的每股收益又创下了“新纪录”，实际上这并没有什么了不起，相反却是对投资者的一种误导。

真正衡量公司业绩的指标，应当是权益资本报酬率，即经营业绩与股东权益的比率。究其原因在于，这个指标就考虑到了上述因素的存在。

其次，是计算股东收益。

在巴菲特看来，虽然他总是在寻找现金收入大于现金耗费的公司，可是他在估算公司内在价值时却非常明白，有一部分现金收入是要用于固定资产的更新、改造、维护的，所以会计收益必须调整到能够真实反映该公司获取现金能力的程度。这才是确实可靠的，也是他提出“股东收益”这个概念的原因。这种股东收益是净收入加上折旧、摊销、递延费用，然后减去维持公司原有竞争力和生产规模所需要的资本费用。同样，这也是投资者在阅读财务年报时要关注的。

最后，是公司的利润率高低，以及每1美元的留存收益能否创造至少1美元的市场价值。

上市公司的利润率高，在某种意义上反映了该公司管理层对成本控制抓得严，而巴菲特最喜欢这样的公司管理层了。对于公司股东来说，公司创造的每1美元留存收益，他们都有份。所以，投资者应当从本能上憎恶那些放松成本费用控制、留存收益创造价值低的上市公司。

那么作为投资者来说，又怎么来简单地衡量这一点呢？巴菲特介绍说，把该公司的净收益减去所有分配给股东的红利，剩下的就是留存收益。把该公司最近10年内的留存收益相加，再将该公司目前的市场价值减去10年前的市场价值的差额，与该公司这10年内的留存收益相比，孰大孰小就一清二楚了。如果该公司每1美元的留存收益所创造的市场价值小于1美元，就表明它在走下坡路，其股票价格也一定会走低。

【巴菲特读年报心得】

巴菲特认为，投资者在阅读上市公司年报时可以从上文介绍的3个方面来分析该公司未来赢利能力高低。并且他坚持认为，投资者应该首选未来赢利能力强的股票进行投资，在此基础上，也要掌握一套怎样进行这种赢利能力分析的方法。

获利能力根据财务年报来判断

查理跟我对于那些习惯以绚丽的盈余预估吸引投资人的CEO所带领的公司，总是抱怀疑的态度。或许少数经理人确实能说到做到，但大部分经理人最后都变成了无可救药的“乐观派”，甚至可以说是骗子。不幸的是，投资人实在是很难事先分辨出他们到底是在跟哪一种人打交道。

——沃伦·巴菲特

【巴菲特读年报的关注点】

巴菲特认为，投资者在阅读上市公司财务年报时有必要从字里行间感受一下该公司的获利能力。换句话说，一家上市公司的获利能力是能够根据财务年报加以判断的。只不过要注意的是，投资者千万不要被该公司对未来盈利的过分乐观的预期所迷惑，这种事情是常常发生的。

巴菲特在伯克希尔公司2000年年报致股东的一封信中说，他和查理·芒格对那些习惯于用漂亮的业绩预估来吸引投资者的公司管理层所领导的那种公司，总是抱以怀疑的态度。也许少数公司管理层确实能说到做到，对未来经营业绩预估得比较准确而实事求是；但大多数公司管理层是名副其实的“乐观派”，甚至可以说他们在用这种方式欺骗投资者也不为过。不幸的是，投资者面对这样的状况，事先很难分辨出他们是在和哪一种人打交道。换句话说，投资者事先很难判断拟投资公司的这种估计是真是假，对方是不是骗子。

现在的问题是，投资者一方面希望能从财务年报中判断出该公司未来获利能力；另一方面，大多数公司管理层对自己的这种未来获利能力的描述夸大其词。那么这时候投资者该怎么办呢？

在这里，巴菲特根据个人体会提出了一种简单易行的办法，那就是投资者在阅读上市公司财务年报时，要看这份财务年报是否翔实、客观。

翔实，意味着这份财务年报对投资者想要了解的内容真正做到了“知无不言，言无不尽”，没有躲躲闪闪、一语带过。说穿了，编制这样的财务年报的上市公司管理层心里没有鬼，所以投资者敢相信他们所说的话。

客观，意味着这份财务年报在叙述过去的经营业绩和展望未来的获利能力时，有一说一，有二说二，既谈有利因素，也谈不利影响。这样，投资者才能比较客观地分析、判断该公司的未来获利能力，而不是由公司代替投资者得出结论。如果能做到这些，这份报表所做出的预测就是相对可信的。

巴菲特介绍说，就上述标准而言，如果在伯克希尔公司，就代表着他和投资者的角色互换。也就是说，他是投资者，而在座各位投资者是公司管理层。那么，他希望各位能够给他提供他想要得到的全部信息，其中包括目前公司经营管理中的重大信息，以及公司首席执行官对于该公司未来长远发展的真正看法。当然，要解释这些信息，必须有相关的财务数据加以证明，而不是空口说白话。

他说，他和查理·芒格在阅读上市公司财务年报时，总是对该公司的人员、工厂、产品介绍不怎么感兴趣，他们反而会对有关扣除折旧费用、税金之前的毛利数据感到胆战心惊。

巴菲特的意思是说，既然是毛利，那么那些用心良苦的公司管理层就有可能会运用那些投资者怎么也搞不清楚的会计原则来对数据进行美化，目的是掩盖一些难以启齿的事实。也就是说，毛利与净利润相较而言更容易受到扭曲。所以，投资者如果一定要看经营业绩而不是每股收益的话，更要侧重于看净利润。道理很简单，把该公司有关折旧费用、待摊费用、纳税额等全部去掉后，再看看净利润究竟剩下多少，这会更接近于事实真相。

除了少关心毛利水平外，巴菲特也不想阅读由公关部门、公司顾问所提供的资料，而是希望由首席执行官自己亲自出面解释。

应该说，巴菲特的这一招很厉害。要知道，如果首席执行官没有出面解释，将来发生问题后很容易扯皮。这种情形，投资者一定看到过不少。可是如果由首席执行官亲自出面解释，他就会多一份顾忌，在对公司未来获利能力的预估上也会有所保留。虽然这并不能完全杜绝喜欢自吹自擂的首席执行官继续用谎言欺骗投资者，但是至少可以减少一些因为首席执行官不用亲自出面解释而造成的推诿现象。

巴菲特介绍说，上述这种现象在上市公司中非常普遍。可喜的是，当时（2000年）的美国证券交易监督委员会主席阿瑟·列维特已经充分意识到了这一点，并且一直致力大力打击上市公司中像癌细胞扩散一样的选择性披露信息的做法。

在这里，巴菲特所说的“选择性披露”，实际上就是那些上市公司千方百计地诱导大股东或证券分析师，使在他们眼里的盈利预期接近于公司的实际盈利预期。为了配合这一点，这些上市公司就会在财务年报中有选择地披露信息，从而使那些大股东和其他投机性机构能够从其内部得到更多信息，这样一来，最终倒霉的还是散户。

巴菲特说，正是因为阿瑟·列维特多年来的努力，美国上市公司才纷纷开始以一视同仁的态度来公平对待所有股东和投资者。同样，作为公司首席执行官的巴菲特对此感到非常欣慰，并为同行及其公关部门是被动而不是主动这样做而感到羞耻。

不用说，巴菲特本人在这方面堪称楷模。伯克希尔公司每年都要由巴菲特亲自撰写财务年报，并且他会在每年一度的股东大会上与来自全球的数万名投资者公开见面，回答各种提问。巴菲特从来不会对未来股市进行预测，也不会对公司业绩进行预测。如果一定要预测的话，他也会要求投资者不要抱太大的希望……所有这些，都与美国其他上市公司的做法截然不同。

【巴菲特读年报心得】

巴菲特认为，投资者可以在阅读上市公司财务年报时大致判断该公司未来的获利能力。但前提是，这份年报要能代表该公司首席执行官的真实观点，并且不能是过于乐观的估计和夸夸其谈，更不能由公关公司或企业顾问代言。

股票获利与买入成本有关

往后我们仍将维持过去惯用的资金分配方式。如果买股票比买整家公司便宜，我们就会大肆采购股票；如果特定的债券够吸引人，就像2002年一样，我们就会买进满手的这类债券，而不管市场或经济状况如何。我们随时都很乐意买进符合我们标准的企业，而且投资规模越大越好。

——沃伦·巴菲特

【巴菲特读年报的关注点】

巴菲特认为，投资者在阅读上市公司财务年报时有必要关注自己购买该股票的成本高低。道理很简单，对于投资者来说，自己所购买的股票获利大小，不但与该股票的未来获利能力有关，而且与自己的买入成本高低也紧密相关。

巴菲特在伯克希尔公司2002年年报致股东的一封信中说，伯克希尔公司以后将仍然坚持过去一贯采用的资金分配方式，那就是，如果购买股票比购买整家公司便宜，伯克希尔公司就会大量买入股票；如果购买某种债券比购买股票更便宜，那他就会全部买入这种债券，就像2002年伯克希尔公司的投资策略一样。

巴菲特表示，无论市场行情和企业经济状况如何，伯克希尔公司都喜欢购买符合上述标准的企业，而且投资规模越大越好。究其原因在于，伯克希尔公司经常会有大量的闲置资金得不到充分利用，与其让资金闲置着，还不如买入非常值得投资的一些品种。在伯克希尔公司经营的大多数年份里，股票投资往往是比较便宜的选择，所以从伯克希尔公司的资产组合中你可以看到，它的股市投资占大多数。

巴菲特引以为傲的喜斯糖果公司的投资案例，就能说明这一点。他在伯克希尔公司2007年年报致股东的一封信中说，喜斯糖果公司的主营产品盒装巧克力糖的经营业务，一点都不让人感到兴奋。因为在美国，这种产品的人均消费量非常低，而且多少年来没有增长，许多名噪一时的品牌已经消失。在过去的40年中，只有3家同行能够赢利，而且这种赢利主要是象征性的，意思是说盈利额非常有限。即使是喜斯糖果公司，大部分销售收入也仅仅是来源于很少的几个州，而这些销售收入占到整个行业总收入的一半。

那么，既然这样，巴菲特又凭什么感到骄傲呢？很重要的一点是，当时买入这家公司的成本很低，从而使伯克希尔公司在这方面的获利能力相对较高。当然，当时伯克希尔公司买入该公司的成本低并没有什么“阴谋”，完全得益于巴菲特对其股票价格和内在价值的正确判断。

巴菲特说，1972年他和查理·芒格控股的蓝筹票据公司买下喜斯糖果公司时，它的糖果年销售量为1600万磅（年销售额为3000万美元），而2007年其销售量为3100万磅，年平均增长率只有2%，可谓微乎其微。可是要知道，蓝筹票据公司当初买入喜斯糖果公司的资金投入只有2500万美元，当时喜斯糖果公司的税前利润不到500万美元，运营资本却高达800万美元。也就是说，它每年总会有那么几个月要靠借债过日子。不过就它的负债规模来看，依然在允许范围之内，否则巴菲特也就不会考虑买它了。

喜斯糖果公司在经营方面很有特点，这是巴菲特特别欣赏的。这主要表现在两点：一是它的糖果销售收入主要是现金，没有应收账款，更不会造成坏账损失，这和那些销售收入主要是应收账款的企业形成了鲜明的对比；二是它的糖果生产和销售的周期很短，季节性很强，所以公司存货可以降到最低，这在一定程度上减少了该公司的资金投入和常年资金准备。

从具体数据看，2007年喜斯糖果公司的年销售额为3.83亿美元，税前利润是8200万美元，运营资金是4000万美元。也就是说，自从蓝筹票据公司1972年买入该公司以来，总共才不过投入了3200万美元的资金（现在的4000万美元运营资金减去当初买入时的800万美元）。而在此期间，喜斯糖果公司的税前利润一共是13.5亿美元，扣除这3200万美元的再投入资金，其差额13.18亿美元到哪里去了呢？明眼人一看就知道，这部分巨额资金都流到伯克希尔公司和早年的蓝筹票据公司，让巴菲特用于其他项目的投资和企业并购了。

巴菲特高兴地说，喜斯糖果公司把这笔巨额利润上交给伯克希尔公司后，他把这部分钱陆续用于购买其他具有强大吸引力的企业，为伯克希尔公司创造了巨大的财源。要知道，在美国的上市公司中，类似喜斯糖果公司这样的企业并不多。

这是什么意思呢？巴菲特说，一般来说，一家上市公司的税前利润如果从500万美元提高到8200万美元，至少需要投入4亿美元的资金才能办到。可是喜斯糖果公司不同，糖果销售的特殊性决定了它不需要追加更多的运营资金，也不需要更多的固定资产投资，就能实现业务增长。基于此，它才有能力把自身的盈利部分上交给伯克希尔公司，使其可以进行其他项目的投资。

从中容易看出，巴菲特对喜斯糖果公司感到满意，一方面是对喜斯糖果公司本身的获利能力感兴趣。虽然它的年销售额增长速度并不快，可是由于其品牌效应，它的盈利率仍然会有保证。另一方面是，伯克希尔公司当初并购喜斯糖果公司的成本并不高，这样就更显得投资方（蓝筹票据公司和伯克希尔公司）在这笔投资上的获利能力之强了。

用巴菲特的话来说就是，这家企业的有形资产净值只有4亿美元，可是它的税前利润却高达0.82亿美元，这实在没什么需要谦虚的。

【巴菲特读年报心得】

巴菲特认为，股票投资的获利能力，一方面表现在股票本身的盈利预期上，另一方面表现在投资者当初购买股票的成本高低上。当初购买一只股票的成本越低，表明你在这只股票上的获利希望越大，这是显而易见的。

庞大的投入意味着丰厚获利

当我们1996年买下国际飞安公司的时候，它的税前营运收入是1.11亿美元，在固定资产上的净投资是5.7亿美元。自从我们买下它后，它在提取了总计9.23亿美元的折旧费后，资本支出总计为16.35亿美元，其中大部分资金用来购买飞行训练模拟器，以配合那些经常被提及的飞机的新型号。现在我们的固定资产扣除折旧后达到10.79亿美元，税前营运收入在2007年达到2.7亿美元，与1996年相比增加了1.59亿美元。这个收入带给我们的回报，对于我们增加的5.09亿美元投资来说还不错。

——沃伦·巴菲特

【巴菲特读年报的关注点】

巴菲特认为，投资者在阅读上市公司财务年报时有必要关注该公司的资金投入。一般来说，大力压缩成本费用开支意味着该公司获利能力的上升。但也不能否认，在某些环境中，恰到好处的成本费用支出意味着该公司竞争实力的增强，这同样能收到提高其未来获利能力的效果。

巴菲特在伯克希尔公司2007年年报致股东的一封信中说，伯克希尔公司1996年买入国际飞安公司时，当时该公司的税前利润是1.11亿美元，而固定资产净值却高达5.7亿美元。伯克希尔公司买下该公司后，该公司一共提取了9.23亿美元的折旧费用，资本投入高达16.35亿美元，其中大部分资金是用来购买飞行训练模拟器的，目的是更好地维护那些经常被大家提到的飞机型号。

要知道，这种飞行训练模拟器一个就要1200万美元，而在国际飞安公司，这样的模拟器有273个。所以该公司在提取折旧费用后，固定资产净值已经从过去的5.7亿美元增加到了10.79亿美元，而税前利润高达2.7亿美元。不用说，这2.7亿美元与1996年伯克希尔公司买下该公司时的1.11亿美元相比增加了1.59亿美元，可是如果与固定资产投资相比，还是小巫见大巫。

巴菲特的意思是说，国际飞安公司自从被伯克希尔公司买下后，虽然该企业仍然在赢利，可是伯克希尔公司从它身上赚到的钱用于维持其运营还不够，这与伯克希尔公司旗下那些保险业务不断为其提供浮存金正好相反。那么，这是不是表明国际飞安公司令巴菲特感到失望了呢?

确实，巴菲特把国际飞安公司描述为“一个良好，但不出色”的企业。所谓“不出色”，很显然就是前面提到的，它不但不能给伯克希尔公司提供现金流，相反还要消耗伯克希尔公司的现金流，这和巴菲特的经营理念相违背；而所谓“良好”，是因为巴菲特对这种高成本投入是认可甚至满意的。

他解释说，国际飞安公司的这种高成本投入，完全是为顾客着想，就如同他知道的其他同行一样。国际飞安公司拥有一项持久的竞争优势，那就是，它必须有高昂的投入，才能保持飞行的严格要求和飞行安全，而这最终对消费者来说是有利的，是能够为消费者创造利益的。

所以，对于这种处于全球顶尖地位的飞机训练公司来说，其股东和消费者不应该“对价格斤斤计较”。这就像你去医院看病，面对一次外科手术，这时候重要的是确保质量，而不是确保价格低。所以巴菲特认为，国际飞安公司如果要保持业务增长，确保在同行中的竞争优势，就必须把收入中的很大一部分继续投在自己身上。

从上述数据看，伯克希尔公司对国际飞安公司新增投入，获利回报还不错。当然这与喜斯糖果公司为其所做的贡献就无法相提并论了。

所以巴菲特对国际飞安公司的评价是，经营良好，但经营业绩绝不是超乎寻常的。因为它属于一个高投入、高产出的行业，而这种情形是许多公司都会遇到的。例如在伯克希尔公司投资的公用事业中，就有许多巨大的投资项目在迅速贬值。根据巴菲特的估计，从现在开始的10年里，伯克希尔公司仍然可以从这些公用事业中获得很高的盈利，但是伯克希尔公司重新投入这些项目的投资也至少需要几十亿美元，才能确保该公司的竞争地位。

容易看出，巴菲特的观点实际上很朴素，极像中国人常说的“该省的时候必须省，该用的时候还得用”。

具体地说，对于国际飞安公司这样的企业来说，如果没有源源不断的巨额投入，以确保飞行训练设备处于最先进状态，就必然缺乏发展后劲，不要说确保未来的获利能力了，就连能否维持正常经营也很难说。而对于其他开展常规业务的上市公司来说，行业竞争非常充分，这时候就必须依靠降低成本费用开支来扩大赢利空间。

例如，可口可乐公司总裁罗伯特·格伊祖塔上任后就在其经营战略中提出，为了节省成本费用开支，可口可乐公司一定要抛弃任何不能产生可接受的权益资本收益率的业务和资产；对于新企业和新项目的任何投资，都必须考虑其是否具有足够的增长潜力，公司不会继续对停滞不前的业务感兴趣。

正是在这种经营思想的指导下，可口可乐公司迅速卖掉了旗下的葡萄酒公司。因为葡萄酒业务与可口可乐饮料相比，简直有些不伦不类。更重要的是，葡萄酒业务不能创造该有的利润。即使在20世纪70年代可口可乐公司的权益资本收益率一直高于20%的背景下，罗伯特・格伊祖塔依然不满足，1988年该权益资本收益率一度高达31.8%。也正是在这时候，巴菲特大量买入了可口可乐公司的股票。这在无形之中表明，巴菲特对罗伯特・格伊祖塔的这种战略思想还是赞赏的。

【巴菲特读年报心得】

巴菲特认为，投资者在阅读上市公司财务年报时关注该公司的未来获利能力是必需的，但这种获利能力既可以通过压缩成本、控制费用开支来实现，同样也能通过增加成本开支来得到，关键在于看它是否有助于增强该企业的竞争力。

股市疯狂不表明获利能力强

> 而当我在写这篇文章时，整个华尔街几乎嗅不到一丝恐惧，反而到处充满了欢乐气氛。没有理由不这样啊！有什么事能够比在牛市因股票大涨赚得比公司本身获利更多而更让股东高兴的呢？只是我必须说，很不幸的是，股票的表现不可能永远超过公司本身的获利表现；反倒是股票频繁的交易成本与投资管理费用，将使投资人所获得的报酬无可避免地远低于其所投资公司本身的获利。
>
> ——沃伦・巴菲特

【巴菲特读年报的关注点】

巴菲特认为，投资者在阅读上市公司财务年报时有必要关注当年股市行情和宏观形势的表现。也就是说，如果当年股市行情和宏观形势特别好，这时候过高的获利能力未来就要打个折扣，因为外部环境不可能永远这么好。

巴菲特在伯克希尔公司1986年年报致股东的一封信中说，他在写这篇财务年报的时候，整个美国华尔街上几乎嗅不到一丝恐惧，反而充满了欢乐的气氛。想一想就明白，还有什么事能够比在牛市因股票暴涨赚得比公司本身获利更多而让投资者高兴的呢？他们实在没有理由不这样开心啊。但是他要泼冷水的是，股市的表现不可能永远超越其基本面；反倒是频繁的买卖股票会促使交易成本和投资管理费用上升，长远来看投资者从中获得的利润将不可避免地远低于所投资公司本身的获利。

在这里，巴菲特非常明确地指出了一点，那就是，投资者不要因为股市上涨幅度暂时超越上市公司的业绩表现而欢欣鼓舞；恰恰相反，大家在牛市中频繁买卖股票，必然会增加交易成本，从而降低股票投资获利。

更不用说，股票市场的长期表现是和上市公司的内在价值紧密联系在一起的，有股市上涨过猛的时候，就有股市下跌幅度大的时候。换句话说，巴菲特是在提醒大家“不要高兴得太早了”，投资者在阅读年报时最应该关注的是公司本身的获利能力，而不是整个股市大盘的表现。

应该说，巴菲特的这一观点和他过去一贯坚持的原则完全一致。那就是考察某只股票，重点应当放在考察该公司的内在价值上，而不是其他。

巴菲特在伯克希尔公司1986年年报致股东的一封信中说，鉴于当时美国股市上涨过快的现实，伯克希尔公司的保险业务当年一共购买了7亿美元的免税美国国债，到期日都在未来8~12年。不了解的人还以为，伯克希尔公司的这一举措表明它对债券投资特别感兴趣呢；可事实是，在巴菲特眼里，债券投资充其量是一种很平庸的投资工具。但当时股市上涨幅度过快，充满投资风险，那么，回过头来投资一些债券就是一种比较妥当的权宜之计了。

关于这一点，中国股民特别不容易理解：既然股市上涨过快，那为什么还不把更多的资金投入股市，趁机大赚一笔呢？这正是巴菲特与众不同或者说高人一筹的地方，即他一再表明的“在别人贪婪的时候恐惧，在别人恐惧的时候贪婪”。

其实，巴菲特又何尝不想扩大自己的投资成果呢？毕竟这是每一位投资者的最高追求。但所有投资都有风险，尤其是当投资风险超过你的承受能力，甚至有可能导致你的前期业绩荡然无存乃至让你倾家荡产的时候，你就更要对此提高警惕了。因此，巴菲特在阅读上市公司财务年报时重点考察该公司的内在价值，考察该公司本身的获利能力，而不是其股市表现，实在是抓住了根本。

巴菲特说，当伯克希尔公司的保险业务规模越来越大、浮存金数额越来越多时，伯克希尔公司当然会把有价证券列入投资组合，并且确定了以下5种投资方式：一是长期股票投资；二是长期固定收益债券投资；三是中期固定收益债券投资；四是短期约当现金投资；五是短期套利交易投资。在这5种投资方式中，股票投资是最有乐趣的。

巴菲特的意思是说，如果你能找到一家经营得当、经营业绩蒸蒸日上，其内在价值又被严重低估的股票加以投资，那么你就会获得非常可观的投资收益。他的原话是，“你很有机会会挥出大满贯的全垒打”。不过他又马上补充说，很不幸的是，他根本就找不到这么好的投资对象。

撇开当时的股市表现不谈，巴菲特着眼于美国股市的总体规模发现，这些上市公司的平均投资报酬率为12%。如果把这些投资业绩全部回馈给投资者，再扣除投资者在股市进出中付出的税费，那么，平均每位投资者在股市中的投资获利率必定要比这个数据低。

换句话说，如果某年股市给投资者的平均回报率高于此数，就可以认定当年的股市表现是“疯狂”的。他说，虽然牛市可以暂时模糊这一定律，却无法推翻这一定律。不但股票是这样，债券投资也是如此。

有鉴于此，一般来说，伯克希尔公司对长期债券投资不感兴趣。究其原因在于，未来10多年间的通货膨胀完全会吞没其从中获得的回报。不投资债券，甚至也不想投资股票，那还有什么好的投资项目呢？巴菲特介绍说，与它们相比，他更倾向于“持续地把资金运用在套利之上”。

关于这一点，从巴菲特几十年来的投资经历看，确实如此。投资者细细研究会发现，伯克希尔公司的主要获利来源就在于几次大的股票套利上。

为什么伯克希尔公司仅有的几次股票套利就能获得非凡的投资收益呢？巴菲特介绍说，这是因为伯克希尔公司的股票套利与众不同——别人每年都要进行几十起套利行为，而伯克希尔公司只锁定在少数几个案例上，而且专门寻找那些消息明朗化的“白马”进行投资。伯克希尔公司这样做虽然获利空间会小一些，但投资失败的机会相应也会减少许多，例如1986年该公司就只进行了一笔套利交易。

值得一提的是，股票套利需要高超的技巧。巴菲特擅长这一点，并不表明绝大多数散户也能做到这一点。就好比说，当有人说他喜欢股市剧烈波动，因为可以趁此机会高抛低吸时，你不妨怀疑他有没有这个能力。

1990年3月，巴菲特在美国斯坦福大学法学院演讲“律师需要了解的企业经营知识”时说：“40年来，我一直在做风险套利。在我之前，我的老板格雷厄姆已经做了30年的风险套利。只要同一产品存在于两个市场，就存在套利的可能性。如果奥马哈和芝加哥各有一个小麦市场，当两者价格不一致时，投资者就可以进行套利，这是纯粹的套利——纯粹套利的对象是货币和商品。针对已经公开的一些公司事件，我们也可以进行风险套利交易。”

紧接着，他举例介绍说：“今天早上，我接到一两个关于我们正在做的套利交易的电话，这些交易都涉及已经宣布的事件。我的工作，就是评估这些事件发生的可能性以及预计这些事件发生后我们的盈利或损失。如果一件事情发生的可能性有90%，预计顺利的话我们能获利3个点；如果这件事情不发生的可能性有10%，预计不顺利的话我们会损失9个点，那么该事件的数学期望值就是2.7美元减去0.9美元，即1.8美元。接下来我们需要考虑的就是时间因素。上面我们用到了数学，但真正的困难在于估算事件发生的可能性，以及预计这些事件发生后我们的盈利和损失。”[1]

1 石伟编译．巴菲特：投资不要超出自己的能力范围．腾讯网[2016-2-9].

【巴菲特读年报心得】

巴菲特认为，投资者在阅读上市公司年报时要更关注该公司的内在价值未来是否具有较大的上升空间。从伯克希尔公司看，获利最多的项目除了长期投资外，主要体现在巴菲特擅长的风险套利交易上，而不是依靠股价上升的短期操作。

理性的公司行为很重要

> 这样的方式，将会迫使投资人思考企业真正的长期远景，而不是短期的股价表现，从而借此改善其投资绩效。当然无可否认，就长期而言，投资决策的绩效还是要建立在股价表现之上，但股票价格的高低将取决于其未来的获利能力。投资股票就像打棒球一样，想要得分，大家必须将注意力集中到场上，而不是紧盯着计分板。
>
> ——沃伦·巴菲特

【巴菲特读年报的关注点】

巴菲特认为，投资者在阅读上市公司财务年报时有必要关注该公司的重大决策是否理性。因为只有理性的公司行为，才能确保该公司未来的获利能力能够得到正常的发挥。如果一家上市公司被掌握在赌徒手里，那是很危险的。

巴菲特在伯克希尔公司1991年年报致股东的一封信中说，所有投资者的目标都应该是建立一项投资组合，以确保从现在开始10年内的透视盈余达到极大值。这样的方式将会迫使投资者去思考企业真正的长期远景，而不是短期的股价表现。当然，从长期来看，投资业绩依然要建立在股价表现之上；可是，股票价格的高低必须取决于该公司未来的获利能力。打个比方说，投资股票就像打棒球一样，要想得分，大家必须把注意力集中到比赛场上去看真功夫，而不是眼睛紧盯着计分板。

在这里，巴菲特可谓说出了一个非常重要的原则，那就是，要想从股票投资中获得丰厚的回报，就得看该股票未来的价格增长潜力；而该股票未来的价格增长潜力，归根到底取决于其获利能力。

要考察这一点，投资者就必须在一个相当长的时间段（例如10年）里看问题，这就是中国人所说的“路遥知马力”。如果投资者把目光放在这样一个时间段来考察一只股票，自然而然地就会关注其发行公司的经营行为是否理性化。因为只有理性的经营行为才能确保该公司未来的步子迈得扎实、有力，才能说明该公司管理层是从长远角度来考虑问题，而不是贪图一时之快。

巴菲特在伯克希尔公司1983年年报致股东的一封信中说，当时伯克希尔公司在再保险领域的表现非常活跃，实际上它还可以更活跃一些。因为凡是参加再保险的保险公司，最看重的是再保险公司的财务实力，以确保多年之后的保单能够如期兑现。而伯克希尔公司强大的财务实力，恰好可以为它们提供坚强的依靠。尤其是有些保险赔偿是终身制的，也就是说，要确保受偿人今后几十年衣食无忧，这就更需要提供保险的伯克希尔公司经营行为理性化了。

在巴菲特眼里，上市公司最重要的管理行为是资金分配。所以，一家上市公司对公司资金如何进行分配，能够在一定程度上反映该公司管理层的理性程度。

巴菲特多次强调，如果一个公司盈利的再投资收益率能够超过该公司的股权资本成本，那么，它就应该把盈利部分全部用来再投资，而不是分红。相反，如果一个公司盈利的再投资收益率达不到该公司的股权资本成本，它就应该把盈利部分拿出来分配给公司股东（投资者），让他们自己去投资，或者回购股票，否则这种资金使用行为就是不理性的。

举例说，《华盛顿邮报》公司的经营业绩非常不错，产生了大量的现金流，这就迫使公司管理层要对这些现金流做出处理。处理方法主要有两大类：一是派发给全体股东，作为投资回报；二是回购股票。

在该公司大股东巴菲特的积极倡导下，《华盛顿邮报》公司在上市公司中比较早地开始了回购股票，并且从中尝到了不小的甜头。

从1975年到1991年，《华盛顿邮报》公司一共回购流通在外的43%的股票，平均每股价格是60美元。在回购股票的同时，《华盛顿邮报》公司还积极并购其他企业，如1986年它就从资本城公司手中收购了电缆公司等。

另外，《华盛顿邮报》公司也有相当一部分的现金通过分派红利分发给了股东。例如1990年，该公司向全体股东派发的红利，就从过去的每股1.84美元增加到了每股4美元。

《华盛顿邮报》公司所有这些举措，在巴菲特看来，都是非常理性的投资行为，这也体现了他在《华盛顿邮报》公司财务委员会中所起的作用。

到了20世纪90年代初，《华盛顿邮报》公司的营业收入和利润都出现大幅度下降。巴菲特分析认为，这主要有两大原因：一是当时的宏观环境是美国经济衰退了，所以该公司这种业绩下跌与美国整个宏观经济有密切关系，它必然会发生一种短期的、暂时性的经济周期变化。二是越来越充分的市场竞争，使报纸价格失去弹性，《华盛顿邮报》公司再也不能通过提高价格来提高获利能力了，这是更重要的原因。也就是说，至此，《华盛顿邮报》公司过去在行业中的垄断地位已经受到大大削弱，整个行业的内在价值都在下跌。

但显而易见，由于《华盛顿邮报》公司在资金分配方面非常理性，所以相对而言，它的内在价值与同行相比仍然处于中等地位，具体表现为：该公司的长期负债只有0.5亿美元，而现金储备却高达4亿美元；更不用说，该公司明星经理人凯瑟琳·格雷厄姆令巴菲特赞赏有加，因为她的管理非常出色。这些都意味着，待整个宏观经济环境有所好转时，该公司东山再起的希望很大。

【巴菲特读年报心得】

巴菲特认为，投资者在阅读上市公司财务年报时有必要关注该公司管理层的经营行为是否理性。在他看来，至少以资金分配为代表的重大决策都应该是理性的，这一点很重要。想想看，有谁愿意把自己的资金交给一个赌徒去赌博呢？

赚钱不吃力，吃力不赚钱

我们的投资组合还是没有多大变动，我们打盹时赚的钱比醒着时多很多。按兵不动对我们来说是一项明智行为，就像是我们或其他经理人不可能因为有人谣传联储会可能调整贴放利率，或是华尔街那帮“土匪”大幅度改变他们对股市前景的看法，就决定把旗下高获利的“金母鸡”卖来卖去一样。对于拥有部分所有权的好公司股票，我们也不会任意出手。

——沃伦·巴菲特

【巴菲特读年报的关注点】

巴菲特认为，投资者在阅读上市公司财务年报时有必要关注该公司未来的获利能力，这种获利能力是和其业务特点紧密相连的。投资者绝不要拿业务总量和规模来衡量赢利能力的大小、经营业绩的好坏，事实不是这样的。

巴菲特在伯克希尔公司1996年年报致股东的一封信中说，当年伯克希尔公司的投资组合还是没有多大变动，说句玩笑话，伯克希尔公司打盹的时候所赚的钱比醒着的时候要多很多。巴菲特的意思是说，他的投资策略是“多看少动”。

他说，按兵不动是伯克希尔公司的一项明智决策。他和伯克希尔公司旗下的那些明星经理人一样，绝不会因为听到谣言说美国联邦储备委员会可能会调整贷款利率，或者美国华尔街那些股评家大幅度调整他们对股市前景的看法，就把手里那些赚钱的企业卖掉。当然，对于拥有部分股权的好股票，伯克希尔公司也不会随意卖掉。道理很简单，买卖一只股票的实质和100%拥有一家子公司的原理一样，所以大家真正应该关心的是，该企业的实质有没有发生改变。如果没有改变，投资者就应该继续持有这只股票。

巴菲特的经验是，按照这样的投资思路，久而久之你会发现，你的股票投资会慢慢地集中到少数几只股票上来。这种方式就像你只是购买了一所大学明星篮球队员20%的未来权益，可是由于这些篮球队员非常有潜力，其中甚至有一小部分球员将来会进入NBA打球。那么接下来你看好了，将来你能得到的权益中绝大部分可能就集中在这一小部分球员身上。如果有人建议你把这一小部分权益转让，你肯定是不愿意的，因为他们对这支球队来说实在是太重要了。

巴菲特举这个例子是想说明，无论企业经营还是股票投资都不要忘记“二八定律”——在任何一组东西中，最重要的东西只占其中的一小部分（约占20%），其余绝大部分（约占80%）都是次要的。

“二八定律”也叫“二八法则”“巴莱多定律”，这一规律最早是19世纪20年代初由意大利经济学家巴莱多发现的。

“二八定律”无处不在。例如，管理学认为，一个企业80%的利润来自它20%的业务；20%的骨干所起的作用超过其他80%的员工；20%的资金使用效率超过其他80%的资金项目。经济学认为，20%的人手里掌握着全社会80%的财富；而另外80%的人手里只掌握着20%的财富。究其原因在于，前面20%的人除了干好自己的本职工作外，还知道该做什么事，于是他们会雇用其他80%的人替他们打工；而后面80%的人只知道干好自己的本职工作，甚至连本职工作也干不好，却总希望老板能多给他们一点钱，这样他们就把自己的一生都租给了前面那20%的人。心理学认为，20%的人身上集中了人类80%的智慧。两性学认为，20%的人享受了人类80%的爱情，他们总是挣扎在爱与被爱中，甚至结婚、离婚的次数也占人类总数的80%，而剩下的80%的人则成了“剩男”“剩女”，恋爱和结婚不是比较困难，就是比较勉强。诸如此类的情况很多。

在这里，我们要关心的是，股票投资中同样存在着这种规律，这一点投资者可以在阅读财务年报时隐隐约约感觉到。例如，股市中的“二八定律”表明，只有20%的人能够在股市中赚钱，80%的投资者是亏钱的。之所以如此，是因为只有这20%的投资者能够通过阅读财务年报等渠道，分析、掌握证券投资中80%的正确的、有价值的信息；相反，另外80%的投资者不是根本不看财务年报，就是连有关股市投资的重大信息也置之不理，却偏好通过股评或电视节目来掌握那20%的相对不重要的信息。

这种区别的最终结果是什么呢？那就是，当这20%的投资者通过阅读财务年报等渠道掌握了80%正确的、有价值的信息后，就会更清楚地看到股市的发展趋势。例如，在他们看好股市发展前景时，另外80%的人却认为短期内股市已到头部，“没什么做头”了，结果错失良机；反之亦然。

明白了这一点，你就知道巴菲特为什么每年的平均投资回报率高达20%左右，却依然非常轻松，还有那么多的时间整天阅读！相反，在各大证券公司里，那些股票经纪人整天在那里大喊大叫、买进卖出，忙得不可开交，一年到头却还是亏损。这其中的原因不是很清楚了吗?

正因如此，巴菲特在伯克希尔公司1996年年报致股东的一封信中说，无论是买下整个公司，还是购买一个公司的一部分股票，大家都会发现伯克希尔公司偏爱那些变化不大的公司和产业。原因很简单，那就是伯克希尔公司希望所投资的这只股票拥有长达10年或20年以上的竞争优势。那些变化迅速的产业环境或许能在一夜之间让人大赚一笔，却无法提供伯克希尔公司想要的稳定性。

容易看出，巴菲特采取的这种策略是一种“懒惰”策略，即寄希望于企业和产业的长期稳定性，看准它们未来有稳定的获利能力，最终就能达到如愿以偿的效果。不用说，这样的投资是最轻松的，这正应了那句“吃力不赚钱，赚钱不吃力”的老话。

【巴菲特读年报心得】

巴菲特认为，投资者在阅读上市公司财务年报时要特别关注那些未来具有长期、稳定获利能力的上市公司，然后集中资金投资这类股票，长期持股，以静制动。投资者只有坚持“有所为有所不为”，才能确保轻松赚钱，并且没有投资风险。

关注点 9

未来经营风险有多大

有些业务本来就意味着风险

然而，有时候我们浮存金的成本也会突然大幅上扬，主要原因在于，我们从事的巨灾保险业务本身属于保险业中变动最大的一种险种。从事这类业务，我们将保单卖给其他保险公司与再保险公司，以分散其面临超大型意外灾害时可能会承担的风险。事实上，伯克希尔是有经验的业者最喜爱往来的对象，因为他们深深知道，当真正有“大事”发生时，所有巨灾保险业务的承保业者都会面临关于财务实力的严峻挑战，而伯克希尔无疑是同业之最。

——沃伦·巴菲特

【巴菲特读年报的关注点】

巴菲特认为，投资者在阅读上市公司财务年报时有必要关注该公司开展的业务未来会面临什么样的经营风险。风险与收益是并存的。你要考察该公司未来的获利能力，就必须同时也考察该公司未来的经营风险。

巴菲特在伯克希尔公司1997年年报致股东的一封信中说，伯克希尔公司虽然从保险浮存金中获得不少成本低廉的资金，但有时候浮存金的成本也会突然大幅度上升。究其原因在于，伯克希尔公司所从事的巨灾保险业务，本来就是所有保险业务中风险最大的一种。伯克希尔公司通过把保单卖给其他保险公司和再保险公司，帮助它们分担它们面临超大型意外灾害时可能会承担的风险。事实上，伯克希尔公司是有经验的客户最喜欢交往的对象，因为他们深深知道，一旦真正有“大事”发生，保险同行都会面临考验，而伯克希尔公司的实力最强。

在这里，巴菲特实际上表明了两层意思：一是虽然所有保险公司开展的都是保险业务，但其实它们也是“不保险”的，所以它们需要向更大规模的保险公司投保，以分散风险。二是接受这些保险公司和再保险公司投保的伯克希尔公司，实际上是把这种巨大风险集中在了自己身上。虽然伯克希尔公司可以从中收到巨额保费，但实际上也意味着其未来经营中存在着巨大的风险，只不过不知道这种风险究竟有多大以及在什么时候发生罢了。

巴菲特几乎在每年的伯克希尔公司年报中都要提醒股东，由于真正重大的灾害并不是每年都会发生的，所以表现在伯克希尔公司巨灾保险上，很可能连续几年都没有发生巨大灾害，伯克希尔公司会因此赚大钱；然后又突然出现巨大灾害，伯克希尔公司会因此少赚钱或者不赚钱、倒贴钱。从这个角度看，伯克希尔公司的巨灾保险业务究竟能不能赚钱、能赚多少钱，或者说这项业务的未来获利能力如何、经营风险有多大，不能单从某一年来看，而要经过好多年才能得出结论。

从1997年的情况看，当年由于没有发生巨大灾害，所以伯克希尔公司的巨灾保险业务业绩很不错，基本上可以说全年收到的所有保费都成了公司利润。但是巴菲特警告说，绝不要把事情想象得过于完美，而对未来的经营风险掉以轻心。

他举例说，当时美国市场上有人看到这种巨灾保险业务很容易获利，就推出了一种有价证券——巨灾债券。请大家注意，什么叫“巨灾债券”？这本身就是一个错误的名词。因为真正的债券应当是到期后债券发行人必须支付欠款，可是这种所谓的“债券”本质上是一种带有限制条件的承诺合约。之所以有人会拐弯抹角地推出这种债券，无非是要回避政策红灯。因为美国政府规定，非保险行业是不能推出这种业务的，这就是要把它取名为“债券”的原因。

巴菲特的意思是说，巨灾保险业务本身也存在着无法预料的经营风险，更不用说这种移花接木推出的所谓“巨灾债券”了。推出这种业务的目的之一，就是为了吸引或者说“欺骗”那些不知情的投资者。不用说，当那些不知情的投资者购买了这种巨灾债券后，将会面临更大的投资风险。一旦发生巨大灾害，投资者可能倾家荡产。

巴菲特举例说，要把两粒骰子掷出12点来的概率是1/36。现在假设每年只掷1次，每次可以收取100万的赌注，但一旦掷出12点时，作为庄家的你必须支付5000万美元，你敢不敢赌？或许刚开始时你会觉得，这100万美元得来全不费工夫，因为一连10年掷不出12点的概率高达3/4。也就是说，你在这10年中甚至不需要付出一分钱成本，就可以得到累计1000万美元的收入。但是你最终会发现，从长期来看，进行这样的赌博，对庄家来说亏大了，说不定哪一天就会倾家荡产。因为一旦掷出12点来，你根本付不出这5000万美元的赌注[1]。

伯克希尔公司的巨灾保险业务是这样，其他上市公司也有相似之处，只不过表现形式、激烈程度不同罢了。对于投资者来说，参与这种股票的投资，风险依然很大。

例如，前些年中国股市中有匹黑马，那就是茅台酒股票。一个经典案例是，一位退休工人把他的所有积蓄都购买了茅台酒股票，结果成了亿万富翁。尤其是茅台酒中的一种50年陈酿酒，丰富着无数人的想象力。首先茅台酒是中国名牌，无与伦比；其次中国人喜欢喝茅台酒，当时在高档场合喝酒是非茅台莫属；最后，随着社会和经济的发展，人民生活条件不断改善，必定会有越来越多的百姓尝试着消费茅台酒。既然这样，这只股票的价格将来还有什么理由下跌呢？

应该说，这些确实都是“理由”，但很多投资者在有意无意之中忘却了投资茅台酒股票的风险。众所周知，巴菲特也会进行这样的推理，可是他却没有购买

1　从概率看，在这36次掷骰子中，你的总收入是100×35＝3500万美元，总支出是5000×1＝5000万美元，总收益是亏1500万美元，平均每次掷骰子要亏1500÷36＝41.67万美元，即潜在亏损率为41.67÷100＝41.67%。所以，巴菲特才会这么说。

茅台酒的股票，为什么？因为在他看来，一只股票哪怕再好，也必须符合两个最重要的前提：一是合理估值，如果估值过高就不值得买；二是赢利模式的可持续性，否则就会有投资风险。要记住，好公司不等于好股票。

当然，在巴菲特看来，上市公司面临的风险除了经营风险外，理所当然还包括其他风险，如政治风险等。伯克希尔公司作为一家全球性企业，虽然在国外也有投资，但主要投资还是在美国。

巴菲特说，他不太喜欢投资那些有很多国外竞争者的企业。一方面，如果一家企业要面临世界范围内的竞争，经营就会变得很难；另一方面，国外企业的风险更大，不知道明天会发生什么。

他举例说，1955年，他买过一家企业的股票，现在（1990年）还剩下1股。这只股票从所有方面来看都很安全，很不错。只是这家企业的资产在古巴首都哈瓦那被查封了，“我们的股权已没有任何意义，股票只能放着。我们曾提出抗议，但毫无用处。我一直保留着这只股票，就是让它常常提醒我，某些国家的法律可能在一夜之间改变”。[1]

【巴菲特读年报心得】

巴菲特认为，投资者在阅读上市公司财务年报时有必要关注该公司未来的经营风险。这种经营风险与其业务特点有关。如果是跨国投资，还涉及被投资国的政治和军事风险。不用说，上市公司的经营风险就是投资者的投资风险。

看舍不舍得扔掉烫手山芋

> 如果“9·11”事件——世界贸易中心遭袭时，通用再保险公司还是一家独立的公司，那么单单这次袭击就会威胁该公司的生存。
>
> ——沃伦·巴菲特

1　石伟编译．巴菲特：投资不要超出自己的能力范围．腾讯网[2016-2-9].

【巴菲特读年报的关注点】

巴菲特认为，投资者在阅读上市公司财务年报时有必要关注该公司手上有没有烫手山芋，以及是否有勇气处理掉它们，避免因小失大。要知道，任何上市公司未来都可能会面临经营风险，只有力求避免，并把这种潜在风险降到最低，才能保证公司经营业绩以及投资者获利。

巴菲特曾经说过这样一句话，如果2001年爆发“9·11”恐怖袭击事件时，通用再保险公司还是一家独立企业，那么仅仅因为这次恐怖袭击中世界贸易中心的理赔数额，就可能会威胁到它的生存。

在这里，巴菲特把“9·11”恐怖袭击后的理赔数额，提到了决定通用再保险公司生死存亡的高度，可见一次突发性事件对这家巨无霸公司的影响程度有多大。幸好，在此以前通用再保险公司这块烫手山芋已经被巴菲特处理得差不多了，它才得以顺利渡过这次难关。

通用再保险公司从事的是巨灾保险业务。虽然巨灾保险的收入非常可观，可是其经营风险也很大，说不定某一天突如其来的一个突发事件就会给巨灾保险公司造成重大损失。无疑，“9·11”事件就属于这种类型。

平心而论，巴菲特对公司未来经营风险有着理性的担忧，头脑极其清醒，而不像绝大多数公司管理层那样盲目乐观——他们虽然也知道有经营风险，但还是带着一种“博一下”的心态，结果倒霉是必然的。这无论在企业经营中还是股票投资中都屡见不鲜。

1998年12月，伯克希尔公司完成了对通用再保险公司220亿美元的并购案。通用再保险公司是美国最大的产物险再保险公司，在全世界124个国家设有业务网点，并且拥有世界上历史最悠久的再保险公司科隆公司82%的股权。这两家公司合起来可以“打遍天下无敌手”，即可以接受全世界所有保险品种的再保险业务。

在巴菲特眼里，通用再保险公司代表的是全球再保险行业的正直品质、专业水准，所以他对收购该公司感到非常满意。然而没过几年，他就对这桩收购案进行了检讨。

巴菲特在伯克希尔公司2002年年报致股东的一封信中说，当初并购通用再保险公司时，他的估价是“完全错误”的。一方面，该公司严重夸大自己的价值；另一方面，伯克希尔公司管理层，当然包括他自己在内，对此了解得不够。除此以外，通用再保险公司还积累了巨大的经营风险，一旦发生灾难，比如恐怖分子在袭击美国时引爆几颗大型原子弹，那么该公司就会存在致命风险。

他以“9·11”恐怖袭击事件为例说道，过去伯克希尔公司的保险浮存金成本大多数时候是零，甚至是负数，可是2001年其保险浮存金成本却因为爆发“9·11”恐怖袭击事件，一度上升到12.8%，其中大约有50%是由这次恐怖袭击造成的。正因如此，通用再保险公司2001年的亏损额达到37亿美元（当年伯克希尔公司旗下所有保险业务的总亏损额为12亿美元）。不过2002年该公司的亏损额已经下降到了14亿美元（当年伯克希尔公司旗下所有保险业务的总盈利额为26亿美元）。巴菲特当时预言，通用再保险公司接下来就应该为伯克希尔公司提供数额庞大的没有成本的保险浮存金了，因为那些致命的灾难因素已经消除。

在这里容易看出，巴菲特对公司未来经营风险不但非常重视，而且头脑非常清醒，并且还在努力地去排除风险。他既为过去没有察觉到通用再保险公司的经营风险而懊恼，又为现在该公司已经排除了最大的经营风险而感到欣慰。因为到2003年，通用再保险公司就已经凸现出一项非常重要的优势，那就是过去它在全球的三大竞争对手各自都至少被一家评级机构从原来AAA级降了一级，而它却依然岿然不动。

需要指出的是，巴菲特对公司未来经营风险保持高度警惕，可是他又从来不惧怕风险，并且认为公司经营总是有风险的。

他曾经多次说过，他和查理·芒格非常愿意接受经营业绩波动较大的企业，只要它能长期保持优良业绩就行了。相对于其他多数保险公司追求平稳的战略，他更倾向于通过竞争保持伯克希尔公司的优势所在。这就是他经常说的“我们宁愿要波浪起伏的15%，也不要四平八稳的12%”。

这一观点和所体现的性格特质，实际上是巴菲特所特有的。回顾伯克希尔公司的经营历史可以看到，巴菲特非常自信（当然这与他过去几十年来对保险业务的了解和从业经验有关），所以他做出的各种决策最倾向于“模糊的正确”，而不是“精确的错误”。

此话怎讲？巴菲特曾经这样说，如果有人问他，在保险单有效期间，伯克希尔公司最后真正必须理赔的概率有多大，他也不知道。不但如此，他还认为电脑运算也帮不了什么忙，甚至可以说电脑做出的预测“根本就是垃圾”。因为它们不但不能起什么作用，反而还会给决策者造成某种假象，从而导致决策者犯下更大的错误。无论在保险行业还是投资行业，这种情况屡见不鲜。所以他说，如果你看到投资组合保险在1987年美国股市大崩盘时的惨象，就应该相信，当时跳楼的应该是电脑，而不是那些被电脑愚弄的决策者。

【巴菲特读年报心得】

巴菲特认为，投资者在阅读上市公司财务年报时要关注该公司有没有难以过去的坎。如果有，管理层应该赶快把它像烫手山芋一样扔掉，不能抱有侥幸心理。这种东西是无法通过电脑预测得到的，投资者只能通过阅读年报加以感觉。

公司管理层有没有风险意识

> 2002年我们首度进入外汇市场，2003年我们进一步扩大这方面的投资，主要原因在于我个人长期看空美元。我必须强调的是，预言家的墓地有一大半都躺着总体经济分析家，在Berkshire我们很少对总体经济做出预测，我们也很少看到有人可以长期做出准确的预测。
>
> ——沃伦·巴菲特

【巴菲特读年报的关注点】

巴菲特认为，投资者在阅读上市公司财务年报时有必要关注该公司管理层对未来公司经营有没有风险意识。既然未来公司的经营风险是必然存在的，那么公司管理层是否对这种风险有一份防范意识就显得很重要。俗话说，“机遇偏爱有准备的头脑”，在防范经营风险方面也是如此。

巴菲特在伯克希尔公司2003年年报致股东的一封信中说，2002年伯克希尔公司第一次进入外汇投资市场，2003年又进一步扩大了这方面的投资。主要原因在于他个人长期看空美元，所以他想把投资触角延伸到外汇市场，以适当避免全部是美元投资的经营风险。

巴菲特强调，预言家的墓地上躺着的大多数是总体经济分析家。他的意思是说，那些预言家的预言都是没有价值，最终要失败的，所以他们“只好去死”。伯克希尔公司很少对总体经济进行预测，他也很少看到有人可以长期对宏观经济趋势做出准确的预测。

巴菲特的言外之意是，投资者对宏观经济预测不必相信，但要时刻保持一份风险意识，“小心驶得万年船”。

所以从那时候开始，伯克希尔公司就将一部分投资放在非美元资产上。虽然该公司将来仍然会把大部分资金投资在美国国内，但基于巴菲特长期看空美元，加大外汇市场投入是减少伯克希尔公司未来经营风险的主要措施之一。

那么，巴菲特怎么会做出这样的判断呢？原来他看到，这几年美国的贸易赤字在持续增加，这就意味着全世界都在被迫吸收美国的债权和资产，这种情形在2002年达到高峰，从而使美元相对于其他外国货币来说开始贬值。这种变动结果只能体现在汇率变动上，可是汇率变动却根本不可能有效解决贸易赤字问题。

毫无疑问，巴菲特也是一位美国人。所以他在伯克希尔公司2003年年报致股东的一封信中说，他从内心来讲，非常希望这个问题能得到圆满解决，并且他已经于2003年11月10日在美国《财富》杂志上公开发表文章提出了解决办法。但他其实心里非常清楚，这种局面不可能在短期内得到根本扭转，所以他唯一能做的就是从伯克希尔公司拥有的几百亿美元现金中，抽出一部分来投资国外市场。

在2008年5月初举行的伯克希尔公司股东大会上，巴菲特面对从全球各地前来参加股东大会的3.1万人表示，他已经不记得他这一生中曾经遇到过房地产市场危机给整个美国经济所造成的震荡（实际上他的意思就是说没有发生过）。他感觉（请注意，他小心地避开了“预测”这个词）美元在未来10年内还会进一步贬值，只不过他没有提到具体会贬值多少（这也符合他一贯不做“预测”的风格）。

在伯克希尔公司，除了把一部分资金转投到国外资本市场，以抵销美元贬值造成的投资风险外，巴菲特还在其他方面采取了一系列措施。

例如，对于伯克希尔公司这样一个投资帝国来说，巴菲特百年之后谁来接他的班，就关系到整个伯克希尔公司的生死存亡。要知道，一方面，当时的巴菲特已是80岁的老人；另一方面，在伯克希尔公司，巴菲特是大股东，几乎所有最重大的决策都是由他一个人拍板决定的。由此可见，如果接班人选择不当，必定会成为伯克希尔公司未来最大的经营风险。

巴菲特当然深知这一点，所以在最近几年的伯克希尔公司年报和股东大会上，他都会主动提起这个问题，以便让股东们放心。而实际上，这也是他极力避免未来选人不当的关键一步。

他在伯克希尔公司2005年年报致股东的一封信中说，伯克希尔公司股东自然会十分关心当他的精力不够他是否还能继续担任公司首席执行官的问题，以及这时候公司董事会会做出怎样的处理；或者干脆就是说，如果他当天晚上突然去世，伯克希尔公司接下来会如何运作？

巴菲特明确告诉全体股东，伯克希尔公司旗下的绝大多数子公司都拥有强大的市场地位、强劲的发展动力、非常杰出的经理人以及独特的企业文化。他的意思是说，他身后的伯克希尔公司依然会像过去那样走下去，这些子公司的业务经营不会因他的身体状况出现半点差错。

表达完了这层意思，他继续对各位股东说，伯克希尔公司已经选定了3位候选人，他们相当年轻，并且完全能胜任首席执行官这样的角色。他们3个人中的任何一位都可以在某个范围内胜过巴菲特，只不过他们不一定具备巴菲特这样的

“交叉性经验”（即综合管理能力）。但是能力是可以慢慢培养的。当全体股东听到这些时，他们必然就会多少放心些。可以说，这是巴菲特消除伯克希尔公司未来经营风险所做的努力之一，他对此非常放心。他的原话是，“我的感觉好极了”。

再例如，由于2001年“9·11”恐怖袭击事件的影响，伯克希尔公司旗下的那些保险公司理赔工作进行了好几年，这就直接涉及了伯克希尔公司财务年报数据的准确性问题。对此，巴菲特在伯克希尔公司2004年年报致股东的一封信中反复告诫股东们，伯克希尔公司在评估这些数据时是实事求是并留有余地的。这实际上也是巴菲特的一种风险意识的体现。

【巴菲特读年报心得】

巴菲特认为，投资者在阅读上市公司财务年报时要了解该公司管理层对未来可能出现的经营风险有没有防范意识，这同样可以在阅读该公司年报时感觉出来。具有这种风险意识的公司管理层既可以防微杜渐，又能在真的风险出现时从容不迫。

无论如何债务不能过高

> 合并Mid American之后，我们新的资产负债表可能会让大家认为伯克希尔对借债的容忍度已经有所增加，但事实并非如此。除了象征意义的债务数量之外，我们回避债务。只是为了以下3种目的，我们才会求助于债务。
>
> ——沃伦·巴菲特

【巴菲特读年报的关注点】

巴菲特认为，投资者在阅读上市公司财务年报时有必要关注该公司的债务率高低。管理层要想尽可能避免公司未来的经营风险，无论如何债务率都不应过高。

巴菲特在伯克希尔公司2005年年报致股东的一封信中说，自从并购中美能源公司（Mid American）后，伯克希尔公司新的资产负债表可能会让大家认为伯克希尔公司对债务的容忍度已经有所增加，但事实并非如此。伯克希尔公司除了象征意义的债务数量外，会尽力回避债务。只有在以下3种目的下伯克希尔公司才会考虑举债。

接下来，巴菲特着重介绍了伯克希尔公司会考虑举债的3种目的：

一是偶尔会利用回购协议作为某种短期投资策略。

由于伯克希尔公司手中拥有的现金额非常庞大，所以偶尔也会考虑一下短期投资策略，这是很自然的。从本质上看，这不能说是一种举债。

例如，伯克希尔公司会利用这些现金购买美国政府或美国政府代理的债券。由于这种债券投资具有政府背景，所以信誉相对可靠。

伯克希尔公司购买这种证券完全是从机会主义角度出发，专门投资其中流动性最强的证券，以便一有需要就能立刻变现。这样，伯克希尔公司不但能从中全身而退，而且还可能从中赚上一笔。伯克希尔公司的实践证明，它过去进行的几次比较有趣的交易都非常成功。

二是为了了解带息应收账款组合的风险特征而举债。

不用说，这种负债目的并不是为了负债，而是带有某种研究性质。巴菲特在这里已经说得很清楚，他就是为了了解这种负债的风险特征究竟是什么，才以身试“债”的。换句话说，伯克希尔公司本来可以不用介入其中，只是因为某种原因才“被迫”介入的。

他举例说，伯克希尔公司2001年就曾经这样操作过。不过，他说的这个例子非常复杂，简单一点说就是，2000年年末，伯克希尔公司和美国橡树资本公司等私募基金，开始陆续买进一家专门为中小企业金融提供服务的控股公司Finova Group Inc公司的主要子公司Finova Capital的债券。当时Finova公司的问题已经非常严重，流通在外的债务中约有110亿美元无法收回。伯克希尔公司等买主估计Finova公司最终难逃破产的命运，但又确信该公司破产清算后，债权人不但能收回投资，并且还能有利可图。所以巴菲特当机立断，以相当于该债券面额2/3

的价格与其他公司联合购买了Finova公司大约13%的债权。

不出所料，Finova公司在2001年年初就无法偿还债务了，于是这些债主们联合起来向该公司提出解决方案。最终形成的方案是，每一位债权人都可以拿到相当于该债券面额70%的本金和利息（看看，这已经确保当初的投资全部可以收回了），剩下的30%部分则由债权人领取利率为7.5%的分期应付票据（因为Finova公司实在没钱了，只能以“欠条”代替）。

接下来的问题是谁都能想到的，既然Finova公司已经破产了，它怎么可能还拿得出钱来呢？这时一个天才的发明出现了——伯克希尔公司和另一家债主联合组建了一家新公司，由这家新公司向某家金融公司（即现在的美洲银行前身）贷款56亿美元。伯克希尔公司为这笔56亿美元的贷款提供90%的担保，其余10%的担保由那家公司提供。然后，它们再把这笔贷款转借给Finova公司，让它用这笔钱来归还债务。

这样做的好处是，既解决了各方的资金周转，伯克希尔公司等债主又能顺利收回原有欠款，并且还有获利；而且，在此基础上，伯克希尔公司还能收到担保这笔贷款应该得到的利息收入。仅仅到2002年年末，这笔贷款就只剩下39亿美元尚未偿还，可见这项天才发明还是非常有效的。

巴菲特举这个例子是想说明，伯克希尔公司本来是没有必要蹚这浑水的，也没必要用自己的资金去购买这种不良债务；但现在既然有美国橡树资本公司这样的“带头大哥”邀请加入，又能确保全身而退并从中获利，介入时间又不长，这种举债还是非常有意思的。

巴菲特特别指出，这种把应收账款证券化的做法在业内非常多见，只是在公司资产负债表上反映不出由此产生的债务而已。

三是中美能源公司的债务率虽然相当高，可是这些债务只是中美能源公司的债务，不要与伯克希尔公司的债务混为一谈。

许多投资者往往会把伯克希尔公司旗下子公司的投资和债务全说成是伯克希尔公司的，甚至直接说成是巴菲特的，这不对，也不符合客观事实。就像是中美能源公司的债务，该公司被伯克希尔公司合并后，虽然这笔债务同样会出现在伯克希尔公司的资产负债表上；可是由于这是两家不同的法人企业，并且伯克希尔公司也没有为中美能源公司的债务提供担保，所以无论如何这笔债务对伯克希尔公司来说都是非常安全的，并且对中美能源公司来说亦是如此。用以支付这笔债券利息的资金绰绰有余，它来源于中美能源公司非常稳定的公用事业收入。

综上所述，巴菲特介绍了伯克希尔公司对债务的基本态度：如果是为了并购企业和经营目的而发生大量债务，他们根本不感兴趣。虽然巴菲特的这种做法以传统观念来看过于保守，但它无疑会降低伯克希尔公司未来的经营风险。

【巴菲特读年报心得】

巴菲特认为，投资者在阅读上市公司年报时要关注该企业的负债率，它无论如何都不能过高，负债率过高必定会有风险。从伯克希尔公司看，只有当短期现金非常充裕时才可能会有短期负债。该公司绝不会因为并购企业和经营目的而大肆举债。

防止被无底洞投入拖垮

现在让我们来说说糟糕的生意。比较差的生意是那种收入增长虽然迅速，但需要巨大投资来维持增长，过后又赚不到多少，甚至没钱赚的生意。想想航空业，从莱特兄弟飞行成功的那天到现在，这个行业所谓的竞争优势被证明纯粹子虚乌有。事实上，假如当时有某个富有远见的资本家在基蒂霍克（Kitty Hawk，莱特兄弟试飞的地方）的话，他应该把奥维尔·莱特（Orville Wright）打下来，给他的后辈们帮上一个大忙。

——沃伦·巴菲特

【巴菲特读年报的关注点】

巴菲特认为，投资者在阅读上市公司财务年报时有必要关注该公司未来经营中需要大笔资金投入的项目，尤其是要想一想，这样的一大笔投入会不会是一个无底洞？无底洞投入对公司来说很可能是致命的，会把公司彻底拖垮。

巴菲特在伯克希尔公司2007年年报致股东的一封信中说，现在来看看比较糟糕的生意。一般来说，比较差的生意就是那种销售收入增长虽然很快，可是需要巨大资金投入才能保持这种增长量，最后又赚不到多少钱，甚至根本没钱赚的生意。想一想，航空业就是如此。

全球航空业自从美国人莱特兄弟1903年第一次完成飞行后到现在，这个行业的所谓竞争优势事实证明是不存在的。说句玩笑话，如果当时有某个富有远见的资本家在场，他就应该把这架试飞的飞机打下来，这样就会给后来的那些资本家们减少不少亏损。

巴菲特无疑是一位大资本家。从巴菲特这里的语气可以看出，他对航空业这种无底洞投入对投资效益的连累是深恶痛绝的。

关于这一点，可以从巴菲特经常引用的一则黑色幽默中看出来。他说，有一次别人问美国维京亚特兰大航空公司老板，怎样才能成为一名百万富翁？这位老板回答得倒也干脆："其实也没什么秘诀啦，简单地说就是，你首先要成为一名亿万富翁，然后再去购买一家航空公司，这样很快你就会成为百万富翁了。"通俗地说就是，如果亿万富翁去投资航空公司，很可能会穷得只剩下一条短裤。

巴菲特认为，航空公司从它开出第一个航班开始，对资金的需求就是贪得无厌的。而投资者呢，本应该对它敬而远之，可是却往往会被它的高速成长所吸引，把钱源源不断地投入这个无底洞。一向小心谨慎的巴菲特由于经不起航空业的诱惑，所以也加入了这支大军。

巴菲特在这里所指的是，1989年伯克希尔公司投资3.58亿美元，购买了美国航空公司年利率9.25%的优先股。可是一买入该股票，他就感觉亏了。因为美国航空公司的效益非常差，不久以后该公司就连优先股股息也付不出来了，最终巴菲特在1998年卖出了手中的这些股票。

巴菲特在伯克希尔公司1996年年报致股东的一封信中说，投资美国航空公司优先股时，他相当崇拜这家公司的总裁，当然，直到现在仍然如此。但崇拜归崇拜，他却不该只看到美国航空公司过去历年来的获利能力，以及过于相信特别股能够给公司带来强有力的保护，从而不对该公司的庞大投入进行研究，也没有对整个美国航空业进行认真的分析研究，就贸然投入巨额资金。

巴菲特的意思是说，如果他对整个美国航空业有一个深入而正确的研究及判断的话，他就绝对不会投资航空公司的股票了。

当时的背景是，美国整个航空业的收入在激烈的价格竞争中大幅度下降，可是航空业的成本结构却依然停留在高位。这样，如果航空业的成本结构不能进行调整并且有效下降，整个航空行业的经营业绩也就无从谈起。无论过去航空业有着什么样的辉煌历史，都不能回避这个问题。

巴菲特在这里所说的高成本，实际上是指航空公司居高不下的人员费用支出。如果不是公司面临倒闭的危险，这种费用就降不下来，而高成本最终损害的只是公司普通股权益。以美国航空公司为例，1990—1994年的累计亏损高达24亿美元，几乎把普通股股东的权益侵吞完了。

不过巴菲特到底是巴菲特，由于当初他在买入美国航空公司优先股时给自己系了一条“安全带”，所以在美国航空公司股票业绩非常糟糕时，他依然可以从中大赚一笔。更幸运的是，就在巴菲特全部抛出美国航空公司股票后的10年里，该公司居然申请了2次破产！

读到这里，读者一定非常关心巴菲特是怎样为自己的投资系上“安全带”的。对此，人人都想学一学，但不一定每个人都能学得像，即巴菲特购买美国航空公司的股票是“特别股”。

所谓“特别股”，就是即使该公司业绩下滑得厉害，仍然要保证向投资者支付股息的股票。更让人叫绝的是，当初巴菲特在投资这些特别股时专门在合约中增加了一条惩罚性条款，那就是如果该公司延迟支付股息要加计5%的罚息。后来美国航空公司果真出现了这种情形，所以伯克希尔公司从中收到了13.25%的股息和14%的罚息。更重要的是，这种惩罚性条款的存在会迫使美国航空公司尽快偿还伯克希尔公司的欠款。

就这样，截至1997年，伯克希尔公司已经陆陆续续从美国航空公司手中拿到了2.4亿美元的特别股股息，而这时候该股票的价格已经上升到当初巴菲特投资它时的价格。也就是说，这2.4亿美元完全可以看作是伯克希尔公司在这上面的投资获利。这样看来，伯克希尔公司的投资获利还很不错。

直到1994年，伯克希尔公司仍然可以从美国航空公司拿到特别股股息。1994年以后巴菲特感觉该公司前景不妙了，于是决定在财务年报中把美国航空公司特别股的账面价值调减到75%，1995年他甚至提出以面额50%的价格卖掉这些股票，只是最终并没有卖得出去。

【巴菲特读年报心得】

巴菲特认为，投资者在阅读上市公司财务年报时要特别避开资金需求量特别大的股票，因为这意味着经营风险的骤增。他以自己当初投资美国航空公司为例说明这个问题，并庆幸自己投资的只是其特别股，而且还附加了加计罚息的条款。

把风险控制在可控范围内

> 这对伯克希尔有何影响，取决于最终有多少“已知”的理赔要负责，以及将来还有多少未申请理赔的保单会出现，要求我们负责，理赔金何时正式支付，以及伯克希尔能在这笔钱支付前创造出多少现金。我跟詹·阿杰认为参加这项保险将对伯克希尔有利，而且即使判断出了差错，伯克希尔也能应付自如。
>
> ——沃伦·巴菲特

【巴菲特读年报的关注点】

巴菲特认为，投资者在阅读上市公司财务年报时有必要关注该公司是否能把未来的经营风险控制在可以承受的范围内。就好比一个人生病一样，谁都不能保证自己一生中什么毛病也没有，但只要这些毛病能看好（能够控制），那就和不治之症有着本质区别。

巴菲特在伯克希尔公司2006年年报致股东的一封信中说，当年伯克希尔公司签订了数额庞大的可回溯再保险合约，这对伯克希尔公司的影响究竟有多大，关键取决于这样几个因素：一是最终会有多少明确的理赔损失要由伯克希尔公司负责，这部分应当是非常明了的，逃也逃不掉；二是暂时还不能明确的理赔损失中，最终有多少需要伯克希尔公司理赔？三是这些已经明确和尚未明确，最终同样必须由伯克希尔公司理赔的保单究竟在什么时候兑现？四是伯克希尔公司在支付这笔赔偿金之前能够创造出多少现金流来？根据他和伯克希尔公司负责巨灾保险业务的詹·阿杰分析，参加这项保险，对伯克希尔公司是有利的。万一他们判断错误，伯克希尔公司也能应付得了。

那么，巴菲特在这里所说的“可回溯再保险合约”究竟是个什么东西呢？实际上，这就是“回溯式再保险”。从本质上看，这也是一种再保险，但它的生效日期却不是现在或以后，而是可以回溯到过去，即可以从以前的某一天开始算起。

巴菲特说，从全球出现保险行业300多年以来，一直没有发生过保险公司破产的事，大家似乎都觉得，从事保险这一行业是最“保险”不过的事了。直到发生石棉事件，大家才改变了这一看法。

20世纪80年代，由于环境保护问题和产品索赔声浪四起，保险公司的理赔成本迅速提高。几十年前签下的那些已经被人遗忘了的保单，使保险公司的亏损金额大幅度攀升，许多保险公司最终只能面临破产。

而就在这时候（1996年），某公司高层投入111亿英镑成立了一家名叫“意克达”（Equitas）的新公司，用来承担1993年以前的所有保险合约。一开始大家都觉得，这样一家公司必定会困难重重，没有出路。但是在该公司理赔完最后一张保单的13年后，也就是2006年，巴菲特和詹·阿杰认为该公司暂时还不会倒闭，所以愿意给它提供巨额再保险合约。

毫无疑问，这时候意克达公司前途未卜，谁也不知道在它身上究竟存在着多少等待赔偿的数额。所以伯克希尔公司提出，只要意克达公司愿意把71.2亿美元浮存金全部支付给伯克希尔公司，伯克希尔公司就愿意承担未来的赔偿金，但最多不超过139亿美元。

虽然139亿美元的数额比意克达公司最近一次对债务总额的评估要超出57亿美元，但巴菲特的算盘是，即使真的要付出这么多赔偿金，伯克希尔公司强大的财务实力也足以保证不会影响自己未来的竞争优势。也就是说，如果伯克希尔公司在这笔投资上"赌"输了，风险仍然可以控制。

那么，这件事情最终结果怎么样呢？巴菲特在伯克希尔公司2007年年报致股东的一封信中汇报说，现在情况已经明朗化，伯克希尔公司要承保的只是一笔保费为71亿美元的单独保险。

巴菲特在这里所说的向意克达公司提供的再保险，就是回溯式再保险，因为这种灾害已经发生了，投保是事后之举。为了更清楚地看出这种回溯式再保险的复杂性，这里再举一个例子来加以说明。

美国最大的市政公债保险商MBIA公司，在意识到自己可能会出现1.7亿美元的巨额亏损后，在1998年申请了一笔特别再保险。这笔再保险虽然有点像贷款，可是却并不妨碍该公司管理层和其他员工当年拿到3600万美元的丰厚奖金。因为避免了这1.7亿美元亏损，MBIA公司当年的利润增长了42%。但如果该公司把这部分亏损计算在内，那么无论是经营业绩还是股东投资报酬率、每股盈余都要大打折扣，甚至会直接影响其奖金的发放。之所以会这样，是因为当时还没有爆发安隆公司风波，所以大家还没有对这一现象引起足够重视。

可是时间到了2003年就不同了。全球规模最大的保险公司美国国际集团（AIG）出售一笔回溯式再保险时被逮住了。原因是这种资金轮回操作在客户账面上显示不出亏损来。

换句话说，客户购买这种保险，实际上就像在火灾发生之后再购买火灾保险一样。火灾保险所造成的损失由于可以从保险公司那里得到赔偿，所以该损失在账面上并不会出现。与此同时，投这样的保又不需要在“过去”实际付出保费，所以也不会对当期经营业绩产生什么实质性影响。

看到这里有些读者也许会问，既然这样，保险公司为什么还要卖保单给客户呢？原来，客户没有付出保费就能得到实际赔偿，是因为他们对保险公司做出了未来会购买其更多保险的承诺。这种行为在保险行业非常多见，也不违反会计准则规定。并且，保险行业的这种“粉饰盈余”行为究竟属于金融交易还是风险转移，并没有定论。

【巴菲特读年报心得】

巴菲特认为，投资者在阅读上市公司财务年报时有必要关注该公司未来的经营风险是否在可控范围内。他以对意克达公司的回溯式再保险为例说明，只要这种风险能够控制在允许的范围内，就会有惊无险，不至于构成实质性风险。

特别警惕金融衍生产品

如果你在看到我们处理衍生性金融商品的经验，加上了解了 Freddie Mac 去年被揭发有大规模的舞弊行为后，你就开始怀疑这方面的会计原则，这就表示你变聪明了。不管你具备多么丰富的金融知识，你都无法经由阅读这些从事衍生性金融商品公司的相关揭露文件，来了解它到底背负着多少潜藏的风险。事实上，你越了解这些衍生性金融商品，你就越知道这些制式文件能够给你的讯息是多么的有限。

——沃伦·巴菲特

【巴菲特读年报的关注点】

巴菲特认为，投资者在阅读上市公司财务年报时有必要关注该公司是不是拥有金融衍生产品。在他看来，金融衍生产品极其复杂，所以无论是谁都无法正确判断这类公司未来经营风险的大小。这样事情就变得比较简单了——如果该公司有金融衍生产品，那么投资者最好是对它敬而远之。

巴菲特在伯克希尔公司2003年年报致股东的一封信中说，如果你在看到伯克希尔公司在处理金融衍生产品方面的经验，再加上了解了当年美国联邦住宅贷款抵押公司（Freddie Mac，中国人俗称之“房地美”）被揭发有大规模的舞弊行为后，你就开始怀疑这方面的会计准则，那么这表明你开始变聪明了。因为无论你具有多么丰富的金融知识，你都别想通过阅读这些公司的相关材料，去了解该公司未来有多大的经营风险。事实证明，你越是了解这些金融衍生产品，你就越容易知道这些格式化文件给你提供的有用信息是非常有限的。

提到金融衍生产品，巴菲特经常会提到通用再保险公司。他在伯克希尔公司2003年年报致股东的一封信中说，在伯克希尔公司并购通用再保险公司时，该公司就有一个专门负责金融衍生产品的交易部门。而当伯克希尔公司2002年年初开始着手清算通用再保险公司证券时，该公司还有23218份合约流通在外，涉及884位客户。巴菲特对这些客户一无所知，所以也就根本谈不上去评估这些合约潜伏着多大的经营风险。这也是他要求对这些项目进行清理的主要原因之一。道理很简单，既然你对这些业务根本不了解，又怎么去评估它的内在价值呢？

直到两年过后的2003年年末，通用再保险公司流通在外的金融衍生产品合约依然有7580份，涉及453位客户。不用说，在这个过程中伯克希尔公司投入的人财物代价已相当高，仅仅2002年和2003年两年内，这些金融衍生产品造成的税前损失就分别达到1.73亿美元和0.99亿美元。这些损失是根据市场公允价格来计算的。幸亏在这个过程中市场价格波动不大，如果遇到金融危机，许多衍生性产品变得一文不值，这时候伯克希尔公司的损失就大了。

所以巴菲特忏悔说，如果当初他并购通用再保险公司时，能当机立断，马上关闭金融衍生产品部门，至少可以减少1亿美元的税前损失。当然，巴菲特对金融衍生产品的观点并不是后来才形成的，他一开始就知道其中潜藏着巨大的风险，只是看到当时通用再保险公司账面上还有盈利就被迷惑了。

巴菲特把金融衍生产品比作是交易双方和政府经济系统的“定时炸弹”。他解释说，金融衍生产品合同的交易时间很长，也很复杂，虽然交易双方在完成最终交易之前并没有发生一分钱的换手，可是却要随时把假如这种交易实现所能产生的利润或亏损记在资产负债表中。

这种金融衍生产品合同最终能否实现，除了抵押或担保之外，完全取决于交易各方的信用如何。更主要的是，如果你想结束这种交易并不容易，通用再保险公司金融衍生产品的处理过程就能证明这一点，仅仅退出就需要好几年时间——真是叫你进也不是，退也不是。

巴菲特介绍说，金融衍生产品和再保险业务一样，两者都能创造出被疯狂夸大的报告利润来。之所以这样说，是因为这种利润在相当程度上是以“预估”为基础的，并且这种“预估”的不准确性几年内都可能不会被曝光。

既然利润可以“预估”，那么当事人出于自身利益的考虑就会调整账目。反映在会计核算上，通常当事人会根据市场标价来计算出一部分利润，然后进行实际付款（可以是全部付款，也可以是部分付款）。但奇怪的是这种交易并没有真正的市场；或者干脆说，这种效益是“虚构”的，可是这种虚构交易所产生的利润却能够反映在报表上。想一想就知道这里面的水分有多大。所以，巴菲特把这种会计方法称之为“神话标价法”。

有人会问，这时候审计人员都去哪里了呢？确实，这个问题问得好。可是巴菲特认为，审计人员要核查这些数据并不是一件容易的事。举例来说，2002年年末，虽然通用再保险公司的证券部门处理这项业务已经结束了10个月，可是依然有14384份金融衍生产品合同需要履约，并且这些合同方分布在全球的672个地方。其中每个合同都有一到几个参考项目的价值或正或负，其复杂程度难以言表。所以，即使是专业的审计人员，也可能会得到完全不同的审计结果。

更可怕的是，金融衍生产品的风险会造成连锁反应。有的当事人可能非常谨慎，相信自己身上的巨大风险已经被分散掉。可实践证明，由于这些衍生产品错综复杂，所以说不定什么时候就会冒出一个麻烦来，并且很快可能会传染给其他人。

巴菲特说这些话的时间是2003年1月。果不其然，2008年美国就爆发了由次贷危机引发的全球金融危机，其根源就在于错综复杂的金融衍生产品。事实再次表明，巴菲特的担心非常有预见性，而他提前处理通用再保险公司的金融衍生产品同样也是有先见之明的。

【巴菲特读年报心得】

巴菲特称金融衍生产品是“大规模武器”，无论是谁都无法准确评估其风险大小。比较稳妥的办法是，投资者如果看到一家公司涉足金融衍生产品项目较多，就应该对其股票敬而远之，这是避免发生投资损失的最好办法之一。

注意财务数据中的可疑之处

> 这类错误投资最后的下场，往往是公司管理层在财报上一次性提列“非常损失”。专业经理人最喜欢这样搞，这使这类近年来不常发生的科目，反而成为一般公司损益表上的常客。至于它发生的原因，却没有人愿意花时间去深究。CEO通常将它们归类为“无性生殖”。
>
> ——沃伦·巴菲特

【巴菲特读年报的关注点】

巴菲特认为，投资者在阅读上市公司财务年报时有必要关注其中有没有可疑数据。可疑数据的真实性当然值得推敲，所以投资者对它们要多加考察。当然，看到财务数据可疑，并不一定能看到它们鬼鬼祟祟的模样，投资者必须具备一定的会计知识才行。

巴菲特在伯克希尔公司2000年年报致股东的一封信中说，上一年度，他在财务年报中曾经很兴奋地表示，政府雇员保险公司将在广告宣传上投入大动作，并且每一分钱都会用在刀口上。可是现在看来他错了，因为这些广告投入并没能给公司带来多少咨询电话，并且每通咨询电话的分摊成本还有所上升。

巴菲特分析说，这主要有4大原因：

一是广告频率过高，大而密集的广告投入使得广告效果越来越差。

二是政府雇员保险公司过去的优势是低价竞争，而很显然，通过这些年的市场占有，比较容易接受其公司理念的客户越来越少。

三是政府雇员保险公司的投保资格审核越来越严，标准越来越高，并且当年该公司又提高了费率，这样也就把一部分客户阻挡在了大门外。

四是财产保险的竞争形势发生了重大变化。具体地说就是，当年排名第一的保险业同行的承保损失率高达18%，而政府雇员保险公司的承保损失率是4%。当年政府雇员保险公司的保险浮存金成本高达6.1%，离巴菲特的目标要求（0）相差甚远，更不用说那家排名第一的保险公司浮存金成本有多高了（据巴菲特估计，至少在23%）。

巴菲特实际上是想说，政府雇员保险公司当年的成本在提高，其他同行的情形也大同小异，甚至比它更高。

他特别指出，上市公司中很少有管理层会这样检讨自己。发生这种错误之后，最常见的结果是管理层在财务年报上一次性提列“非常损失”来把它处理掉。尤其是职业经理人最喜欢这样做，从而使这类本来不应该经常发生的会计科目，现在却经常出现在财务年报中。至于它为什么会成为一张“老面孔”，却很少有人去进行深入的研究。

在这里，巴菲特还用到了“无性生殖”这个词。所谓“无性生殖”，本来是指亲体不通过两性细胞结合而产生后代个体这样一种生殖方式，如分裂生殖、出芽生殖、孢子生殖、营养生殖、组织培养、克隆等。巴菲特将其用在这里，意思是说，这是一种“不正常”的会计行为，就像“两个男人”或“两个女人”在一起也能“生孩子”一样，非常可疑。

巴菲特在伯克希尔公司2007年年报致股东的一封信中说，虽然美国上市公司的财务年报中不存在什么“诚信系统”，可是伯克希尔公司的资产负债表项目却是可靠的，尤其是其中为保险业务估算损失的储备金会力求精确。要知道，这种储备金并不包括已经发生的损失，而只是一种预提，是作为预备将来保险业务可能会造成的损失使用的。当年伯克希尔公司提取的保险储备金数额为560亿美元。

巴菲特的言外之意是说，由于这笔还没有明确用途的保险储备金的存在，你在阅读这份财务年报时就应该对其中的相关数据抱有更大信心。它就像一笔“机动经费”一样，可以应付未来不经意间冒出的费用支出，不至于需要以后在财务报表上提列“非常损失”来弥补这个窟窿。

说到这里，巴菲特还特别说了一个寓言故事来形象地说明其中的奥妙。

他说，几年前他就说过这样一则故事：一位小伙子正在欧洲进行一次重要的商务旅行，这时候姐姐打电话来告诉他，父亲去世了。小伙子的行程还没有结束，还有重要的事情要办，不能马上赶回去，这怎么办？小伙子想，既然父亲去世了，他又不能在边上帮忙料理，所以只好由他来承担整个葬礼的费用，也算是最后为父亲做点事情吧。

等到小伙子回到家后，姐姐递给他一张数额8000美元的账单，告诉他说，整个葬礼办得很顺利。不用说，这张账单上的数额就是小伙子需要支付的整个葬礼的费用开支了。

事情到这里本来可以结束了，可是过了一个月，他又收到一张10美元的账单，一问才知道他父亲在葬礼上租用了一套西装，这套西装现在已经随父亲的遗体火化掉了。由于这套西装是租用的，所以从此以后每个月他都会接到这样一张要求支付10美元租金的账单。

巴菲特借用这个故事是想说明，财务年报中的数据应该把各种费用提足，包括那些可能会出现的费用和损失也要估计在内，不能有遗漏项目存在。否则，不是这种财务数据无法真实反映企业经营业绩，就是管理层将来还得另想办法对其加以处理。当然，最常见的办法就是把它归到“非常损失”会计科目中去。

巴菲特说，每家保险公司都有这种“租赁的西装”被埋在世界各地，虽然具体数额不清楚，但可以确定的是数额相当庞大。对于伯克希尔公司来说，它为此提列的拨款准备巴菲特相信是足够的了。

【巴菲特读年报心得】

巴菲特认为，投资者在阅读上市公司财务年报时要特别关注诸如“非常”“其他”等字眼的销售收入、费用成本和债权债务。一旦出现这些字眼，就很可能表明这些数据是虚构的、暂估的。一句话，它们比较可疑，里面很可能有猫腻。

管理层的酬薪有方向标作用

> 在判断美国企业是否真的有心进行改革时，CEO的薪资报酬绝对是最关键的指针之一。然而直到现在，其结果依然令人感到相当失望。只有少数CEO，包括GE的Jeff Immelt，带头推动公平对待经理人与股东双方的方案。总的来说，他的示范所获得的表面的赞许显然远多于实际的跟进动作。
>
> ——沃伦·巴菲特

【巴菲特读年报的关注点】

巴菲特认为，投资者在阅读上市公司财务年报时有必要关注该公司经营管理层，尤其是首席执行官的酬薪高低。因为这种酬薪在警示该公司未来经营风险方面具有一定的方向标作用，投资者能够从中得到一些启发。

巴菲特在伯克希尔公司2003年年报致股东的一封信中说，在判断美国上市企业是否真的有心进行改革时，首席执行官的酬薪绝对是最关键的指标之一。可遗憾的是，直到现在（2003年），结果依然相当令人失望。因为在这期间，只有少数首席执行官，如通用电气公司（GE）首席执行官杰夫·伊梅尔特（Jeff Immelt）带头推动公平对待公司管理层和公司股东的方案。总的来说，口头附和的多，实际跟进的少。

巴菲特说，这种情形实际上也很好理解。因为归根到底，公司首席执行官及其代表薪酬委员会在制定酬薪制度时，绝对会偏向自己这一方。首席执行官如果能为自己多争取到10万股认股权或50万美元的年薪，这对整个公司财务年报上的经营业绩影响并不大，可是对于首席执行官个人来说，意义就很大了。虽然这时候薪酬委员会也会装模作样地进行谈判，但这种过程往往带有演出成分。

从巴菲特的观点看，首席执行官的这种离谱的酬薪标准在20世纪90年代开始变本加厉。一旦某上市公司某个离谱的酬薪方案被采纳，其他上市公司就会立刻跟进，并且会相互攀比。而其中的推手，就是人力资源顾问和公关部门。因为他们很清楚，他们的个人利益要仰仗于首席执行官，所以他们就在这方面推波助澜。

也许有人会问，上市公司董事会中不是有独立董事吗？确实如此，但经历丰富的巴菲特，一说到独立董事就来气。因为他自己曾经担任过20多家上市公司的独立董事，在这方面最有体会和发言权了。

他在伯克希尔公司2003年年报致股东的一封信中说，当年他特地关心了一下许多上市公司发布的财务年报，想看看它们按照法律规定设置的独立董事是怎样来行使职权的。

要知道，在美国设置独立董事的法律依据是1940年国家制定的投资公司法。按理说，独立董事应该有两项最重要的任务，那就是，寻找并留住最优秀的公司管理层，并且给予他们适当、合理的酬薪。

可现实怎么样呢？巴菲特考察后说，即使这些上市公司的经营业绩非常可怜，独立董事们仍然会年复一年地续聘原有公司管理层，而且会畅通无阻地核准远远超出合理程度的管理费用。如果这家上市公司最终破产被拍卖，那么这些独立董事就会与新的公司管理层签订合约，摇身一变成为新公司的独立董事。不用说，他们不会为这个公司着想，更多的是为自身利益着想。

巴菲特认为，这些独立董事的“摇摆狗”行为并不表明他们就是“坏人”，是董事会中的特有气氛让他们本该忠诚的基因沉寂了下来。

巴菲特说，直到他动手写这篇财务年报的时候，那些上市公司（基金公司）

还在一边伤害投资人权益，一边大幅度提高公司管理层的费用标准。特别要注意的是，这些公司本来就比一般美国企业的投资报酬率要高，而现在，这些公司管理层为了扩大自身获利，居然以这种手法来践踏股东利益。巴菲特绝对不会相信，当公司管理层侵害这些独立董事的权益时，这些独立董事还会采取这种吊儿郎当的态度。

从美国上市公司的实际情况看，几十年来，无论是上市公司中比较传统的董事制度还是最近冒出来的一些新规定，都无法选出真正具有独立性的董事来。一旦有人完全依靠董事酬薪就可以生活得很好，那么他一定会千方百计地争取多担任几家上市公司的董事。而离谱的是，就连这种人居然也会被当作“独立”的董事。其实他们早就无法真正独立了，因为其中牵涉到他们的个人利益。

与此相反的是，伯克希尔公司董事之一罗恩·奥尔森（Ron Olson）律师，由于他从伯克希尔公司领到的只是法律顾问费，而不是董事酬薪，并且他从这里得到的收入只占他个人总收入的3%，所以他反而无法被归为独立董事，这就真是奇怪了。

而在巴菲特看来，正因为罗恩·奥尔森从伯克希尔公司得到的收入比例很小，这种角色才会具有独立性；相反，如果一名董事从任何一个地方得到的酬劳能够占其总收入的20%、30%或者50%，就一定会影响其独立性。至于这种收入叫什么名称（董事酬薪、法律顾问费或其他）并不重要。因为名称可以变，但其实质是无法改变的。

巴菲特一针见血地指出，董事会真正的独立，意味着企业发生错误时要有勇气挑战首席执行官，这是独立董事最重要的特质之一。例如，在伯克希尔公司的11位董事中，他们所持有的股票价值超过400万美元，并且这些股票都是从公开市场上买入的，其中有6位董事的持股时间超过30年。伯克希尔公司从来没有给他们发放过认股权或特别股。

巴菲特的意思是说，在伯克希尔公司，这些董事们才可能真正发挥作用抑制公司管理层费用的增加。因为他们本身就是股东，所以能够从股东利益角度来进行监督。并且，他们这种监督是真正独立的、纯粹的，因为他们从中得不到什么报酬。巴菲特笑称这是“所有者资本主义”。

在谈到公司管理层的酬薪方向标作用时，巴菲特自己是绝对有资格说这番话的，这也是其他首席执行官很少会这样说的原因。

据2016年3月11日伯克希尔公司申报文件中的相关数据，巴菲特25年来的年薪一直是10万美元[1]，远远低于同期伯克希尔公司酬薪最高的财务长汉柏格的年薪136万美元，以及下属企业负责人中酬薪最高的能源部门董事长兼执行长艾比的年薪4077万美元，甚至还不及后者的一个零头。[2]

【巴菲特读年报心得】

巴菲特认为，投资者在阅读上市公司财务年报时有必要关注该公司管理层酬薪是否合理，标准是否过高。尤其是公司独立董事如果不能真正站在股东立场上加以监督，甚至还为此推波助澜，这也是一种经营风险，而且这种风险更隐蔽。

1 此外，由于巴菲特一直住在自己的普通住宅里，因此2015年的保安费用比上年增加了1%，达到370244美元。公司全年用在他身上的总费用合计是47万美元。

2 萧丽君．身家662亿美元，股神巴菲特年薪仅10万美元．参考消息网[2016-3-14].

关注点 10

内在价值胜过账面价值

读年报读的主要是内在价值

我写这份报告的目的，是为了帮助股东们估计伯克希尔的内在价值并提供相关信息。之所以说是“估计”，是因为尽管计算内在价值在投资中为重中之重，但计算结果往往并不精确，且错误常常非常严重。公司业务的前景越是不确定，内在价值的计算就越有可能谬之千里。不过伯克希尔公司具有以下有利因素：种类众多且相对稳定的收入流，拥有巨大的流动性，只有很少的债务。这些因素使伯克希尔公司能够比其他绝大多数公司更为准确地估计自己的内在价值。

——沃伦·巴菲特

【巴菲特读年报的关注点】

巴菲特认为，投资者在阅读上市公司财务年报时有必要关注该公司的内在价值，甚至可以说，投资者阅读上市公司财务年报最主要的就是读其内在价值。对内在价值的重视程度要超过账面价值，这才算是抓住了要领。

巴菲特在伯克希尔公司2005年年报致股东的一封信中说，他写这份财务年报的目的，就是为了帮助股东们估计伯克希尔公司的内在价值，并为之提供相关信息。毫无疑问，估计内在价值是股票投资中的重中之重。之所以说“估计”，是因为投资者对内在价值的估测不可能精确，不但如此，而且往往错误还很严重。尤其是当该公司业务发展前景不确定时，这种对内在价值的估计很可能会与其实际相差十万八千里。不过，伯克希尔公司在这方面具有一些有利因素，如种类很多并且相对稳定的现金流，负债很少，这些都会使伯克希尔公司在估计内在价值方面比其他绝大多数公司更准确。

那么，在巴菲特眼里，伯克希尔公司的内在价值究竟是怎么估计出来的呢？他说，1965年伯克希尔公司还只有一家小小的纺织厂，所以计算其内在价值要相对简单。发展到如今（2005年），伯克希尔公司旗下已经拥有68家企业，而且这些企业的经营特点和财务特点相差很大，简直可以说毫不关联，再加上伯克希尔公司庞大的投资规模，所以很难仅仅通过阅读合并了的财务年报对其内在价值做出一个合理的估计。

为了解决这个难题，伯克希尔公司每年都要在财务年报中把这些庞杂的业务划分为4类，然后逐一进行详细分析，并且提供各类业务及其企业的主要数据，帮助股东对伯克希尔公司内在价值做出合理估计。

当然，伯克希尔公司总的内在价值可能会高于或低于这4类业务内在价值的总和，因为这还涉及公司总部的资本配置能力和效率。关于这一点，就要由各位股东自己来做出评判了。

例如，巴菲特在伯克希尔公司2003年年报致股东的一封信中说，当年该公司的净值增加了136亿美元，从他接手伯克希尔公司的39年来，伯克希尔公司股票每股净值已经从当初的19.46美元增长到现在的50498美元，年平均增长率约为22.2%。接下来，他马上话锋一转说，伯克希尔公司真正在乎的是公司的内在价值，而不是账面价值。幸好，伯克希尔公司已经从一个1964年摇摇欲坠的纺织品公司跻身涉足各大产业的大型集团。并且更为可喜的是，伯克希尔公司的内在价值要远远超过其账面价值。换句话说，在这39年间，伯克希尔公司账面价值的年平均增长率要远远超过22.2%。

应该说，股票投资者如果能做到十分关注该股票的内在价值而不是其账面价值，那么其投资理念就会有一个质的改变。换句话说，投资者就不会为了股价的迅速上升而感到高兴，为股价的迅速下跌而感到沮丧了。因为归根到底，决定股票价值的应该是其内在价值，虽然股票投资获利最终要从股价上涨中得以实现。

例如，巴菲特在伯克希尔公司2002年年报致股东的一封信中说，当年伯克希尔公司在股票投资方面并没有什么动作，这是因为美国股市受高科技股泡沫破灭后遗症的影响，整个股市已经连续3年下跌了，伯克希尔公司投资的那些股票价格也在下跌。

初看起来，这非常符合中国人投资股票“买涨不买跌”的思维，但巴菲特不是从股价涨跌，而是从内在价值是否具有投资价值角度来看问题的。他说，虽然美国股市已经连续下跌了3年，大大增加了股票投资的吸引力，但是他还是很难找到内在价值已经到达安全投资区域的投资对象。他的原话是，他“不认为它们的股价有受到低估的可能”。

那么，巴菲特这里所说的“内在价值安全投资区域”又是指什么呢？他说，如果说股票投资价格合理，那么每年税前的投资回报率在10%的可能性就非常大。只有年投资回报率能达到10%，才能确保在扣除企业所得税后，投资者能够得到6.5%~7%的净投资回报率，这是他的最低要求。如果连这样的目标也达不到，那他干脆就在一旁看了。

接下来有人要问了，在一旁看就能达到更高的投资回报率吗？巴菲特总结说，从他过去61年的投资生涯看，其中有50多年会有这样的机会出现，关键是要有耐心。他说，虽然这些短期闲散资金的税后回报率不到1%，但成功的投资必须要有耐性。

2008年5月初，巴菲特在伯克希尔公司股东大会上面对3.1万人坦露心迹说，他也不知道股市将来会怎么发展，因为这不是他一个人的游戏。不过他认为，股市中永远都有机会，投资者真正要做的是，每次投资都尽可能选择最有投资价值的那个。

他特别指出："财务报告通常不能表明任何问题，想要知道怎么回事就得参与其中。"他的言外之意是，投资者阅读财务年报是重要的，但仅仅阅读财务年报又是不够的。你要阅读一切能够读得到的东西，这样才会对投资对象有一个全方位的思考和判断。

【巴菲特读年报心得】

巴菲特认为，投资者在阅读上市公司财务年报时更应当关注该公司的内在价值，而不是其账面价值。从某种意义上说，投资者读年报就是要读懂该公司的内在价值。只有当其内在价值进入安全投资区域时，该公司才有投资价值。为此，投资者要有足够的耐心等待机会。

关注内在价值意味着理性投资

本公司去年(1986年)的账面净值增加了26.1%，是4.9亿多美元。在过去的22个年头(也就是现有经营阶层接掌本公司后)，伯克希尔公司每股账面净值由19.46美元成长到了2073美元，年复合增长率为23.3%。

——沃伦·巴菲特

【巴菲特读年报的关注点】

巴菲特认为，投资者在阅读上市公司财务年报时有必要关注该公司内在价值的原因之一是投资需要理性。不用说，巴菲特的一生是理性投资的典范，所以他注重以内在价值高低来判断一家公司是否具有投资价值，是很好理解的。

巴菲特在伯克希尔公司1986年年报致股东的一封信中说，伯克希尔公司当年的账面净值增加了26.1%，大约为4.9亿美元。换句话说，在他接手伯克希尔公司的22年间，伯克希尔公司的每股账面净值已经从当时的19.46美元增加到了2073

美元，年平均增长率为23.3%。

接下来，巴菲特高兴地说要给各位股东报告一个好消息，那就是当年伯克希尔公司内在价值的增长幅度应该会超过其账面价值的增长幅度。之所以说“应该会”，是因为投资者对内在价值的判断比较主观，每个人得出的结果都可能不同，所以他不能强求别人也赞成这一观点。而据他估计，对于同样完全了解该公司的人来说，他们对其内在价值的判断结果也会相差10%以上。

巴菲特认为，伯克希尔公司内在价值增长迅速的原因，主要是该公司这几年除了保险业务外并没有额外投入其他业务，却照样能稳定提高经营业绩，这就大大提高了伯克希尔公司的经济价值（或称“商誉”）。虽然这种内在价值不能直接反映在资产负债表上，但他能明显感到这一特征在当年特别显著。

容易看出，巴菲特之所以称这是一个“好消息”，就在于他是以考察公司内在价值的眼光看问题的。如果换了中国股民，他们也许就不会去考虑，甚至根本就不会想到还有内在价值一说，几乎100%的人更关心的是股票价格的涨跌及其幅度大小。所以容易看出，能否从内在价值角度来考察上市公司，是真正评价投资者是否是价值投资者的主要依据。

而当巴菲特把这个“好消息”跟全体股东分享时，他受到的是追捧，而不是大家的漠不关心或讥笑。原因在于，购买伯克希尔公司股票的投资者是一群价值投资追随者，所以他们才会在这方面引发共鸣。他们甚至可以持有该股票几十年或终身拥有，原因在于他们追求的是理性投资，而这一点是最令巴菲特感到欣慰的。

相反，当某只股票的价格增长幅度超过其内在价值增长幅度时，巴菲特反而会感到担忧。这时，他一方面会提醒投资者这种局面不会维持太久，另一方面又会提醒投资者这时候要警惕投资风险。

巴菲特在伯克希尔公司1984年年报致股东的一封信中说，当年政府雇员保险公司的客户大幅度增加，虽然该公司的业务经营不是非常理想，只是与同行相比相对突出，可是其股票价格的上涨幅度已经明显大于其内在价值的增长幅度。于是他警告各位股东，这种情形不可能年复一年地发生，总有一天该公司的股票价格表现会落后于其内在价值，这一点在1984年就已经得到了证实——随着政府雇员保险公司内在价值的快速增长，它的股票价格却徘徊不前。虽然这会直接影响伯克希尔公司的业绩表现（当年伯克希尔公司拥有政府雇员保险公司36%的股权，而政府雇员保险公司在伯克希尔公司经营业绩中所占的比重为27%），但巴菲特觉得这并没有什么不好。如果让他选择的话，他宁愿看到政府雇员保险公司内在价值增长 *x* 倍后股价下跌，也不希望看到其内在价值减少一半而股价却大幅度上涨。他相信，市场最终会给大家一个公道。

巴菲特曾经反复说，理性投资有两大要点：一是确定拟投资公司内在价值的大小；二是以比较大的价格折扣买到其股票。单纯从确定该公司内在价值的大小看，其中就有3种方法可供选择，即清算价值法、继续经营法、市场法。

以其中的继续经营法为例。在确定一家公司的内在价值时，必须知道该公司的现金流和折现率，否则很难对其进行估计。不用说，这两个指标本身也是很难确定的。他举例说，他之所以不买微软公司的股票，就是因为无法确认该公司究竟有多少现金流。至于折现率的确定相对会简单一些，他一般是用美国长期国债收益率来代替。在此基础上，他特别强调拟投资公司的负债率要低，这样就能明显排除一些财务风险；同时，他认为还要确保该公司的经营业绩稳定，并且长期不变，这样又能进一步降低投资该股票的风险。

例如，巴菲特1988年投资可口可乐公司时，当年该公司的股东收益为8.28亿美元，用美国30年国债到期收益率9%为折现率，该公司的内在价值应该是92亿美元（8.28÷9%）。而这时候从该股票的市场价格看，其市场价值已经达到148亿美元，该股票的内在价值被明显高估了。

可是，巴菲特却依然特别看好可口可乐公司未来的发展前景。他认为，如果一家公司不需要增加投资就可以增加现金流，这时候该公司的折现率就可以采取无风险收益率和净现金流增长率之差来计算。根据该公司1981—1988年净现金流年增长率17.8%来假设，以后10年间该公司的净现金流年增长率为15%，那么，到第10年该公司的净现金流为33.50亿美元。接下来的净现金流年增长率即使只有5%，那么1988年的内在价值也能达到483.93亿美元[1]。这样一比较，就知道孰轻孰重了。

【巴菲特读年报心得】

巴菲特认为，在阅读上市公司财务年报时能够关注其内在价值的投资者就算是理性投资者了。价值投资的“价值”可以简单地理解为“内在价值”。换句话说，凡是理性投资者、价值投资者，都不会把全部的目光放在股票价格的一时涨跌上。

内在价值看不见也摸不着

> 我们保险事业的实际价值永远比其他事业（如糖果或报纸事业等）难以估计。但是不管用什么计算方法，保险事业的价值一定会远远高于其账面价值。更重要的是，虽然保险业让我们三不五时出状况，但这行业是我们现在所有不错的事业当中最有成长潜力的。
>
> ——沃伦·巴菲特

【巴菲特读年报的关注点】

巴菲特认为，投资者在阅读上市公司财务年报时有必要关注该公司内在价值的原因之一在于内在价值看不见也摸不着。投资者要特别留心其中的财务数据，以及数据以外的公司基本面，并把它们放在整个宏观经济环境中来加以考察。

巴菲特在伯克希尔公司1990年年报致股东的一封信中说，伯克希尔公司保险业务的内在价值永远要比其他业务如糖果、报纸等难以估计。但是无论采用什么计算方法，保险业务的内在价值一定会远远高于其账面价值。更重要的是，保险

1　本书初版后，有许多读者来信问这一结果是怎么算出来的，简答如下：净现金流为33.50亿美元，即使从第11年开始净现金流年增长率降至5%，那么，第11年的净现金流也有33.50×(1+5%)＝35.175。依然采用9%的贴现率，这时1988年可口可乐公司的内在价值便是35.175÷(9%—5%)＝879.375。查复利现值系数（P/F，9%，10）为0.4224，879.375×0.4224＝371.448，371.448＋1989—1998年的股东盈余折现值112.48＝483.93。

业务虽然经常会出状况，但这项业务是伯克希尔公司中所有不错的业务中最有增长潜力的部分。

毫无疑问，“内在价值”这个概念是整个价值投资体系中最基础、最核心、最重要的概念。可也正因如此，无论是谁都无法得出一个有关内在价值的、能够普遍为投资者所接受的明确概念。内在价值有点让人捉摸不透，即使巴菲特对其的理解也不是很到位，这就越发让人感到估计内在价值的复杂性了。

例如，巴菲特有一次在伯克希尔公司股东大会上大谈特谈内在价值，畅谈内在价值就是企业未来现金流的折现值。当巴菲特谈兴正浓时，坐在他一旁的最亲密的合作伙伴查理·芒格忍不住打断他的话“揭发”说，在自己和巴菲特合作的这几十年里，自己从来就没有看到过巴菲特用他所说的现金流计算过他所说的任何一家上市公司的内在价值。

这时候的巴菲特也不恼怒，而是拿出他最拿手的幽默感说，大家知道，内在价值的计算和评估是多么重要啊，所以他是不会白天在其他人都在场的时候计算任何一家公司内在价值的，而是会在夜深人静的时候一个人悄悄地计算。但股东们知道，巴菲特这不过是打圆场罢了，实际上他也真的无法准确计算某个企业的内在价值是多少。

对于一贯推崇价值投资的巴菲特来说，这丝毫无损于他的崇高形象。要知道，企业的内在价值就像一个人的内脏，是很难被看透的；即使借助于现代化工具，投资者也常常会误判。

既然这样，是不是说明“内在价值”这个概念根本就不需要呢？这完全是两码事。对此，我们可以从以下4方面来加以说明：

一、内在价值是依附于企业实体的，有企业实体就必定有内在价值。

从比较抽象的概念看，内在价值是从属于企业的一种客观本质属性，却不是企业本身。企业本身只是内在价值的一部分，它有时会低于内在价值，有时也会高于内在价值，这就是股价会跌穿资产净值的原因。

换句话说，内在价值综合反映了这个企业的成长能力和赢利能力，所以它必然是看不见、摸不着的。相反，如果谁有本事能把它精确地计算出来，反倒是非常可笑的事情。

二、内在价值既是主观的，也是客观的。

说内在价值是主观的，是因为同一企业的内在价值大小需要借助于每个人的主观分析。这种分析是抽象的，所以不同的人得出的数据会各不相同，有时甚至会相差好多倍。例如，即使面对的是同一个企业同样的经营能力、管理水平、发展趋势、原材料库存等，不同投资者依然会得出不同的结论，这是很好理解的。

说内在价值是客观的，是因为判断内在价值的基础离不开这个企业本身。例如，虽然每个人对这个企业的经营能力、管理水平、发展趋势、原材料库存等认识不一，但他们所面对的这些方面依然是客观存在的，不会因为每个人的不同意志而忽大忽小。如果有人要撇开这个企业谈内在价值，不但会漫无边际，而且谈的根本就不是这个特定企业的内在价值。

举个不很恰当的例子来说，如果这个企业的实体是某个人，那么内在价值就可以看作是这个人的人品。大家所看到的这个人是非常“客观”的同一个人，但是大家对这个人人品的评价是非常主观的。

三、内在价值不可能是绝对量。

也就是说，由于投资者对企业内在价值的判断包含部分主观因素，所以最终估计内在价值所得到的数据不会是一个绝对数量，只会是一个区间。所以既不能因为无法最终确认某个具体数据就否定企业的内在价值，也不能认为内在价值是人为想象的，可以漫无边际。

这方面最典型的是，有人认为同一家上市公司在牛市、熊市中的股价表现悬殊，所以就认定其内在价值也会有非常大的波动，实际上并非如此。牛市、熊市股价波动悬殊，影响的只是每一位投资者对其内在价值的判断，而不是其内在价值本身。对这家上市公司来说，其内在价值前后相差不大。

四、谁对内在价值的判断越客观，谁就越容易取得投资成功。

由于每一位投资者对同一家上市公司的内在价值判断不一，所以其中必然存在最接近于客观现实的、最正确的价值判断。投资者对一家公司内在价值的判断越准确，就越容易取得投资成功。例如，巴菲特就从来不看其他人对某只股票的判断，而是只相信自己的感觉。基于这样的感觉，他在一家公司内在价值大大高于其股价时买入该股票，然后耐心等待。等到该公司股票价格大大高于其内在价值时他卖出该股票，从内在价值的增值中获利，从而收到良好的投资效果。

【巴菲特读年报心得】

巴菲特认为，内在价值看不见也摸不着，但这并不能否定内在价值的存在。内在价值不是一个数值，而是一个区间。不同投资者阅读同一份财务年报，谁对其内在价值判断得越准确，谁就越容易取得投资成功。

内在价值和账面价值的关系

> 大家可以看到，斯科特·费策公司的盈余在我们买下它之后持续稳定增加，不过与此同时其净值却未呈等比例增加。因此，在我们买下该公司时，该公司当时就已经相当不错的股东权益报酬率到现在变得更加优异，我们甚至可以拿它与《财富》500强做比较。事实上以斯科特·费策公司的规模，若单独计，便可以列入500强之林。
>
> ——沃伦·巴菲特

【巴菲特读年报的关注点】

巴菲特认为，投资者在阅读上市公司财务年报时有必要关注其内在价值和账面价值的关系，这种必要性从斯科特·费策公司的年报中就可以看出来。

巴菲特在伯克希尔公司1994年年报致股东的一封信中说，当初伯克希尔公司买入斯科特・费策公司的成功案例，就能比较好地解释公司内在价值和账面价值之间的关系。

大家可以看到，斯科特・费策公司在被伯克希尔公司买下后，其经营业绩在持续稳定增加。不过与此同时，该公司股票净值却没有呈同比例增加。因此，该公司在被伯克希尔公司买下时就已经相当不错的股东权益报酬率，现在又得到了进一步的提高，并且可以与世界《财富》500强企业相提并论。事实上，如果以斯科特・费策公司的规模看，它确实可以进入《财富》500强企业的行列了。[1]

巴菲特介绍说，伯克希尔公司是在1986年年初并购斯科特・费策公司的。当时该公司拥有22家子公司，现在8年过去了，其规模没有增加也没有减少。当初斯科特・费策公司的账面价值是1.726亿美元，而伯克希尔公司购买它的价格是3.152亿美元。两者之差的1.426亿美元，实际上就代表伯克希尔公司认可斯科特・费策公司的内在价值要远远高于其账面价值，前者相当于后者1.8倍（$3.152 \div 1.726 = 1.826$）。

为什么会出现这种情形呢？要知道，就在被并购的当年，斯科特・费策公司的获利只有4030万美元。可是由于该公司账面上留存着大量现金，所以它依然能够支付伯克希尔公司1.25亿美元的股利分配，这就能从一个侧面证明该公司内在价值和账面价值两者之间的关系了。

另外一点必须特别指出，斯科特・费策公司的负债很少，所以伯克希尔公司接手该公司后，很快就用该公司账面上的现金还清了所有负债（不包括财务公司在内）。也就是说，斯科特・费策公司这些年来一直在以相当保守的财务杠杆，经营并维持着其资产流动性。

那么，巴菲特又为什么把斯科特・费策公司和《财富》500强企业相提并论呢？他说，看当时（1993年）的《财富》500强企业名单，如果按照股东权益报酬率排名，斯科特・费策公司可以排在其中的第四位。

不但如此，投资者还有必要搞清楚一点，那就是排在它前面的3位分别是英

1　据巴菲特估计，2015年年末伯克希尔公司旗下有10.25家企业达到世界《财富》500强企业的规模，其中伯克希尔公司拥有27%的股份的卡夫亨氏公司算是那0.25家。

斯尔克公司（Insilco）、LTV公司、盖洛德公司（Gaylord）。而这3家公司都是因为当年濒临破产边缘，坏账被一笔勾销，从而使其当年利润暴增，并不是这些公司的经营业绩真的有什么值得骄傲的地方。如果扣除这项非正常因素，斯科特·费策公司的股东权益报酬率应该在《财富》500强企业中排在第一位，相当于排名第十位企业的2倍。

如此看来，读者就很容易理解为什么巴菲特愿意以相当于其账面价值1.8倍的价格购进该企业了，因为他从内在价值角度看，它应当值这个价。并且该公司就连一般投资者所担心的以下几种情形也不存在，比如该公司是不是到了一个赢利周期的高峰点？或者它的获利是因为其具有独占垄断地位造成的吗？或者是不是拥有巨额负债……都不是。在巴菲特看来，该公司如此优异，最主要的因素是，它有一个明星经理人拉尔夫·舒伊。

伯克希尔公司购买斯科特·费策公司比账面价值高出的1.426亿美元在财务上是怎么处理的呢？巴菲特介绍说，虽然很多会计师不同意他的观点，但他还是认为这些费用对伯克希尔公司来说并没有多大的实质性意义。当然，这笔溢价最终会出现在伯克希尔公司的资产负债表上，然后每年摊销掉一部分。

大家容易看到，仅仅到1994年年末，伯克希尔公司账面上扣除已经摊销的溢价发行部分还剩下5420万美元，这个数据加上斯科特·费策公司当年年末账面上的净值9400万美元，实际上就等于反映在伯克希尔公司账面上持有该公司的投资成本1.482亿美元。

巴菲特高兴地说，这个数据还不到当初伯克希尔公司购买斯科特·费策公司价格的一半，可是要知道，斯科特·费策公司现在每年所赚的利润却是当时的2倍了。这实际上从另一个侧面证明，斯科特·费策公司的内在价值一直都是在增长的。可是由于每年都在摊销一部分当初买入的溢价，所以该公司在伯克希尔公司账面上反映的投资成本却在连年下降。

这说明了什么呢？这就很好地说明了斯科特·费策公司的内在价值和账面价值之间的差距越来越大！

说到这里，巴菲特再次表现出对拉尔夫·舒伊的敬佩之情。他说，这完全要归功于拉尔夫·舒伊在企业管理上的专注、聪明、高格调。拉尔夫·舒伊善于设立正确的经营目标，然后毫不犹豫地让手下放心去做，而私底下与各位下属也共事顺畅。虽然他这时候早已超过65岁，但老当益壮，是巴菲特非常欣赏的那种富有经验的老牌经理人。

【巴菲特读年报心得】

巴菲特认为，投资者在阅读上市公司年报时可以通过关注该公司内在价值和账面价值之间的关系，来具体估算出两者处于怎样的一种对比关系，从而判断该公司是否具有投资价值。他以斯科特·费策公司为例说明了具体策略。

经营业绩并不全都在年报上

> 当一家公司拥有另一家公司的部分股权时，在会计核算上通常有3种方式来处理投资公司在被投资公司所拥有的权益。其中投资公司所持有的股权多寡将决定采用何种方式。
>
> ——沃伦·巴菲特

【巴菲特读年报的关注点】

巴菲特认为，投资者在阅读上市公司财务年报时有必要关注该公司在被投资公司所拥有的股权大小，因为这直接关系到该公司在会计核算上如何处理业绩分配。要知道，由于一家公司拥有另一家公司股权比例大小不同，被投资公司的经营业绩并不会完全反映在投资公司的财务年报上。

巴菲特在伯克希尔公司1980年年报致股东的一封信中说，各位股东在判断伯克希尔公司的经营业绩时，有两项因素必须特别注意，其一对公司营运相当有利，而另一项因素则对公司营运相对不利。

对公司营运相当有利的这项因素，就是伯克希尔公司对没有控股权的被投资企业的盈利分配，并不完全反映在伯克希尔公司的财务年报上。通常来说，当一家公司拥有另一家公司的部分股权时，在会计核算上通常会采用3种方式来处理投资公司在被投资公司所拥有的权益。决定采取这3种方法中的哪一种，关键取决于投资公司拥有被投资公司股份比重的大小。

具体地说就是，根据会计准则规定，如果本公司拥有另外一家公司的股权比例超过50%（也有少数例外），就需要把被投资公司的营业收入、费用、所得税、利润等所有会计科目全都合并在本公司的财务年报中。

举例说，伯克希尔公司拥有蓝筹票据公司60%的股权，所以蓝筹票据公司的上述相关会计科目都要以60%的比例计算在伯克希尔公司的财务年报中，另外40%的权益在财务报表上则反映为少数股东权益。

如果本公司拥有另外一家公司的股权比例在20%~50%，那么在本公司财务年报中只需要记录一个会计分录，把被投资公司的投资损失和利润按照股权比例，反映在伯克希尔公司财务年报上即可。

例如，伯克希尔公司拥有韦斯科金融公司48%的股权比例，就只要把韦斯科金融公司的投资损失和利润按照该股权比例反映在伯克希尔公司的财务年报上即可。而其他两种核算方法还必须附带一些企业之间的所得税、价格调整等细节。

如果本公司拥有另外一家公司的股权比例在20%以下，那么在本公司财务年报中只能反映本公司实际分配到的股利分红部分，如果还有尚未分配的股利部分，就不能在本公司财务年报上予以反映。

例如，伯克希尔公司拥有某公司10%的股权（符合20%以下的规定），如果该公司当年的利润一共是1000万美元，并且全部发放完毕，那么当年反映在伯克希尔公司财务年报上的数据就只能是它分配到的100万美元；如果当年该公司这1000万美元利润一分钱也没有分配，那么在伯克希尔公司的财务年报上就一分钱也不能入账。

巴菲特在伯克希尔公司2011年年报致股东的一封信中，又着重提到了这个问题。他在介绍了当年伯克希尔公司投资50亿美元购买美国银行优先股、投资109亿美元买入IBM公司股票后，话锋一转说，当时的伯克希尔公司在许多非常优秀的企业里有股份，如美国运通公司13%、可口可乐公司8.8%、富国银行7.6%、IBM 公司5.5% 等。容易看出，在这些股份中，伯克希尔公司所占的股权比重都不到20%，这就涉及伯克希尔公司投资者阅读其会计年报的技巧了。

他介绍说，在这种情况下，这些企业的盈利就都无法反映在伯克希尔公司的年报中，而只有当伯克希尔公司收到实际的现金股利时，才能将其体现在财务报表上。但这并不表明这些盈利不属于伯克希尔公司；相反，这些盈利对伯克希尔公司来说同样非常重要，“这是因为这些未分配利润将会通过很多种方式使用，进一步提高这些企业未来的盈利和股利。这些未分配利润也可能用于股票回购，这也会提高我们分享企业盈利的股权比例”。

那么，这个部分有多大呢？巴菲特介绍说，仅仅从前面所举的4家公司中，伯克希尔公司就可以获得8.62亿美元的分红，截至2012年第一季度末这一数据可达33亿美元。现在这笔钱躺在别人的报表上，却同样可以为伯克希尔公司创造同等的价值。据他估计，10年后这4家公司的盈利将会超过70亿美元，伯克希尔公司可从中分得红利20亿美元。

巴菲特在伯克希尔公司2012年年报致股东的一封信中再次提到，2012年伯克希尔公司按照持股比例在这4家最大的非保险企业中实现的盈利总额为39亿美元，可是在年报上却只能计入获得的现金分红约11亿美元。但这绝不表明伯克希尔公司只拥有这11亿美元的投资收益，另外不能计入伯克希尔公司财务年报的28亿美元的收益，同样属于伯克希尔公司。

在这里，巴菲特为什么要花这么多时间给大家上“会计课”呢？他的主要目的就是为了让伯克希尔公司的股东们了解，由于伯克希尔公司在各被投资公司拥有的股权比例不同，并且这些被投资公司的利润分配方式也不同，所以反映在伯克希尔公司每年财务年报上的经营业绩，会与实际经营业绩之间有差异，并且差异还不小。

尤其是伯克希尔公司的特点是保险业务比重大，从保险业务中得到的巨额浮存金被巴菲特用于并购企业，而伯克希尔公司对这些并购对象的控股比例大多小于20%；所以，这就使得本该反映在伯克希尔公司财务年报上的经营业绩，有相当大一部分被留在了被投资公司的财务年报上。

由于这些被投资公司的经营能力都非常好，因此，它们每年用于利润分配的只是一小部分，最终也只有一小部分能够反映在伯克希尔公司的财务年报上。巴菲特形容说："就经济实质面来说，那只是伯克希尔公司实际获利的冰山一角而已。"

毫无疑问，既然如此，那么财务年报中的数据，就无法完全反映伯克希尔公司的内在价值了；换句话说，如果要全面反映伯克希尔公司的内在价值，就必须从其财务年报的数据出发，综合考虑它有哪些投资对象，以及这些投资对象当年的经营业绩如何、利润分配情况怎样等。只有这样，才能真正全面地测算该公司的内在价值。

具体数据有多大呢？巴菲特举例说，当年伯克希尔公司保留在被投资公司账面上的、应该分配给伯克希尔公司的未分配利润，比当年伯克希尔公司财务年报上的全年利润还多。虽然这种情况在一般上市公司中并不多见，可是在伯克希尔公司却是经常发生的。

换句话说，如果投资者阅读这类上市公司财务年报时只看它们账面上的经营业绩，那么他实际上看到的连一半还不到。不用说，这种一叶障目的做法会导致投资者做出多么错误的判断了。

正因如此，如果投资者能够从中发现秘诀，就不但能够看到该公司财务年报上的账面价值，还能更进一步通过推算该公司投资对象账面上还有多少未分配利润，来预测该公司"应该有"多少账面利润。这无疑有助于投资者挖掘到金矿，用中国股民熟悉的词汇来说，那就是有助于找到"黑马"。

【巴菲特读年报心得】

巴菲特认为，投资者在阅读上市公司财务年报时要关注该公司的内在价值，就必须懂得一些会计核算方法，继而进一步了解该公司除了反映在其财务年报上的账面价值之外，是不是还有一些未分配利润保留在被投资公司的账面上。

考核方法影响着内在价值

在伯克希尔我们一直认为教像Tony这样杰出的经理人如何经营公司是一件相当愚蠢的事。事实上，要是我们一直在背后指指点点的话，大部分经理人可能早就干不下去了（坦白说，他们大多根本不必要再靠工作过活，75%以上的人都已经相当有钱了）。他们可以说是商场上的强打麦奎尔，根本就不需要我们去指导他们如何拿棒子或何时挥棒。

——沃伦·巴菲特

【巴菲特读年报的关注点】

巴菲特认为，投资者在阅读上市公司财务年报时有必要关注该公司的内在价值和账面价值，这与考核该公司经营业绩的方式方法有关。如果考核方法对公司管理层不利，该公司就会千方百计有所保留或隐瞒。如果考核方法公开公正，并且不急功近利，内在价值和账面价值就会变得真实可靠。

巴菲特在伯克希尔公司1998年年报致股东的一封信中说，他一直认为，在伯克希尔公司，如果要教像东尼·奈斯利这样的明星经理人如何经营企业，是一件相当愚蠢的事。事实上，伯克希尔公司的做法是，彻底放手让他们发挥，用明确而简单的考核方法来对他们进行管理。他如果一直在背后对他们指手画脚的话，大部分经理人可能早就不干了。因为这些人大多不需要工作就可以过得很好，其中75%以上的人已经相当有钱了。

看到这里，有些读者可能会奇怪，伯克希尔公司是标准的“私营企业”，哪有私营企业放手让下属“自由发挥”的呢？而实际上，这正是巴菲特的高明之处。一方面，他在挑选公司管理层时要求非常严格，他们除了必须具有高超的管理技巧外，还必须时时处处把企业当作“自己的”一样来用心经营；另一方面，他每年都要在伯克希尔公司财务年报和股东大会上大张旗鼓地表扬一批经理人，而且是指名道姓，如果当年经营业绩表现不好，巴菲特就把责任揽在自己身上，这是一种真正的“赏识教育”。

巴菲特这样做的结果是，这些明星经理人越干越有劲。因为企业经营得好，他们不但能拿到更多的报酬，而且能借助巴菲特的嘴名扬天下。由于伯克希尔公司的财务年报在全球范围内都有影响，所以经巴菲特这么一说，实际上他们就已经暴露在全球舆论的监督之下，他们谁也不敢怠慢和掉以轻心，更不敢做假账，否则就不啻自毁前程了。

也正因如此，伯克希尔公司及其旗下子公司的经营业绩才更加真实可靠。就像日常生活中，夫妻双方中藏有小金库的一方，通常是用钱不太方便，所以才需要留一手。他如果可以自作主张，也就没有必要这样东藏西藏，平添烦恼了。

巴菲特在伯克希尔公司1998年年报致股东的一封信中说，伯克希尔公司虽然掌控着这些子公司的所有权，但会尽量让这些经理人有更好的发挥。具体做法有两点：一是去掉一切不必要的繁文缛节和不能创造生产力的活动，让这些经理人全心全意地安排工作。二是对这些经理人提出的任务相当简单而明确，那就是3句话：首先是要像对待自己拥有的企业一样来经营自己管理的公司；其次是把它当作自己家中唯一的资产来对待；最后是你在有生之年无法把它卖掉或者转给别人，换句话说，这家企业会伴随你的一生。在此基础上，财务报表上反映的数据好看不好看不重要，绝不要为了报表好看而影响自己的实际经营决策，否则就本末倒置了。

巴菲特自豪地说，很少有哪家上市公司管理层能这样自在地经营企业。原因之一在于，其他上市公司的股东往往只看重短期利益，而伯克希尔公司股东看重的是长期利益，所以经理人完全不会为短期利益而分心。

不论是作为大股东的巴菲特，还是其他股东，几十年来他们一直都坚持这样的观点。伯克希尔公司股东群体相当稳定，就是一个很好的证明。

当然，这并不表明伯克希尔公司股东就不用关心公司账面价值了，但毫无疑问，用长期眼光还是短期眼光来看待公司经营是有本质区别的。尤其是当长短期利益发生矛盾时，能否做到短期利益服从长期利益很关键。只有当公司将着重点放在长期利益上，公司才会具有长远的竞争优势。

巴菲特总结说，关于这一点，在政府雇员保险公司身上表现得最为充分。长期以来，他和查理·芒格从来就没有要求过东尼·奈斯利应该怎么做，他们以后也不会这样做。他们要做的就是为东尼·奈斯利创造一个最好的工作环境，让他尽情、彻底地发挥自己的才能。

所以，东尼·奈斯利和其他经理人都不需要把时间耗费在毫无意义的董事会、记者会、证券分析会、投资银行家的演示文稿上，也不必担心资金短缺、信用评级、别人对公司经营业绩的预期等。

说穿了，巴菲特要求他们把所有精力都放在公司的经营管理上，完全不必搞“假、大、空”那一套。

巴菲特在伯克希尔公司2000年年报致股东的一封信中说，当年伯克希尔公司专门负责再保险业务的阿杰特·杰恩，承保了一家公司网站的一项10亿美元的大奖保险。也就是说，万一有人中奖，伯克希尔公司要马上付出相当于1.7亿美元的现款。虽然伯克希尔公司可以从中收到数额可观的保费，但一旦开出巨奖，就会对该公司当期经营业绩造成很大的负面影响。所以对于这种情况，所有保险公司总裁都有点不愿意向董事会和股东大会做解释，因为谁也说不准最终的结果会如何。

可是，巴菲特和查理·芒格根本不会在乎这种风险将来会对伯克希尔公司的账面利润产生什么样的影响，只要阿杰特·杰恩觉得可行，他们就会全力支持。

【巴菲特读年报心得】

巴菲特认为，投资者在阅读上市公司年报时有必要关注该公司业绩的考核方法，因为这关系到管理层怎样对待短期经营问题，并且与账面价值、内在价值有紧密关联。只有消除了公司管理层做假账的动机，公司的账面价值和内在价值才会更可靠。

内在价值必须考虑安全边际

第二点一样很重要，那就是我们在买股票时必须坚持安全边际原则。若我们所计算出来的价值只比价格高一点，我们不会考虑买进。我们相信，恩师格雷厄姆十分强调的安全边际原则是投资成功最关键的因素。

——沃伦·巴菲特

【巴菲特读年报的关注点】

巴菲特认为，投资者在阅读上市公司财务年报时有必要关注该公司内在价值和账面价值的安全边际。通俗地说就是，不要满打满算，而是要留有余地。

巴菲特在伯克希尔公司1992年年报致股东的一封信中说，虽然股权投资的计算公式并不难，但投资者很容易在估计未来年获利率时发生错误。对此，伯克希尔公司采取的办法有两个：第一个是只买自己熟悉的股票，这样就排除了诸多不确定性因素。第二个同样很重要，那就是在买入股票时坚持安全边际原则。如果计算出来的股票内在价值只比其价格高一点点，巴菲特就不会考虑买入该股票。在巴菲特看来，他的老师本杰明·格雷厄姆一贯重视的安全边际原则是股票投资成功的最关键因素。

巴菲特在提到“安全边际”概念时，是把它与内在价值紧密联系在一起的，而“内在价值”的概念原本就起源于价值投资。也就是说，只有推崇价值投资的人才会关注内在价值。如果你只相信投机炒作，那就根本不用去管内在价值的高低。

可现在的问题是，巴菲特发现，无论是不是相信价值投资，“价值投资”这个概念总是经常被人引用着。一般来说，它表明投资者以比较低的股票价格/净值比例买入股票，或者说以比较高的股利收益率买入股票。遗憾的是，即使符合这一特点，投资者依然很难保证自己所买到的股票具有投资价值；相反，即使投资者以比较高的股票/净值比例买入股票，或者以比较低的股利收益率买入股票，也并不一定表明这只股票就没有投资价值。

股民都知道，市盈率高低确实是衡量一只股票是否具有投资价值的重要标准，但又不能完全解释该股票是不是具有投资价值。所以巴菲特的真正意思是说，股票投资当然要看股票/净值比、股利收益率，但更主要的还是要看其内在价值。一只股票只有内在价值符合标准，并且进入了非常具有吸引力的安全投资区域，才能确保这只股票具有投资价值。

巴菲特提醒说，价值投资者一定要注意，虽然一般来说，上市公司的业绩增长会对其内在价值的增加有正面影响，但也并不一定代表该股票就具有投资价值。道理很简单，只有当这种业绩增长后所产生的资金能够投入可以增加更多经营业绩的活动中去时，投资者才可能真正受惠。

说得通俗一点就是，巴菲特在这里担心的是中国人常说的“男人有钱就变坏”——只有这些“男人”（经营业绩增长的上市公司）把“钱”（多余资金）用在“正当途径”（投入一元钱能够创造一元以上的价值）上，才是投资者的真正福音。否则，由于公司业绩增长后资金宽裕了，从而导致该公司做大规模投资时出现决策失误，反而对投资者有害无益。

他认为，最值得拥有的股票是那种在今后相当长的时间里能够把大笔资金用在高报酬投资项目上的股票；相反，最不值得拥有的股票是那种总是把大量资金用在低报酬投资项目上的股票。实际上这就是中国人常说的“路遥知马力”。长期经过这样的高报酬率和低报酬率投资，即使原本相差不大的两只股票也会变得非常悬殊。遗憾的是，前面的这种股票太少了，巴菲特形容说这种股票“可遇不可求”。

巴菲特在伯克希尔公司1980年年报致股东的一封信中说，他非常高兴投入4700万美元买入了政府雇员保险公司的股份，其中一半是1976年买入的，另一半是1980年追加投资的。在这里，他之所以用了“高兴”这个词，实际上就是因为这笔投资具有很大的安全边际。

他说，如果是通过一对一谈判来购买整个企业的话，购买像这家公司这样具有一流的经济特征和光明前景、年赢利能力在2000万美元以上的企业至少需要

2亿美元。在一些产业，甚至2亿美元也买不到。更不用说，该企业还拥有像杰克·伯恩这样的明星经理人。拥有了该公司，也就意味着同时拥有一支明星经理人队伍，他对此再满意不过了。

杰克·伯恩1976年上任后，政府雇员保险公司的保费收入就从1976年的5.76亿美元变成了1977年的4.64亿美元、1978年的6.05亿美元、1979年的6.35亿美元；盈利额从1976年的–0.26亿美元变成1977年的0.38亿美元、1978年的0.62亿美元、1979年的0.6亿美元。

容易看出，巴菲特在上述报告中提到"每年的赢利能力在2000万美元以上"的数据，实际上非常保守，只相当于该公司实际盈利的1/3。一方面这符合巴菲特一贯比较保守的特点；另一方面也说明，在此基础上计算出来的公司内在价值，本身就留有一块很大的安全边际。

接下来，再来看看巴菲特在这里是怎样计算内在价值的。如果1980年巴菲特增持政府雇员保险公司股票后，该公司在不追加任何资本的背景下能够持续保持每年6000万美元的盈利；那么，按照当时美国政府30年期长期国债12%的到期收益率来贴现，这时候该公司的内在价值应该是5亿美元，相当于该股票市值的2倍。更不用说，如果该公司的赢利水平每年能提高2%（这不算多吧），那么该公司的内在价值将会达到6.66亿美元。也就是说，这时候该公司的股票价格还不到其内在价值的一半！

【巴菲特读年报心得】

巴菲特认为，投资者阅读上市公司财务年报，在计算内在价值和账面价值时要留有余地。既然股票投资有风险，谁都无法准确把握股票的未来走势，那么投资者只投资自己熟悉的股票并且留有一块安全边际，就是非常必要的。

内在价值究竟怎么算出来

> 我们将内在价值定义为一家企业在其生涯中所能产生现金流量的折现值。任何人在计算内在价值时，都必须特别注意未来现金流量的修正与利率的变动会影响到最后计算出来的结果。虽然这样说模糊难辨，但内在价值是最重要的，也是唯一能够合理评估投资标的与企业的方法。
>
> ——沃伦·巴菲特

【巴菲特读年报的关注点】

巴菲特认为，投资者在阅读上市公司财务年报时有必要关注计算内在价值的方法。虽然“内在价值”的概念本身有些含混不清，但这个概念是股票投资中最重要的概念，也是唯一能够衡量、评估投资的合理标准。

巴菲特在伯克希尔公司1994年年报致股东的一封信中说，他把“内在价值”的概念定义为一家企业在其未来生涯中所能产生的现金流量的折现值。这种现金流量的修正和折现率变动，都会影响到最后计算出来的内在价值数额。虽然这样说有些模糊难辨，但“内在价值”的概念是最重要的，也是唯一能够合理评估投资标的和企业的方法。

不用说，计算内在价值的方法很多，例如基于资产规模的价值评估法、根据市盈率等相对指标进行测算的相对价值评估法、根据未来现金流量贴现进行的贴现现金流量模型法等。巴菲特认为，其中唯一正确的方法是最后一种，即1938年约翰·威廉姆斯在《投资价值理论》一书中提出的贴现现金流量模型。

他说，无论从理论上还是操作实践上看，这种方法最适合对具有持续竞争优势的上市公司进行价值评估。这时候的现金流量依据是所有者收益，贴现率可以参照美国长期国债利率。

对于具有持续竞争优势的上市公司，与众不同的是，它们的内在价值具有巨大的经济商誉。也就是说，该公司超额赢利能力形成的经济价值会远远大于其有形资产净值。这部分差额，就表现为经济特许权创造的超额价值，投资者在内在价值计算中要特别注意这一点。

他说，贴现现金流量模型法对股票、债券内在价值的评估都是同等适用的；而其他评估方法，无论是股利收益率、市盈率，还是市值净值比，包括成长率法，实际上和股票内在价值的评估都没有关系，除非它们能提供一只股票未来现金流入、流出的一些线索。不过这样一来，就又变成贴现现金流量模型法了。

下面通过一个具体例子来考察巴菲特是怎样评估企业内在价值的。

巴菲特在1988年准备投资可口可乐公司股票时，首先计算出该公司在此以前的7年中，年平均现金流增长率为17.8%。接下来，他假设可口可乐公司在以后的10年中，每年的现金增长率为15%。容易看出，这一测算数据已经留有一定的余地了，也是容易实现的。据此，巴菲特可以得到该公司第十年的净现金流为33.49亿美元。

以1988年美国30年期长期国债收益率9%为贴现率计算标准，可以测算出，1988年可口可乐公司的内在价值应该为483.93亿美元。对照1988年该公司股票市值148亿美元，相当于这时候其股票市值只有其内在价值的30.5%。巴菲特认为，以这样的价格买入该股票无论如何是合算的。

要是有人怀疑今后10年中可口可乐公司年平均现金增长率连15%也达不到，比如只能达到12%，那么这时候根据上述计算方法，可以得到该公司1988年的内在价值为381.63亿美元。即使该公司年平均现金增长率只能达到10%的水平，1988年该公司的内在价值也有324.97亿美元之多，安全边际依然大得很。因为即使该公司年平均现金增长率只有10%，这时候该公司股票市值也只相当于其内在价值的45.5%，股票价格依然具有巨大的上升空间。

在这里容易看出，巴菲特是采用美国长期国债利率作为贴现率标准来计算的。而贴现率标准的选择，直接关系到贴现值的大小，所以这历来是一个很有争议的地方。人们通常认为，股票投资是有风险的，所以这时候用的贴现率指标除了无风险的长期国债利率部分外，还应当含有充分展示股票投资风险的风险补偿因素在内，这是理所当然的。了解到这一点，你就知道为什么外界发现巴菲特仅仅采用国债利率作为贴现率标准时连呼“看不懂”了。可是巴菲特不这样想。他认为，他从来不参与有风险的证券投资，所以完全没必要去考虑风险补偿因素。

而巴菲特这样做的结果是，大大简化了未来现金流量的计算，同时也使他对上市公司内在价值的判断更简单、更有效。他认为，在投资收益比较明确、稳定的情况下，如果投资收益回报率能高于长期国债利率，这种投资就是“有效”的，否则就是“无效”或“失败”的。

巴菲特在伯克希尔公司1994年年报致股东的一封信中说，对于普通读者来说，还有一个非常通俗易懂的例子可以加以说明。

他说，假如把孩子接受大学教育的成本看作是账面价值，其中当然应当包括孩子因为读书而不能工作的机会成本。为了计算简便起见，这里只考虑经济因素。这时候，首先可以估计这孩子大学毕业后在一生职场生涯中所能得到的收入，然后扣除他如果没有接受大学教育得到的收入，剩下的就是他由于读大学能够得到的额外收入。把这额外收入通过一定的贴现率加以折现，就能得到这孩子大学毕业时的贴现值，即他接受大学教育所能得到的内在价值。

【巴菲特读年报心得】

巴菲特认为，股票内在价值的评估方法有很多，但投资者一定要找到一种科学、正确、简便的方法，这样才能对评估有帮助。在他眼里，唯一正确的方法是该公司资产在剩余使用寿命内现金流入、流出能得到多少贴现值。

顶点总是在不知不觉中出现

现在假设条件改变，这家公司只拥有普通获利能力，所以每年的获利只能在100万附近上上下下起伏，这种打摆子的形式就是大部分公司的状况。而公司的获利要想有所成长，老板就必须投入更多资金才办得到(通常都是通过保留盈余的方式)。通过我们将假设重新修正，同样以10%加以折现，大概可以达到1000万美元的价值。结果可以看出，一项看起来不大重要的假设变动，却使这家企业的价值大幅减少至10倍税后盈余本益比（或6.5倍税前盈余本益比）。

——沃伦·巴菲特

【巴菲特读年报的关注点】

巴菲特认为，投资者在阅读上市公司财务年报时有必要关注该公司内在价值的未来变化趋势。往往有这样一种情况，内在价值的顶点会在不知不觉中到来。

巴菲特在伯克希尔公司1991年年报致股东的一封信中说，传媒产业转为弱势，除了短期经营业绩受冲击外，对它本身内在价值的影响更加深远。过去，人们通常认为新闻、电视、杂志产业的获利能力总能保持每年6% 的增长率，这样每年的折旧费用就会与资本支出比例相当。也就是说，这种产业根本就不需要继续投入营运资金。

不用说，这也是巴菲特过去特别喜欢媒体行业的主要原因之一，因为这些产业每年获得的经营业绩，能表现为稳定的现金流收入。

根据这样的基本现实，如果按照10% 的折现率折现，总投资2500万美元按照6% 的获利率计算，每年的税后净利润大约为100万美元，税后本益比为25倍，如果换作是税前本益比，则为16倍左右。

而现在如果条件发生改变，也就是说，该公司只能拥有普通获利能力——因为从大多数上市公司的情况看，如果一家公司某一年的获利水平为100万美元左右，那么该公司前后几年的获利水平可能就会在这个金额附近上下起伏，并不会出现直线上升的状况。这时候如果想让经营业绩保持上升趋势，就必须投入更多的资金。当然，这种资金投入并不一定是通过银行贷款方式表现出来的，最常见的是通过保留盈余的办法。也就是说，该公司每年的利润并没有完全分配掉，而是保留一部分用作滚动发展。

在每年将一部分保留盈余用于滚动发展的情况下，如果同样按照10% 的折现率来折现，2500万美元的总投资，每年的税后净利润有可能达到1000万美元的价值。这就是说，原本看起来不是非常重大的条件改变，会使该上市公司的内在价值减少到10倍的税后本益比，或者是6.5倍的税前本益比。

巴菲特的意思是说，这种内在价值的巨大改变其实是悄悄发生的。同样是这家上市公司，每年在利润分配时略微调整一下留存利润的比重大小，就可能会使其内在价值发生剧烈波动。所以，投资者在阅读上市公司财务年报时，非常有必要关注这种细小的变化，以便正确判断其内在价值的变动幅度和变动方向。

巴菲特说，现金就是现金，无论它是通过经营媒体业务还是通过经营钢铁业务赚到的，性质都一样。过去他之所以看重媒体业务，就是因为它能持续不断地提高内在价值，而不需要额外投入资金。可是钢铁行业就不同了，它完全属于后面所说的那种业绩上下波动的行业类型。不过，正如前面所提到的那样，现在的媒体业务在这方面已经和钢铁业务没有多少差别。所以投资者一定要调整自己固有的思维，不要等媒体行业的内在价值出现了拐点，一直向下，还浑然不知。

毫无疑问，由于巴菲特几十年来在媒体行业方面有巨大的投资，所以在这一点上他比其他人拥有更多发言权。他的洞察力非一般人能及，这在伯克希尔公司身上同样能得到很好的证明。

从历史上看，伯克希尔公司业绩表现最差的年份是1973年和1974年。当时美国经济衰退严重，这两年中该公司的账面价值分别增长了4.7%和5.5%，其股票价格更是从每股90美元下跌到了40美元。不过如果和这两年的标准普尔500指数分别下跌14.8%和26.4%相比，伯克希尔公司1973年的业绩仍然要比同期指数高出19.5个百分点，1974年则高出31.9个百分点。

这种情况再次出现在1987年，伯克希尔公司股票价格从每股4000美元左右下跌到3000美元左右。在1991年爆发海湾战争前的几个月内，它的股价也从每股8900美元迅速下跌到5500美元左右。

1998—2000年，伯克希尔公司宣布收购通用再保险公司后，由于保险定价让利优惠，尤其是频繁发生自然灾害，通用再保险公司蒙受了巨大的损失。不但如此，可口可乐公司、吉列公司等的股票价格也出现严重下跌。利率的攀升，严重打击了伯克希尔公司大量的债券组合。更为莫名其妙的是，市场上到处流传着巴菲特健康状况不佳的传闻，互联网上各种小道消息满天飞，有的甚至称巴菲特已经“失去了知觉”。这点点滴滴，都直接导致伯克希尔公司股价出现暴跌。

由此可见，无论哪家上市公司，内在价值出现拐点都是有可能的，也是很自然的，并且还是不知不觉的，相关人士要在事后才能察觉得到。但很显然，投资者如果能通过阅读财务年报，从而事先对此做出相对准确的判断，这样的投资就必定能确保获得丰厚的利润。

【巴菲特读年报心得】

巴菲特认为，无论股票的内在价值还是账面价值，都有可能会突然出现拐点，这就需要投资者在阅读财务年报时仔细研究，提前察觉。这有助于投资者及时调整投资策略，也是投资股票确保获利的重要秘诀之一。